Franz Herre
Jahrhundertwende 1900

FRANZ HERRE

Jahrhundertwende 1900

Untergangsstimmung und Fortschrittsglauben

Deutsche Verlags-Anstalt
Stuttgart

Die Deutsche Bibliothek – CIP-Einheitsaufnahme

Herre, Franz:
Jahrhundertwende 1900 : Untergangsstimmung und
Fortschrittsglauben / Franz Herre. – 2. Auflage
Stuttgart : Deutsche Verlags-Anstalt, 1998
ISBN 3-421-05155-0

2. Auflage 1998

Typographische Gestaltung: Brigitte Müller
Reproduktionen: Meyle + Müller, Pforzheim
Druck und Bindearbeit: Friedrich Pustet, Regensburg
Printed in Germany

ISBN 3-421-05155-0

INHALT

SANKT PETERSBURG

PROLOG

Rückblick auf Ausblicke

»Das Alte stürzt, es ändert sich die Zeit, und neues Leben blüht aus den Ruinen.« Mit diesem Motto begrüßt die in der »Deutschen Verlags-Anstalt« in Stuttgart erschienene Zeitschrift »Über Land und Meer« das Jahr 1900.

»An der Schwelle des zwanzigsten Jahrhunderts« überschreibt die »Frankfurter Zeitung« den Leitartikel in der Sonntagsausgabe vom 31. Dezember 1889. »Trotz der häufigen Kriege der letzten Jahre hat die Friedens-Idee große Fortschritte gemacht. Diese Kriege sind, so zu sagen, Spezialfälle; ein Krieg zwischen den Großstaaten selbst gilt als fast undenkbar«, heißt es darin. »Die Gründung und der Ausbau der großen Reiche wird die politische Hauptaufgabe des kommenden Jahrhunderts sein. Wir wünschen und hoffen, daß Deutschland, das gestärkt durch die errungene Rechtseinheit und einen großartigen wirtschaftlichen Aufschwung in das neue Jahrhundert eintritt, zu diesen Weltreichen gehöre; aber wir wünschen und hoffen auch, daß Deutschland seine wachsende Macht stets nur im Geiste der Gerechtigkeit zum Segen der ganzen Menschheit gebrauche.«

Das gegenwärtige Geschlecht, schreibt die »Frankfurter Zeitung«, genieße den Vorzug, »die Menschheitsgeschichte von der Zinne einer Jahrhundertwende herab zu betrachten«. Von der über Landshut gelegenen Burg Trausnitz aus beobachtet der bayerische Publizist Josef Edmund Jörg das Zeitgeschehen, erblickt Kometenschwärme, die für das in weltanschauliche Lager, nationale Staaten und soziale Klassen gespaltene Europa nichts Gutes verheißen. »Das Zepter des politischen Prinzipats« werde dem alten Kontinent von den aufsteigenden Weltmächten im Osten und Westen entwunden werden: von Rußland, dem gegenwärtigen Aufmarschgebiet der Panslawisten und zukünftigen »Heerlager der Kommunisten« – und von den Vereinigten Staaten von Amerika, die ihren Einfluß in Europa ausdehnen würden und vielleicht das Vordringen Rußlands aufhalten könnten. »Nicht lange wird es währen, und Amerika wird in Europa Manifeste der amerikanischen Freiheit erlassen.«

Der nächste Krieg werde ein Weltkrieg sein, sagt Josef Edmund Jörg voraus. Doch seine »Historisch-politischen Blätter« haben nicht viele Leser, und selbst diese blicken – wie die meisten Zeitgenossen – optimistisch in die Zukunft. Das vor drei Jahrzehnten gegründete Deutsche Reich wird für einen Garanten des europäischen Friedens gehalten, auch und gerade deshalb, weil dieser von ihm – wie von den anderen Mächten – auf den Grundsatz »Si vis pacem, para bellum – Wer den Frieden will, muß zum Kriege rüsten«, gebaut ist.

Sind nicht wichtige Voraussetzungen für einen dauerhaften Frieden geschaffen worden? Haben Staaten nicht Bündnisse geschlossen, die machtpolitisches Gegeneinander in einem friedenssicheren Gleichgewicht halten könnten? Bringen die modernen Verkehrsmittel nicht Menschen und Völker enger zusammen, erlauben die modernen Kommunikationsmittel nicht mit besseren Verbindungen untereinander ein besseres Verstehen füreinander? Wissenschaft und Technik haben Errungenschaften gezeitigt, von denen die Vorfahren nur träumen konnten. Geht es, dank des wirtschaftlichen Aufschwunges, nicht vielen, fast allen besser? Die Demokratie, die schon Immanuel Kant als eine Grundbedingung des »Ewigen Friedens« bezeichnete, ist doch auf dem Vormarsch vom Westen über die Mitte bis vor die Tore des Ostens Europas.

»Es ist eine Lust zu leben!«, ruft der Sozialdemokrat Franz Mehring aus. »Wie schön ist aber auch das Leben! Wie glückhaft das Atmen!«, schwärmt der Dichter Heinrich Eduard Jacob. »Hunderttausend Jahre nach Daidalos lehrt die Maschine der Brüder Wright die Menschen das Fliegen. Mit Freunden, die in Paris oder Rom Vorlesungen hören, verknüpft uns das Telephon... Im Münchener Hauptbahnhof harrt der Blitzzug, der auf den Brenner rauscht, aus Warnemünde stampft das Trajekt nach Gjedser... Und bald wird vielleicht der elektrische Fernseher erfunden sein, dieser Traum der Liebe, durch den man eines Morgens aus dem Berliner November die Bläue des Ligurermeeres sehen kann oder die Geliebte in einer fernen Stadt!«

Der Fortschritt scheint unaufhaltsam weiter zu gehen, der Mensch sich endgültig die Erde untertan gemacht zu haben und auf ihr von Erfolg zu Erfolg, von Glück zu Glück voran zu schreiten. Aber geht mit der Technisierung nicht eine Mechanisierung, mit der Industrialisierung der Materialismus und mit der Demokratisierung eine Nivellierung des Lebens einher?

Dies hat der 1900 gestorbene Philosoph Friedrich Nietzsche vorausgesehen: »Nenne man es nun ›Zivilisation‹ oder ›Vermenschlichung‹ oder ›Fortschritt‹, worin jetzt die Auszeichnung der Europäer gesucht wird; nenne man es einfach, ohne zu loben und zu tadeln, mit einer politischen Formel die demokratische Bewegung Europas« – schließlich werde dieser Prozeß Resultate zeitigen, »auf welche seine naiven Beförderer und Lobredner, die Apostel der ›modernen Ideen‹, am wenigsten rechnen möchten«: eine »Ausgleichung und Vermittelmäßigung des Menschen«, der »ein nützliches, arbeitsames, vielfach brauchbares und anstelliges Herdentier« werde, das eines Viehhüters bedürfe, der es im Pferch halte und zur Schlachtbank führe.

Jahrhundertwende. »Die Nacht verging, die Sonne geht auf«, rufen Fortschrittsgläubige, während diejenigen, die ihre Welt, das alte Europa untergehen sehen, sich auf Goethe berufen: »Der Morgen dämmerte, das Licht verlosch.« Stefan George erblickt »Zehntausende«, die der »heilige Wahnsinn« schlagen, die »heilige Seuche« befallen und der »heilige Krieg« dahinraffen wird. Rainer Maria Rilke prophezeit: Die »kranken Kronen« werden der Gewalt anheimgehen, »der Pöbel bricht sie klein zu Geld, / der zeitgemäße Herr der Welt / dehnt sie im Feuer zu Maschinen, / die seinem Wollen grollend dienen; / aber das Glück ist nicht mit ihnen«.

Auf Arnold Böcklins Gemälde von 1896 »Der Krieg« stürmt ein apokalyptischer Reiter, vom Schnitter Tod begleitet, in die Schlacht. Das Ende zeigt das Gemälde »Die Toteninsel« von 1880, auf der die Kriegsfackeln zu Grabzypressen erstarrt sind. Der 1901 gestorbene Böcklin deutete sein Bild: »Es soll so still werden, daß man erschrickt, wenn an die Tür gepocht wird.« Im Lärm der Jahrhundertwende erschreckt das Klopfen nicht, und die Tür wird in der Erwartung geöffnet, daß ein Heilsbringer und nicht ein Unheilsbote Einlaß begehrt.

B E R L I N

Herrliche Zeiten

Silvester 1899. Unter den Linden, zwischen Brandenburger Tor und dem Schloß des Königs von Preußen und Deutschen Kaisers, wogt eine Menschenmenge, von Polizisten »in erzwungener Bewegung gehalten«. Ordnung muß sein, auch und gerade in dieser Nacht, in der mit der Jahreswende eine Jahrhundertwende begangen wird.

Die Feiernden ficht der Hinweis nicht an, das neue Säkulum beginne erst am 1. Januar 1901 und nicht schon am 1. Januar 1900. Vom Fortschrittsglauben beflügelt, beeilen sie sich, aus dem 19. Jahrhundert, das Gutes gebracht hat, in das Besseres versprechende 20. Jahrhundert zu gelangen.

Aufgeklärte Deutsche denken wie die »Frankfurter Zeitung«: »Die Erkenntnis hat eine Stufe erreicht und die Nutzbarmachung der Naturkräfte ist zu einem Grade gediehen, wie nie zuvor. Wir haben bedeutungsvolle Schritte getan dem Ziele der Menschheit entgegen. Dieses Ziel heißt: Beherrschung der Natur und Herstellung des Reiches der Gerechtigkeit. Der Erfolg der Vergangenheit bürgt für den Erfolg der Zukunft.« Deutschen Reichsromantikern spricht der Dichter Ernst Scherenberg (1839–1905) aus dem Herzen:

»So trugst du uns aufwärts,
Freundliche Flut,
Stolz und stolzer zu sonniger Höhe;
Und dein Rauschen
Weckte befreiend
Tausend schlummernde Keime und Kräfte
Zu köstlicher Blüte

Im Leben des Volks.
Herrlich entfaltet nun
Flattert am Maste
Die Flagge des Reichs.«

»Die Bilanz des 19. Jahrhunderts« läßt die »Berliner Illustrirte Zeitung« in einer Umfrage ziehen. Die Eisenbahn sei »die wohltätigste Erfindung oder Entdeckung«, meint die Mehrheit. Genannt werden auch Elektrizität, Dampfkraft, Narkose, Schutzimpfung, Serumtherapie, Augenspiegel und Nähmaschine. Als »größter Erfinder« wird der Amerikaner Thomas Edison bezeichnet, der auch den Deutschen zu Kohlefadenglühlampe, Vierfachtelegraph, Kohlekörnermikrophon, Sprechmaschine und Filmprojektor verhalf.

Viele Stimmen bekamen auch Deutsche: Johann Philipp Reis, der Erfinder des Telephons, Robert Wilhelm Bunsen und Gustav Robert Kirchhoff, die Begründer der Spektralanalyse, ferner Carl Friedrich Gauß, ein Bahnbrecher auf den Gebieten der Mathematik, Physik und Astronomie, Wilhelm Conrad Röntgen, der Entdecker der nach ihm benannten X-Strahlen, Hermann von Helmholtz, der eine Elektrizitätstheorie entwickelte und Werner von Siemens, der die erste elektrische Dynamomaschine konstruierte und ein elektrotechnisches Unternehmen gründete.

Die Nennung der letzteren erklärt sich die »Berliner Illustrirte Zeitung« mit dem »erzieherischen Einfluß der Potsdamer Brücke«, wo seit kurzem die Bronzesitzbilder von Gauß, Röntgen, Helmholtz und Siemens zu betrachten sind, freilich, wie Karl Baedeker findet, »in nicht besonders glücklicher Aufstellung«. Überglücklich sind 1896 jene Berliner, die den Fortschritt der Wissenschaft bewundern und die daraus resultierenden Errungenschaften der Technik und Industrie begrüßen, über die »Große Berliner Gewerbeausstellung« im Treptower Park gewesen.

Eigentlich hatte man eine Weltausstellung geplant, aber Paris war 1889 Berlin zuvorgekommen und plante bereits für

1900. Viele Berliner, die ihre Stadt ohnehin für den Nabel der Welt hielten, sahen in der Beschränkung auf eine deutsche Fortschrittsschau kein Manko. Die Bekundung des nationalen Wissenschaftsniveaus und Industriepotentials galt ihnen als Demonstration des für ganz Deutschland und den Rest der Welt in der Reichshauptstadt mustergültig Erreichten.

Von da an habe man Berlin zu den Weltstädten zählen müssen, befand der Philosoph Eduard Spranger und bestätigte

Das Hauptgebäude der »Großen Berliner Gewerbeausstellung« 1896 im Bau

damit die nach der Erhebung der preußischen zur deutschen Hauptstadt getroffenen Voraussagen. »Wie – ohne sonstigen Vergleich – Paris Frankreich war, so will und wird Berlin Deutschland und die Großstadt Weltstadt werden«, war von Rudolf Mosse seinem 1872 gegründeten »Berliner Tageblatt« als Motto mitgegeben worden. »Meyers Konversations-Lexikon« hatte für »Berolinum« das Anagramm »Lumen orbi« gefunden. Das bedeutete »Weltlicht« und sollte anzeigen, daß die Stadt der hellen Köpfe und großen Geister zur »Welterleuchtung« berufen und imstande sei.

Auf fast einem Quadratkilometer wurden in Treptow Hochleistungen der Industrie – die in preußischem Understatement immer noch als Gewerbe bezeichnet wurde – der Stadt und der Welt vorgeführt. Im Mittelpunkt standen Produkte der Berliner Großbetriebe: Dampfmaschinen von Borsig und Schwartzkopff, Gasometer von Pintsch, Elektromotoren von Siemens & Halske und der AEG, Photomaterial von Agfa und pharmazeutische Präparate der Chemischen Fabrik auf Aktien (vormals Schering) und vieles andere mehr, das den fünf Millionen Besuchern den Fortschritt in Deutschland im allgemeinen und in Berlin im besonderen vor Augen stellte.

Die Fabrikate der Industrie imponierten einer Nation, die sich anschickte, auf den Weltmärkten zu reüssieren. Die gezeigten Konsumgüter gefielen einer Gesellschaft, die den wachsenden Wohlstand zu genießen gedachte. Berlin war das Zentrum der deutschen Konfektion, die Bürger, Arbeiter und Soldaten einkleidete. Sechshundert Firmen dieses Gewerbes, in dem fast jeder zehnte Hauptstädter – vor allem Frauen in Heimarbeit – tätig war, stellten ihre Kreationen vor. Die »Arrangements« der Möbelhersteller und Dekorateure zeigten, daß beim Fortschreiten vom Biedermeier zum Kraftmeier der gute Geschmack hinterherhinkte.

»Enorm« und »kolossal«, wie Zeitausdrücke lauteten, war der Appetit der Arrivierten, den die Berliner Nahrungsmittelindustrie zu befriedigen suchte. Hoflieferant Nietsch rühmte seine elektrifizierte Wurstfabrik, in der jährlich 4000 Schweine zu Sa-

Automatenrestaurant
in der Leipziger Straße

lami und Zervelat verarbeitet wurden. Hungrig und durstig geworden, ließen sich Besucher der Gewerbeausstellung in der Atrappenstadt »Alt-Berlin« nieder, um in Kneipen Erbsensuppe und Bier aus Berlin wie München, in Restaurants Kaviar und deutschen Sekt wie französischen Champagner oder in einem Automatenrestaurant ein elektrisch gebratenes Beefsteak zu sich zu nehmen.

Als die blitzschnell hingestellten Hallen und Buden im Nu wieder abmontiert waren, blieben, außer einem zertrampelten Park, der für die Gewerbeausstellung erbaute Bahnhof, die gepflasterten Zufahrtsstraßen, die bombastische Oberbaumbrücke und das 21 Meter lange Riesenfernrohr zurück, mit dem die Bürger weiterhin auf die für sie aufgefangenen Sterne schauten.

Das Werbeplakat für die »Große Berliner Gewerbeausstellung« zeigte den starken Arm eines Arbeiters, der den Hammer hochhielt, mit dem er das Werk mitgeschaffen hatte. Doch »in der Ausstellung denkt man nicht an den Arbeiter. Er ist der Untergrund, aber er wird verdeckt«, kritisierte der christlich-liberale Sozialpolitiker Friedrich Naumann. »Kein einziges Geschäft gibt auch nur die Zahl, die Arbeitszeit und den Lohndurchschnitt seiner Arbeiter an.« Arbeitgeber versteckten hinter ihren beträchtlichen Gewinnen die kärgliche Entlohnung der Arbeitnehmer. Der durchschnittliche Stundenlohn in der Konfektion wurde auf 18 Pfennig geschätzt.

Dennoch wird bald von der »guten alten Zeit« an der Jahrhundertwende gesprochen werden, und nicht allein von jenen, die den Rahm abschöpften, sondern auch von solchen, die sich mit der Buttermilch begnügten. 1899 beantwortete die von der *Berliner Illustrirten Zeitung* gestellte Frage »Welches war die glücklichste Periode in diesen hundert Jahren« nur ein einziger mit »gar keine«. Die Mehrheit benannte die Zeit nach dem Deutsch-Französischen Krieg von 1870/71 bis zur Gegenwart. Seitdem herrschte Frieden, die Wirtschaft florierte und »herrlich entfaltet« flatterte die Flagge des Reiches, dessen »Einigung und Wiederaufrichtung« in der Umfrage mit überwältigenden 4100 Stimmen als »das größte historische Ereignis in diesem Jahrhundert« bezeichnet wurde.

Das Deutsche Reich. Es erstreckt sich, beinahe in den von Hoffmann von Fallersleben im Deutschlandlied markierten Wunschgrenzen, »von der Maas bis an die Memel, von der Etsch bis an den Belt«. Bei Nimmersatt, unweit Memels, liegt der nördlichste Punkt, der östlichste in Schilleningken bei Schirwind an der Scheschuppe, der westlichste bei Aachen, wenige Kilometer von der Maas, und der südlichste an der Quelle der Stillach in den Allgäuer Alpen; zum Ursprung der Etsch sind es fünfzig Kilometer Luftlinie.

An der Jahrhundertwende zählt das Deutsche Reich 540742 Quadratkilometer, 56367178 Einwohner, 21 Universitäten, 9 Technische Hochschulen, 1250 Höhere Lehranstalten und 59300 Volksschulen; unter den 1901 ausgehobenen 228406

Rekruten des eine halbe Million Mann zählenden Friedensheeres sind nur noch 131 Analphabeten. Über hundert Millionen Tonnen Steinkohle werden jährlich gefördert, die deutsche Produktion von Roheisen – fast acht Millionen Tonnen – hat mit der englischen fast gleichgezogen. In der Herstellung von Musikinstrumenten steht Deutschland an der Weltspitze.

»Gesundheit, Kraft und Ordnungssinn werden auf jedem Fleckchen deutschen Bodens offenbar«, bemerkt ein Zeitgenosse, Professor Kuno Francke, beeindruckt »von den blühenden, gutgeführten Bauernhöfen und Landgütern, dem Gedeihen der Dörfer, den sorgfältig aufgeforsteten Wäldern« und vor allem von »den rasch wachsenden Städten, die von wohlgenährten und ordentlichen Menschen bevölkert werden« und »mit ihren stolzen Rathäusern und stattlichen Gerichtsgebäuden, Theatern und Museen« prächtig dastehen.

Wem dies vornehmlich zu verdanken ist, bringen Leser der »Berliner Illustrirten Zeitung« in der Umfrage zum Ausdruck. Nahezu einstimmig wird der Reichsgründer Otto von Bismarck zum »größten Staatsmann des Jahrhunderts« erklärt. Bei der Frage »Wen würden Sie kurzweg als den größten Helden des Jahrhunderts bezeichnen?« muß Bismarck mit 1600 Stimmen den ersten Platz seinem König und Kaiser Wilhelm I. überlassen, der 2400 Stimmen bekommt.

Dem 1888 verstorbenen Wilhelm I. wird 1895 die Kaiser-Wilhelm-Gedächtniskirche in Berlin geweiht. Im spätromanischen Stil des hochmittelalterlichen Sacrum Imperium errichtet, entspricht sie eher dem Geist der deutschen Reichsromantiker, denen das »Zweite Reich« als eine Wiedergeburt des »Ersten Reiches« erscheint, als dem Stil des ersten Deutschen Kaisers, der sich primär als König von Preußen fühlte, als Herrscher des Hohenzollernstaates, der sich in der Auseinandersetzung mit dem Habsburgerreich zu Großpreußen und zur deutschen Großmacht emporgekämpft hat.

Das Datum der Einweihung, der 1. September 1895, hätte ihm nicht mißfallen. Auf den Tag genau vor fünfundzwanzig Jahren triumphierte Preußen-Deutschland über Frankreich bei

Sedan. Wiederum wird die »Wacht am Rhein« und das »Heil Dir im Siegerkranz« gesungen, und die aus französischen Kanonen gegossenen Glocken der Gedächtniskirche läuten das Tedeum ein.

Die Enthüllung des Nationaldenkmals für Kaiser Wilhelm I. am 22. März 1897, seinem hundertsten Geburtstag, ist mehr eine militärische Demonstration. Auf dem Platz der ehemaligen Schloßfreiheit sind zwar auch etliche Geistliche angetreten, aber ihr Schwarz versinkt im Meer der bunten Uniformen, und das

Weihegebet wird von 101 Kanonenschüssen übertönt. Zwei Stunden lang paradieren die Einheiten der Berliner Garnison, der Leibkompanien der Garde du Corps und des ersten Garderegiments zu Fuß vor dem neun Meter hohen Reiterbild des Reichsgründerkaisers, das nicht von altpreußischer Schlichtheit, sondern von neudeutscher Überheblichkeit zeugt.

Das vom Hofbildhauer Reinhold Begas geschaffene Mammutwerk zeigt Wilhelm I. »auf kräftig ausschreitendem Roß, das von einem weiblichen Friedensengel geleitet wird«. Vier Siegesgöttinnen stützen und vier Löwen bewachen den Granitsockel. So hat es sich der Enkel, Wilhelm II., gewünscht, der den Großvater als »Wilhelm den Großen« feiert, ihn zu seinem Bedauern nicht zur Ehre der Altäre erheben kann: »Wenn der hohe Herr im Mittelalter gelebt hätte, er wäre heilig gesprochen, und Pilgerzüge aus allen Ländern wären hingezogen, um an seinen Gebeinen Gebete zu verrichten.«

Erst sechs Jahre später wird dem Sohn Wilhelms I. und Vater Wilhelms II., dem 1888 verstorbenen Friedrich III. ein Standbild gewidmet, vor dem Brandenburger Tor, auf dem Viktoria vierspännig dem Zentrum preußisch-deutscher Macht entgegenfährt, in dem er nur für 99 Tage verbleiben durfte. Auf Fried-

Feier zum hundertsten Geburtstag Wilhelms I. vor dem Berliner Schloß 1897

rich III., mit dem, wie der Philosoph Friedrich Nietzsche klagte, die letzte Hoffnung auf deutsche Freiheit zu Grabe getragen worden sei, folgte Wilhelm II. und befreite den Historiker Heinrich von Treitschke von der Besorgnis, daß – wie bei einer längeren Herrschaft des Vaters – die liberale Partei ans Ruder gelangt wäre, »die Mehrheit der Berliner, einzelne in die Politik verschlagene Gelehrte, die Kaufmannschaft einiger unzufriedener Handelsplätze und die allerdings ansehnliche Macht des internationalen Judentums«.

Der Nachfolger des liberalen Hoffnungsträgers hält Liberale und Demokraten in den Schranken der Monarchenmacht. Der Sohn der ungeliebten englischen Mutter, einer Tochter der Queen Viktoria, will der Weltmacht Großbritannien auf den Weltmärkten und Weltmeeren Pari bieten. Schon ist das »Made in Germany«, das der englische Konkurrenz als Herkunftszeichen für deutsche Waren gefordert hat, allüberall als Gütezeichen anerkannt. Das Deutsche Reich hat einen »Platz an der Sonne« gesucht und gefunden, ist – wenn auch in weitem Abstand hinter Großbritannien und Frankreich – die Kolonialmacht Nummer drei geworden.

Die »verspätete Nation«, die als letzte die Einheit errang, griff auch verspätet nach Kolonialbesitz, konnte nur bekommen, was andere übrig gelassen hatten: unter Wilhelm I. Deutsch-Südwestafrika, Kamerun, Togo, Deutsch-Ostafrika, das Kaiser-Wilhelmsland auf Neuguinea, den Bismarck-Archipel, die Salomon- und Marschallinseln, ferner, unter Wilhelm II., die Karolinen- und Marianeninseln sowie Samoa und – 1898 durch Pachtvertrag – Kiautschou an der Küste Chinas – alles in allem 2 597 000 Quadratkilometer mit 12,4 Millionen Einwohnern.

Ausschiffung der Post
in Dar-es-Salaam ,
Deutsch-Ostafrika

Als Weltreich, wie es Wilhelm II. vorschwebt, kann dies kaum bezeichnet werden. Direkt ist nichts mehr zu gewinnen, doch indirekt – durch wirtschaftliche und politische Einflußnahme – noch einiges zu erreichen. Zu diesem Zweck fährt Wilhelm II. im Jahre 1898 in den Vorderen Orient, den Engländer, Franzosen und Russen als ihre Interessensphäre betrachten. In das zum Osmanischen Reich gehörende Palästina nimmt er nicht nur die Bibel, sondern auch das Scheckbuch mit. In Jerusalem geriert sich der Herrscher von Gottes Gnaden als Schirmherr des Christentums, in Damaskus posiert der deutsche Imperator als Protektor der »300 Millionen Mohammedaner«, die »auf der Erde zerstreut« lebten, nicht zuletzt in den Imperien Englands, Frankreichs und Rußlands.

Der Imperialismus Wilhelms II. wird von vielen, den tonangebenden Deutschen mitgetragen. Die Reichsgründung, erklärt der Sozialwissenschaftler Max Weber, hätte man besser unterlassen, wenn sie nicht der Auftakt einer Erhebung Deutschlands zur Weltmacht gewesen wäre. »Selbstverständlich gibt es keine Ausdehnungspolitik ohne große Gefahr; ohne solches Risiko gibt es überhaupt keine politische Größe«, bemerkt der Sozialpolitiker Friedrich Naumann und bekennt: »Ich bin gleichzeitig Christ, Darwinist und Flottenschwärmer.«

»Unsere Zukunft liegt auf dem Wasser«, betont Wilhelm II. »Der Ozean ist unentbehrlich für Deutschlands Größe«, eine große Handelsflotte und eine starke Kriegsflotte unabdingbar

für die Steigerung der Reichsmacht zur Weltmacht. Deshalb beginnt sich der Enkel der Queen Viktoria mit der Seemacht Großbritannien zu messen und kann mit seinen Deutschen rechnen, welche die Flagge Schwarz-Weiß-Rot auf allen Meeren wehen, deutsche Frachtschiffe in allen Häfen anlegen und deutsche Kriegsschiffe an allen Küsten aufkreuzen sehen wollen.

Felix Dahn, ein Bestseller-Autor der wilhelminischen Zeit, ruft dem »Allgemeinen Deutschen Kongreß zur Förderung überseeischer Interessen« zu: »Noch war die Welt nicht ganz verteilt! / Noch manche Flur auf Erden / Harrt gleich der Braut: die Hochzeit eilt! / Des Starken will sie werden.« Vom Nordseestrand bis an den Alpenrand ertönt das Lied: »Michel! Horch, der Seewind pfeift. / Verstopf dir nicht die Ohren, / Wer nicht jetzt zum Ruder greift, / Hat das Spiel verloren!« – das imperialistische Spiel um Rohstoffquellen und Absatzmärkte, Handelsgewinn und Machtzuwachs.

Der 1898 unter maßgeblicher Mitwirkung von Großindustriellen gegründete »Deutsche Flottenverein« fordert einen forcierten Kriegsflottenbau. Dadurch »würden viele Industriezweige neue Aufträge erhalten«, die Börsenkurse steigen, »viele Werte gerettet« und die Profite vermehrt werden. Außerdem könne – wie Admiral Alfred von Tirpitz, der Staatssekretär des Reichsmarineamts hinzufügt – durch das Vorantreiben der »allgemeinen Seeinteressen« und »dem damit verbundenen Wirtschaftsgewinn« den Sozialdemokraten der Wind aus den Segeln genommen werden.

»Reichsgewalt bedeutet Seegewalt«, erklärt der Kaiser und läßt 1898 im Reichstag mit den Stimmen der Konservativen, Nationalliberalen und der Mehrheit des Zentrums die erste Flottenvermehrungsvorlage durchsetzen. Vorgesehen ist der Bau von 7 Linienschiffen, 2 großen und 7 kleinen Kreuzern, die Verstärkung der Kriegsmarine auf 1 Flottenflaggschiff, 18 Linienschiffe, 8 Küstenpanzerschiffe, 12 große und 30 kleine Kreuzer. Wilhelm und Tirpitz genügt das nicht. Ein zweites Flottenvermehrungsgesetz ist in Vorbereitung, wird 1900 in Kraft treten. Die klassische Landmacht Deutschland erstrebt eine Seestreit-

Stapellauf des
großen Kreuzers
»Roon« in Kiel

macht von 2 Flottenflaggschiffen, 36 Linienschiffen, 16 großen und 52 kleinen Kreuzern, ein Verhältnis von 2:3 zur Schlachtflotte der klassischen Seemacht England.

Schon als Junge habe er den Wunsch gehegt, »auch einmal eine so schöne Flotte wie die englische zu besitzen«, gesteht der Flottenkaiser, der sich zum Großadmiral – ein Rang, den es bislang nicht gegeben hat – befördert, einen vierten Ärmelstreifen an der Marineuniform und einen vergoldeten Stab verleiht. Stolz steht er auf der Kommandobrücke eines von leistungsstarken Maschinen angetriebenen und mit treffsicheren Waffen bestückten Schlachtschiffes, und nimmt auch mit der eines Torpedobootes vorlieb, mit dem er – Berlin liegt nun einmal nicht an der See, sondern an der Spree – zum Berliner Schloß dampfen kann. Hauptsache ist, daß es mit »Volle Fahrt voraus!« in das 20. Jahrhundert vorwärts geht.

Am 31. Dezember 1899, 23 Uhr, ist in der Schloßkapelle eine Predigt und das Tedeum angesetzt. Schlag Zwölf wird das

»Volldampf voraus!«
Torpedoboote

Jahr 1900 mit Kanonendonner der im Lustgarten aufgestellten Batterien begrüßt. Im Schloß ist die Hofgesellschaft zur Gratulationscour versammelt, zieht an dem unter einem Thronhimmel stehenden Kaiserpaar vorbei. Am Neujahrsmorgen werden im Zeughaus, in der Ruhmeshalle der brandenburgisch-preußischen Armee, die Fahnen und Standarten des Gardekorps neu geweiht.

Der evangelische Feldpropst predigt unter Hinweis auf den Altarschmuck: »In Schwert und Schild unter dem Kruzifix, das soll unsere gute Wehr und Waffen bleiben, und des Schildes Inschrift ist die große Parole auch für das neue Jahrhundert: Zu Schirm und Schutz / Zu Tat und Trutz / Zu Sieg im Streit / Von Gott geweiht.« Das letzte Wort hat der König von Preußen und Deutsche Kaiser: »Der erste Tag des neuen Jahrhunderts sieht Unsere Armee, das heißt Unser Volk in Waffen, um seine Feldzeichen geschart, vor dem Herrn der Heerscharen knien.«

Photographen hielten die Weihestunde für die Mit- und Nachwelt fest, die »Jahrhundertkniebeuge«, wie Berliner räsonieren. Doch die Herzen schlagen höher, wenn die Soldaten durch die Reichshauptstadt marschieren, die ruhmreichen Fahnen jenen »herrlichen Zeiten« entgegentragen, in die Wilhelm II. seine Deutschen zu führen verspricht.

Zwanzigtausend Soldaten werden in Berlin gezählt. Die Garnison besteht aus drei Garderegimentern zu Fuß, drei Gardegrenadierregimentern, dem Gardefüsilierregiment, vier Gardekavallerieregimentern, einer Eskadron der Garde du Corps, dem 2. und einer Abteilung des 3. Gardefeldartillerieregiments, dem Gardepionier- und dem Gardetrainbataillon, drei Eisenbahnregimentern, dem Telegraphenbataillon und vier Landwehr-Bezirkskommandos. Dazu kommen die Mitglieder der zahlreichen Militärbehörden und Militärschulen, nicht zu vergessen das reitende Feldjägerkorps, die Leibgendarmerie und die Schloßgardekompanie.

»Militärtoll« nennt eine französische Zeitung die Berliner. »In keiner anderen Welt- und Großstadt spielt der Soldat eine so hervorragende Rolle wie in Berlin«, bestätigt der Hauptstadtchronist Fedor von Zobeltitz. »Zur Physiognomie Berlins gehört nun einmal das zweifarbige Tuch, und es würde wohl verwunderlich vorkommen, wenn unsre Residenz einmal ganz plötzlich von allen Soldaten entblößt werden« sollte. Die Berliner überkomme »ein gewisser Rausch«, wenn die »Franzer«-Grenadiere oder die »Maikäfer«-Füsiliere mit klingendem Spiel einherrückten.

Tausende von Berlinern sind auf den Beinen, stehen Spalier oder ziehen im Gleichschritt mit, wenn das Gardekorps zur Frühjahrs- oder Herbstparade auf dem Tempelhofer Feld ausrückt, wo die 6000 Tribünenplätze besetzt sind. Fahnenkompanie und Standartenschwadron kehren durch die Belle-Alliance-, Friedrich- und Lindenstraße zurück, und an der Spitze reitet Wilhelm II. Nicht nur Bürger mit hochgezwirbelten Kaiserbärten, die von Martialität und Aufwärtsstreben zeugen, grüßen

Kaiserparade
Unter den Linden 1896

ihn begeistert. Unter den Jubelberlinern wird auch ein sozialdemokratischer Stadtverordneter bemerkt. »Auch Sie, mein lieber Stadthagen?«, wird er gefragt, und er antwortet: »Ja, wenn ick den zu Pferde sehe, so kann ick nich anders!«

»Ich erkenne in dem Jubel der Bevölkerung den Ausfluß des Pulsschlages des gesamten deutschen Volkes«, brüstet sich Wilhelm II., der absolutistisch regieren und populistisch herrschen will, davon überzeugt, daß er, wenn er nicht schon ein Monarch von Gottes Gnaden wäre, ein mit überwältigender Mehrheit gewählter Monarch von Volkes Gnaden sein könnte. »Nicht einen Tag hätte in Deutschland regiert werden können, wie regiert worden ist, ohne die Zustimmung des Volkes«, bestätigt Walther Rathenau, ein Insider und zugleich ein Kritiker des Regimes.

Wilhelm II. gab sich so, wie ihn sich Wilhelminer wünschten, nicht allein Diederich Heßling, den Heinrich Mann in dichterischer Überspitzung als Prototyp des »Herrenvolkes aus Untertanen« vorführte: »›Hurra!‹ schrie Diederich, denn alle schrien es; und inmitten eines mächtigen Stoßes von Menschen, der schrie, gelangte er jäh bis unter das Brandenburger Tor. Zwei Schritte vor ihm ritt der Kaiser hindurch... Auf dem Pferd dort, unter dem Tor der siegreichen Einmärsche, und mit Zügen steinern und blitzend, ritt die Macht!... Gegen die wir nichts können, weil wir alle sie lieben! Die wir im Blut haben, weil wir die Unterwerfung darin haben... Jeder einzelne ein Nichts, steigen wir in gegliederten Massen als Neuteutonen, als Militär, Beamtentum, Kirche und Wissenschaft, als Wirtschaftsorganisationen und Machtverbände kegelförmig hinan, bis dort oben, wo sie selbst steht, steinern und blitzend!«

»Berlin jewesen – Kaiser jesehen«, rühmen sich mehr und mehr Deutsche. In der Hauptstadt des Deutschen Reiches und des Königreiches Preußen gelten als die beiden Hauptsehenswürdigkeiten: Erstens, Seine Majestät. Zweitens, das Aufziehen der Schloß- und Königswache.

Zu Lebzeiten Wilhelms I. war beides auf einmal zu haben: das militärische Schauspiel vor Schinkels Tempelbau und der alte Kaiser, der am Eckfenster seines Palais die Truppe musterte und die Huldigung der Zuschauer entgegennahm. Dem Enkel genügte die in der Biedermeierzeit errichtete Residenz des Großvaters nicht. Er zog in das repräsentative Königliche Schloß, wo er Appartements renovieren, den von Berlinern als Abkürzungsweg benützten Durchgang von der Breiten Straße zum Lustgarten sperren und Portale anbringen ließ, die Einblicke in die Schloßhöfe verboten.

Wie und wann die vom monarchischen Allerheiligsten ferngehaltenen und auf die Ikonenwand der Fassaden verwiesenen Untertanen den Kaiser zu Gesicht bekommen könnten, wird in der Lokalpresse angezeigt und ist aus Stadtführern zu erfahren: An Festtagen bei Paraden und Denkmalsenthüllungen, an Alltagen bei Ausritten und Ausfahrten Unter den Linden, die Wilhelm II. bei Anwesenheit in Berlin mindestens einmal täglich und meist zu fester Stunde unternimmt. »Man grüßt Se. Majestät auf der Straße durch Frontmachen«, wird der Patriot belehrt. »Herren in Zivil lüften den Hut, die Damen machen tiefe Verbeugung, die Kinder knicksen.«

»Und schon kommt, von eleganten Rappen gezogen, das kaiserliche Gefährt in gemäßigtem Trab dahergejagt«, und schon bald wird im Kraftwagen dahingebraust. »Die kaiserlichen Automobile«, informiert Baedeker, »sind elfenbeinfarbig und fallen durch ein melodisches Trompetensignal mit besonderem Zweiklang auf.«

Unter den Linden

Wenn Wilhelm II. im Daimler-Wagen vom Hohenzollernschloß die Linden entlang zum Brandenburger Tor braust, fährt er auf der Triumphstraße Preußens, die zur Magistrale des Reiches geworden ist.

Das Zeughaus, Schinkels Königswache und das Palais Wilhelms I. zeugen vom alten Preußentum. Borussia wie Germania sind im 1894 begonnenen und 1905 vollendeten Dom präsent. In der Gruft ruhen 87 Hohenzollern, in der Fest- und Predigtkirche hat sich der auf vaterländischen Glanz wie militärische Gloria spezialisierte Maler Anton von Werner an Bildern der acht Seligpreisungen der Bergpredigt versucht. Die bebaute Fläche von 6270 Quadratmetern überbietet die 6166 Quadratmeter des Kölner Doms, der dem Preußenkönig Friedrich Wilhelm IV. als nationalromantisches Symbol deutscher Einheit und Größe galt.

Je weiter sich Wilhelm II. vom östlichen Teil der Linden entfernt, um so näher kommt er der Reichsrealität: Geschäftsgebäuden, Bankpalästen, Luxushotels, welche die alten bescheidenen Häuser verdrängt haben. »Da wurde Preußen das Opfer von Deutschland«, klagt der Schriftsteller Arthur Moeller van den Bruck angesichts der baulichen Veränderungen in der Reichshauptstadt. »Zu solcher Gewalttat hat jede Stadt das Recht, deren Wachstum Raum braucht – wofern nur die neue Kultur, die entsteht, auch ein Werteersatz für die alte Kultur ist, die vergeht. In Berlin dagegen trat Entartung an die Stelle, die aus Hilflosigkeit vor den neuen Bauaufgaben der deutschen Hauptstadt kam und die hier um so erschreckender wirkte, als sie mit Anmaßung auftrat.«

Wilhelm II. teilt diese Auffassung nicht. Er schreitet hochgemut in das 20. Jahrhundert, davon überzeugt, daß sein Reich »an der Schwelle der Entfaltung neuer Kräfte« steht, die es in Technik und Industrie zu begünstigen gelte, ohne dabei die monarchische, feudale, militärische und obrigkeitsstaatliche Tradition preiszugeben. Der Kaiser übersieht, daß die Förderung des Fortschritts in Wissenschaft und Wirtschaft in der Konsequenz eine Veränderung der bisherigen Gesellschaftsstruktur und Herrschaftsform zeitigen wird.

Als Hüter der alten Ordnung begrüßt er nicht nur die präsentierenden Soldaten vor der Königswache, sondern auch die Schutzleute, die Unter den Linden Spalier stehen, das Publikum auf Distanz halten, ohne die Zivilisten daran zu hindern, ihm zu beweisen, wie populär er sei. Die Wachtmeister tragen Pickelhaube, Schleppsäbel und Nagelstiefel, und zwischen den blanken Knöpfen des blauen Rockes steckt ein Notizbuch, in dem »besondere Vorkommnisse« vermerkt werden, zum Beispiel Übertretungen der Straßenordnung, die unter anderem das Stehen auf Granitplatten verbietet. In Berlin werden 5460 Polizisten zu Fuß und zu Pferde gezählt; auf circa 350 Bewohner kommt ein »Blauer«.

Die Schutzleute sind meist ehemalige Unteroffiziere; die Offiziere kommen aus dem aktiven Militärdienst. Nach wie vor gilt die Armee als »Schule der Nation« und als erster Mann im Staate der Soldat respektive der Offizier. »Den Herrn Leutnant macht uns keiner nach«, wird gesagt, und von jedem Offizier wird verlangt: »Unbedingte Treue gegen die Person des Monarchen, erhöhter Patriotismus, Erhaltung des Bestehenden, Verteidigung der seinem Schutze anvertrauten Rechte seines Königs und Bekämpfung vaterlandsloser, königsfeindlicher Gesinnung«, wie es das »Militär-Wochenblatt« vorschreibt. »Beide, der bürgerliche sowohl wie der adelige Offizier, vertreten das gleiche Prinzip, die aristokratische Weltanschauung gegen die demokratische.«

Aus Adelsgeschlechtern und Soldatenfamilien stammen fast drei Viertel aller Offiziere. Die Zahl der Bürgerlichen im aktiven Dienst und vor allem im Stand der Reserve nimmt stetig zu. Reserveoffizier zu sein hebt die gesellschaftliche Reputation und fördert die berufliche Karriere. Mit einem Fuße steht er im Heer, mit dem anderen im Volk, erläutert das »Militär-Wochenblatt«. Der Reserveoffizier ist »daher am ehesten befähigt, in weiten Kreisen Lust und Liebe zu des Königs Dienst zu verbreiten und wach zu erhalten«.

Das Gardekorps, die elitäre Wachttruppe des Königs von Preußen und Deutschen Kaisers, kennt vornehmlich adelige Offiziere. »Der Gegenstand der Politik des Herrschers in diesem Staat ist es, den Adel zu schützen. Denn welcher Schicksalswechsel auch eintritt, er wird vielleicht einen reicheren, aber niemals einen wertvolleren und treueren Stand zur Verfügung haben«, befand Friedrich der Große, zu dessen Denkmal Unter den

Linden Wilhelm II. ehrfürchtig und gehorsam aufblickt. Weiterhin will er Adelige nicht nur in den Befehlsstellen seiner Armee, sondern auch in den Schlüsselfunktionen seiner Beamtenschaft sehen, die – wie jene am Befehlsstrang des Monarchen hängend – diszipliniert und effizient die monarchische Ordnung im zivilen Sektor aufrechtzuerhalten, den Fortschritt für den Staat zu dosieren und durch den Staat zu kontrollieren hat.

Die Reichsgründung, die mit militärischen Machtmitteln wie durch einen politischen Kompromiß zwischen preußischen Konservativen und nationalen Liberalen sowie durch einen ökonomischen Konsens zwischen adeligen Großagrariern und bürgerlichen Großindustriellen zustandekam, stellte dem König und Kaiser nach dem Adel mit der Bourgeoisie einen weiteren Stand zur Verfügung. Die Koalition zwischen Altpreußentum und Manchestertum brachte dem Staat, nicht unbedingt den Partnern Vorteile. Der Adel begann sich nach unten und das Bürgertum nach oben anzupassen. Jener untergrub damit seine Dominanz, dieses gelangte nicht – wie in England oder Frankreich – zu einer gesellschaftlichen und politischen Rolle, die dem hauptsächlich von ihm getragenen Fortschritt angemessen gewesen wäre.

Aristokraten ließen sich zu bürgerlichen Erwerbs- und Verhaltensweisen herab. So mancher adelige Offizier sanierte sich durch Einheirat in eine wohlsituiertes Bürgerhaus. Andererseits wollten auch Bürger Rittergüter haben und nobilitiert werden. »Neuer Börsenadel-horreur!«, mokierte sich der Baron von Prudelwitz, eine Figur des satirischen Blattes »Kladderadatsch«.

»Können noch erleben, daß lesen von Comtesse de Contocurrente, beschnittenen Dukaten-Ducs und mosaischen Prinzen!« Jedenfalls entstand, wie der Schriftsteller Hermann Bahr konstatierte, ein wilhelminischer Bürgertyp: »Der Bourgeois in seiner entsetzlichsten Art, in der neudeutschen Aufmachung: der Bourgeois im Stechschritt, der Händler als Held, der Geschäftsreisende im Feldwebelton, der Jobber und Schnorrer mit den Gebärden Wotans.«

Der Herr pflegt seinen Schnurrbart à la Wilhelm II. Wer es

sich leisten kann, läßt sich die Manneszierde im Salon von François Haby in der Mittelstraße stutzen und zwirbeln und bringt ihn mit der vom Hofbarbier unter der Marke »Es ist erreicht!« vertriebenen Pomade auf Hochglanz. Anzüge werden wie Uniformen und Uhrketten wie Wehrgehänge getragen, die Schuhe sind wie Militärstiefel gewichst. Die Dame orientiert sich am Mannequin Germania. Doch das wie eine Rüstung anliegende »Panzerleibchen« kommt aus der Mode; die Gebrüder Lindauer erfinden 1902 den Büstenhalter. Das Tragen von in ausladenden Hüten steckenden, weit hervorstehenden Nadeln wird in Straßenbahnen, Pferdeomnibussen und Theaterlogen vom Polizeipräsidenten Traugott von Jagow verboten.

Nicht jeder arrivierte Bourgeois vermag sich wie der geadelte jüdische Großbankier Gerson Bleichröder einen Feudalsitz wie das zwischen Potsdam und Großbeeren gelegene Gütergotz zu kaufen, das dem Grafen, Feldmarschall und Kriegsminister Albrecht von Roon gehörte. Wenn auch nicht jeder Großbürger in einem Schloß wohnen kann, so will er sich wenigstens in einem distinguierten Appartement am Tiergarten oder Kurfürstendamm einmieten, oder noch weiter im Westen, in Grunewald, Dahlem oder Wannsee eine exklusive Villa bauen lassen, deren mit schwülstigem Mobiliar vollgestopften Räume mehr zum Repräsentieren als zum Wohnen geeignet sind.

Da es Großbürgern versagt ist, sich wie Aristokraten in ererbten historischen Besitzungen einzurichten, schaffen sie sich eigene und moderne, wobei sie Stile der monarchischen und feudalen Geschichte imitieren. »Der fettsüße Makronen- und Marzipangeschmack dieser angeblich barocken, romanischen, byzantinischen und napoleonischen Sachen entzückte das Kaufmannsgeschlecht der Epoche«, kritisiert Walther Rathenau, ein Großindustrieller und Großbürger auch er, aber einer mit Geist und Geschmack. Emporkömmlinge streckten sich nach der monarchischen Decke. In »üppiger Hofkunst« habe man »Abbildung und Vorbild« gesehen, »so wie die bürgerliche Prunksucht und Schwelgerei sich gern davon überzeugen ließ, daß es auch in den Höhen mit altpreußischer Einfachheit zu Ende sei und daß auch dort alle Trivialitäten des Tages und der Mode so viel galten wie in den Tiefen«.

»Mehr sein als scheinen«, die Parole Moltkes geriet wie Bismarcks Warnung vor einem »Wirtschaften auf Prestige hin« in Vergessenheit. Auch der bürgerliche Mittelstand versuchte mit dem Zeitgeschmack mitzuhalten, auch wenn er, in seinen Mitteln beschränkt, das Gold durch Talmi, den Glanz durch Flitter, Marmor durch getünchtes Blech, den Diamanten durch geschliffenes Glas, die Havanna durch ein Surrogat ersetzen mußte – wenn nur das Etikett da war und den Anschein von Luxuriösem erweckte.

Für den Mittelstand werden neue Wohnviertel in Charlottenburg, Schöneberg, Wilmersdorf, Steglitz und Tempelhof aus dem Boden gestampft. Die Reichshauptstadt wächst und wächst. 1871, im Jahr der Reichsgründung, hatte sie 826341 Einwohner; am 1. Dezember 1900, zu Beginn des 20. Jahrhunderts,

Jugendstil-Interieur
(Große Berliner Kunstausstellung 1903)

werden 1 888 848 Berliner (einschließlich der 20 000 Soldaten) auf 63,49 Quadratkilometern gezählt. 80,5 Millionen Passagiere werden mit den 726 Pferdeomnibussen und 330 Millionen mit den 3 386 Straßenbahnwagen befördert. An die 7000 Droschken erster und über 1 000 Droschken zweiter Klasse verkehren auf 700 Straßen mit einer Gesamtlänge von 464 Kilometern.

»Bis weit in die märkische Wüste hinein stellte man mit Lineal gezogene kilometerlange Gebäudereihen auf, gerade so über den gleichen Leisten geschlagen, wie nun die Bewohner über einen Leisten geboren und erzogen wurden«, kritisiert der Schriftsteller Carl Sternheim. Die Mietskasernen, in denen Menschen hausen, die als Angehörige des Königreiches Preußen und Mitglieder des Deutschen Reiches »stramm, stramm, alle über einen Kamm« geschoren werden sollen,verweisen indessen auf die gebliebenen und erhaltenen Klassenunterschiede im »einzig Volk von Brüdern«.

Die Berliner Mietskaserne ist das Modellhaus der Klasseneinteilung. Im Vorderhaus wohnen die Bessergestellten, in der Belletage der am besten Gestellte, etwa ein Arzt, in den anderen Stockwerken Ladenbesitzer, Handwerksmeister, mittlere Beamte und Büroangestellte. Im Hinterhaus, das oft ein Pluralbegriff ist, sind Handwerksgesellen und Industriearbeiter zusammengepfercht. 22,6 Prozent der vorwiegend fünfstöckigen Häuser werden von 100 bis 300 Menschen bewohnt, 26 000 Kellerwohnungen mitgezählt. Wasserzapfstellen und Toiletten müssen oft Dutzende, mitunter hunderte von Personen teilen.

»Wir waren eine Familie von sechs Köpfen in Stube und Küche, die auch gleichzeitig als Schneiderwerkstatt diente«, erinnerte sich der Sohn eines Heimarbeiters. Zwei Drittel der Volksschulkinder schlafen zu zweit, ja zu dritt und zu viert in einem Bett. Die Hinterhöfe sind düster, stickig, vom Lärm der Kleinbetriebe erfüllt. »Schmaler Hof, aber schön hoch«, lautet der Hinweis eines Hauswirts auf einer Zeichnung von Heinrich Zille, der das »Miljöh« in einer Weise schildert, die dem Bourgeois folkloristisch und dem Proletarier sozialkritisch erscheint.

Wohnungsnot und soziales Elend sind in den Arbeitervierteln im Norden und Osten der Reichshauptstadt an der Tagesordnung. Im Statistischen Jahrbuch der Stadt Berlin wird der Wochenlohn eines Arbeiters beziehungsweise einer Arbeiterin an der Jahrhundertwende bei neun- bis elfstündiger täglicher Arbeitszeit mit minimal 8 und maximal 24 Mark angegeben. Laut sozialdemokratischem »Vorwärts« kosten im August 1900 Eier 4 bis 62/3 Pfennig, das Pfund Fleisch 55 bis 80 Pfennig, das Kilogramm Butter 2 bis 2,80 Mark, der Doppelzentner Kartoffeln 4 bis 6 Mark. Für Stube und Küche zahlt der Metallarbeiter Kieckhöfer im Monat 20 Mark. »Butter gab es bei besonderen Anlässen, manchmal auch sonntags«, erinnert sich der Sohn des Heimarbeiters Berg. »In der Woche ein halbes Pfund Fleisch und für einen Sechser (fünf Pfennig) Knochen. In diese kräftige Brühe kam dann Gemüse, vor allem aber Kartoffeln. Das halbe Pfund Fleisch gab es aber erst am anderen Tage mit einer Mostrich- oder Heringssoße.«

Das auch außerhalb Deutschlands als vorbildlich angesehene Sozialversicherungsnetz (gesetzliche Krankenversicherung, Unfallversicherung, Invalidenpflichtversicherung) ist noch so weitmaschig, daß nicht wenige durchfallen. An einem einzigen Tag, dem 30. Januar 1895, nimmt eine »Wärmehalle«, ein Tagesasyl für Obdachlose, 4000 Personen auf. »In das Medusenantlitz der sozialen Frage« blickt ein Armenarzt. Er behandelt Dirnen, die von Zuhältern schwer verletzt wurden, an Sommerdiarrhöe leidende Kinder, eine Folge »verdorbener Milch und schlechter Luft in den überhitzten Mietskasernen«, Lungenschwindsüchtige und Geschlechtskranke.

Der wirtschaftliche Aufschwung bringt Verbesserung für viele, aber nicht für alle. Ausgerechnet 1901, am Anfang des neuen Jahrhunderts, das nicht nur Bürger, sondern auch Arbeiter hoffnungsvoll betreten haben, beginnt eine Wirtschaftskrise, die weniger Aktienbesitzern und Gehaltsempfängern als Lohnabhängigen Verluste einträgt. So behält die in der Gründerzeit getroffene Feststellung des »Brockhaus« grundsätzlich Gültigkeit: »Den neuen Reichtümern steht neuer Jammer gegenüber, Verkümmerung, Verwahrlosung der Arbeiter in einer Ausdehnung und Intensität, wovon man früher keine Vorstellung gehabt.«

Berlin ist und bleibt eine zweigeteilte Stadt zwischen glänzendem Westen und dem tristen Osten, zwischen reich gebliebenen Adeligen und reichgewordenen Großbürgern einerseits und andererseits den sich nach oben streckenden, doch nicht viel höher kommenden Kleinbürgern und dem aufstrebenden Vierten Stand, der trotz allem Mühen und Plagen kaum über das Existenzminimum hinausgelangt. Berlin – so erscheint es Julius Hart, einem Dichter des Naturalismus – ist »ein Paradies, ein süßes Kanaan« und zugleich »ein Höllenreich«.

Fast wie im siebten Himmel fühlen sich Berliner, die Unter den Linden wandeln, die ihnen als preußische Via triumphalis wie als deutsche Fortschrittsavenue erscheint.

Preußisch-proper ist die Reichshauptstadt, in der 1126 Straßenkehrer tätig sind, und am saubersten und ordentlichsten ist die vom Brandenburger Tor zum Königlichen Schloß führende Repräsentationsstraße: 1004 Meter lang, 60,6 Meter breit, in der Mitte eine dreifache Baumreihe und eine Promenade, an der Nordseite ein Reitweg, auf beiden Seiten Fahrwege und Bürgersteige.

Die Ordnung ist gewahrt und das Gesetz wird befolgt. Am 1. Januar 1900 ist das am 18. August 1896 von »Wilhelm, von Gottes Gnaden Deutscher Kaiser, König von Preußen« im »Namen des Reichs, nach erfolgter Zustimmung des Bundesrats und des Reichstags« verordnete »Bürgerliche Gesetzbuch« in Kraft getreten.

»Das Gesetz in seiner Gesamtheit muß als eine der hervorragendsten gesetzgeberischen Leistungen der letzten Jahrhunderte bezeichnet werden«, ist »Meyers Großem Konversations-Lexikon« zu entnehmen. Doch das »BGB« kommt mit reichlicher Verspätung; bereits zu Beginn des 19. Jahrhunderts zog in Frankreich der »Code civil« die rechtlichen Konsequenzen aus der gesellschaftlichen und staatlichen Entwicklung. Viel später als der »Erbfeind« hat Deutschland eine nationale Einheit, und das deutsche Bürgertum, hinter der französischen Bourgeoisie hinterherhinkend, eine Einheitlichkeit des Rechts erreicht. Deutschlands »Bürgerliches Gesetzbuch«, kritisiert August Bebel, der Führer der Sozialdemokraten, »ist beeinflußt von allen möglichen Rücksichtnahmen auf veraltete, dem modernen Geist widersprechende soziale und politische Einrichtungen.«

Auch deutsche Bürger bedauern es, daß das preußisch-deutsche Ancien régime weitgehend intakt geblieben ist. Im »Bürgerlichen Gesetzbuch« sehen sie jedoch einen entscheidenden Schritt zum liberalen Rechtsstaat und parlamentarischen Verfassungsstaat, zu einer aus modernem Geist entwickelten und durch eine freie Wirtschaft gedeihenden zeitgemäßen Gesellschaft.

Das Zeughaus des wissenschaftlichen Fortschritts ist die Friedrich-Wilhelms-Universität Unter den Linden. In Deutschlands führender Hochschule werden nach wie vor, in Forschung und Lehre, die Geisteswissenschaften gepflegt. Der Neuhistoriker Heinrich von Treitschke, der mit seiner preußischen Auslegung der deutschen Geschichte zum »Reichsherold« geworden war und der das in seinem Sinne Erreichte in Auseinandersetzung mit Liberalen und Sozialdemokraten zu erhalten suchte, ist 1896 verstorben. Den Nobelpreis für Literatur bekommt 1902 der Althistoriker Theodor Mommsen. In seiner »Römischen Geschichte« schilderte er den Triumph Caesars über die Republik, wobei er auch an den Sieg Bismarcks über die Achtundvierziger dachte. Bald begann er unter dem »pseudo-konstitutionellen Absolutismus« im preußisch-deutschen Reich zu klagen: »Die Gewinne an Macht waren Werte, die beim nächsten Sturme der Weltgeschichte wieder verloren gehen; aber die Knechtung der deutschen Persönlichkeit, des deutschen Geistes war ein Verhängnis, das nicht mehr gutgemacht werden kann.«

Passiv protestiert der Philosoph Georg Simmel gegen den Militär- und Obrigkeitsstaat. Er unterbricht seine Vorlesung, die er zur selben Stunde hält, in der die Wachablösung an der neben der Universität gelegenen Königswache stattfindet, beim ersten Ton der Marschmusik, bleibt stumm und starr stehen, bis sie wieder verklingt. Damit will er keineswegs seine Achtung, vielmehr seine Verachtung des Militärs ausdrücken, in einer Haltung, die so oder so zu deuten ist, ihm Respekt von Studenten verschaffen und keinen Rüffel der Behörden eintragen kann.

Der protestantische Theologe Adolf Harnack, der das Dogma als »eine Konzeption des griechischen Geistes auf dem Boden des Evangeliums« erklärt, versucht in seinem 1900 erschienenen Werk »Das Wesen des Christentums« eine Brücke zwischen altem Glauben und neuem Wissen zu schlagen, nicht ohne Erfolg, worauf die 1903 erreichte Auflage von 50000 Exemplaren hindeutet. Wilhelm II., der als Landesherr der Summus episcopus, Träger des protestantischen Kirchenregiments ist, hat die Berufung des modernen Theologen zum Professor für Kirchengeschichte und Mitglied der Preußischen Akademie der Wissenschaften in Berlin gegen die Orthodoxie durchgesetzt. 1911 wird der Kaiser den begabten Organisator und Administrator Harnack als Präsidenten der von ihm angeregten Kaiser-Wilhelm-Gesellschaft einsetzen, die Forschungsinstitute namentlich der Naturwissenschaften unterhält.

»Bei dem stets schärfer werdenden Kampf um den Weltmarkt und seine Absatzgebiete war es, um das Wissen der Koryphäen der deutschen Wissenschaft für jene Zwecke nutzbar zu machen, geboten, ihnen mehr Freiheit, Ruhe, Arbeitsmöglichkeit und Material zu verschaffen«, begründet Wilhelm II. die Errichtung der nach ihm benannten Gesellschaft. Die Geisteswissenschaften sind wichtig geblieben, die Erfahrungswissenschaften immer wichtiger geworden, denn aus ihnen vermögen Staat, Wirtschaft und Gesellschaft direkten und praktischen Nutzen zu ziehen.

Mobile Telegraphenstation des Heeres 1903

Fortschritte der naturwissenschaftlich orientierten Medizin kommen dem Menschen unmittelbar zugute. Rudolf Virchow begründet die Zellularpathologie und Ernst von Bergmann Asepsis und Gehirnchirurgie, Robert Koch entdeckt die Erreger von Tuberkulose und Cholera, Paul Ehrlich das gegen Syphilis anzuwendende Salvarsan und Emil von Behring das Diphterieserum. Der Chemiker Emil Fischer zeichnet sich in der Zucker- und Eiweißforschung aus. In Berlin wirken Bahnbrecher der modernen Physik und Vorreiter des Atomzeitalters: Max Planck, der die Quantentheorie, und Albert Einstein, der die Relativitätstheorie formuliert.

Die Deutschen sind stolz auf ihre Nobelpreisträger und stolzer noch auf die durch die Erfahrungswissenschaften ermöglichten Errungenschaften. Wilhelm II. fördert die Technischen Hochschulen, deren Ingenieure »dem deutschen Namen in der Welt immer neue Ehren« bringen. Persönlich verkehrt der Monarch mit Adolf Slaby, Professor und Direktor des elektrotechnischen Laboratoriums an der Technischen Hochschule in Charlottenburg, der mit dem Ingenieur Georg Graf von Arco das erste deutsche drahtlose Telegraphie-System entwickelt. Dafür interessiert sich nicht zuletzt das Militär, ebenso für den Daimler-Motorwagen, in dem Wilhelm II. 1898 zum Kaisermanöver kommt.

Zur Verwendung im Krieg und im Frieden erscheint das Flugzeug nicht geschaffen zu sein. Das Schicksal des Pioniers der »Flugapparate« ist kaum geeignet, Erwartungen zu wecken. Otto Lilienthal verunglückt 1896 tödlich bei einem Segelflug in den Rhinower Bergen. Als 1895 der württembergische Generalleutnant a.D. Ferdinand Graf von Zeppelin das Patent für ein Luftschiff anmeldet und das preußische Kriegsministerium um Unterstützung bittet, wird ihm entgegnet, »daß es weder jetzt noch in absehbarer Zeit möglich sein werde, die Mittel zur Erbauung eines Luftschiffes flüssig zu machen«. Eine von Wilhelm II. einberufene Kommission konnte sich mit der Neuheit nicht anfreunden.

Seit 1900 experimentiert Zeppelin am Bodensee. Als sein starres, lenkbares Luftschiff sich in die Lüfte erhebt, 1909 von Friedrichshafen nach Berlin schwebt und auf dem Tempelhofer Feld landet, wird es von 250000 Menschen begrüßt. Der Kaiser feiert den Erbauer des »Zeppelin« als »den größten Deutschen des zwanzigsten Jahrhunderts, der durch seine Erfindung uns an einen neuen Entwicklungspunkt des Menschengeschlechts geführt hat«.

In ganz Deutschland werden Zeppelin-Eichen gepflanzt, nicht Unter den Linden, deren Tiliazeen unter Denkmalschutz

Zeppelin-Halle
auf dem Bodensee

stehen. Aber auch hier sind Deutsche zu sehen, die eine Nelke, die Lieblingsblume des Grafen Zeppelin, im Knopfloch tragen und das Demonstrieren nationalen Stolzes über dem Promenieren und Amüsieren nicht versäumen.

Wenn sie den königlich-preußischen Abschnitt zwischen dem Schloß der Hohenzollern und dem Palais Wilhelms I. hinter sich gelassen haben, gelangen sie in den Reichsteil der Straße. In der im Stil der Neorenaissance aus Sandstein mit Ziegelverblendung errichteten Kaisergalerie werden das Kaiserpanorama wie das Passage-Panoptikum besichtigt, die Schaufenster der Luxusläden bewundert und die schicken Restaurants aufgesucht. Vis-à-vis liegt das Café Bauer, dessen Wände Anton von Werner mit Szenen aus dem alten Rom bemalt hat. Das junge Berlin ist auf dem Trottoir zu betrachten, wie es Walter Kollo – der wie Paul Lincke die flotte und kesse Musik dazu macht – in einem Schlager besingt:

Kaufhaus
Wertheim
in Berlin

»Untern Linden, untern Linden, geh'n spazier'n die Mägdelein,
Wenn Du Lust hast anzubinden, so spaziere hinterdrein.
Fängst Du an bei Café Bauer,
Sagt sie Dir noch: ich bedauer,
Bist du am Pariser Platz,
Schwupptich ist sie schon Dein Schatz.«

Zwischen Café Bauer und Pariser Platz machen sie »Palazzi prozzi« breit, jene der Disconto-Gesellschaft und der Preußischen Central-Bodenkredit-AG, Geschäftshäuser wie jenes der Internationalen Eisenbahn-Schlafwagen-Gesellschaft und Hotels wie das »Bristol« und »Westminster«. Am Pariser Platz entsteht an Stelle des von Schinkel erbauten Palais Redern der Prunkbau des »Adlon«, sozusagen als Gegenpol zum Königlichen Schloß am anderen Ende der Linden. Wirtschaftsmagnaten und Finanzfürsten steigen in diesem Grandhotel ab, und auch der Kaiser, der in römischer Imperatorengestalt in der Vorhalle ständig präsent ist, würde nicht ungern dann und wann das Stammhaus der Hohenzollern mit dem neudeutschen Palast vertauschen, in dem Stile der Vergangenheit zum Vergnügen und zur Bequemlichkeit von Parvenues aufpoliert worden sind.

Wilhelm II. spielt selbst den Bauherrn Unter den Linden. In ihrem altpreußischen Abschnitt läßt er an Stelle der alten Akademie, an deren Normaluhr der im Palais gegenüber wohnende Wilhelm I. die Zeit ablas, den Prachtbau der Königlichen Bibliothek errichten. Die Kosten des 170 Meter langen und 105 Meter breiten Gebäudes sind auf 10,5 Millionen Mark veranschlagt. An der Frontseite, gegenüber dem Denkmal Friedrichs des Großen, wird die Giebelgruppe angebracht: »Kunst und Technik huldigen der Athene«. 1903 begonnen, wird das Bauwerk 1913 vollendet werden.

Bereits 1878 hat der Berliner Schriftsteller Robert Springer ein fiktives Streitgespräch zwischen Progressiven und Konservativen aufgezeichnet. »Wir vertrauen dem Fortschritte«, sagen jene, »wir berufen uns auf die Geschichte Berlins, die uns zeigt, daß das Emporblühen und Wachsen dieser Hauptstadt niemals ein Werk des Zufalls, nimmer das Ergebnis trügerischer Kunstgriffe gewesen ist, daß ihr Flor niemals im Widerspruch stand mit herrschenden Kulturideen und dem Gedeihen des menschlichen Gemeinwohls, sondern sich naturgemäß an die innere Kräftigung des Staates anschloß, daß ihre jetzige Bedeutung ganz wesentlich der imponierenden politischen Machtstellung des Staates, welchem sie angehört, zuzuschreiben ist.«

»Ihr häufet Berge von Ziegeln, Holz und Eisen; euer Himmel ist ein Gewölbe von Rauch und euer Fluß atmet giftige Dünste aus; ihr höret nichts mehr als das Getöse eurer rollenden Karossen und Arbeitswagen und das Dampfgezisch eurer Fabriken; ihr türmet eure Mauern so hoch, daß des Himmels Bläue euren Augen entschwindet«, entgegnen die Konservativen den Progressiven. »Ihr sehet nicht, daß eure Haupt- und Kaiserstadt eine Pyramide ist, die nach oben prächtig glänzt und stark gefugt erscheint, aber nach unten immer mehr zerbröckelt und in ihren Grundfesten immer schwankender wird.« Es wird prophezeit: »Eure Weltstädte mit ihren wachsenden Bevölkerungsmassen und ihren wachsenden Reichtümern werden auch den Untergang eurer Staaten herbeiführen, wie ehemals Babylon und Niniveh, Rom und Karthago.«

Die wahre Kunst

Auf dem Königsplatz in Berlin steht seit 1873 die Siegessäule. Unübersehbar verherrlicht sie die Niederwerfung des französischen »Erbfeindes« und die Aufrichtung des deutschen Kaiserreiches, scheint sie die Auffassung Friedrich Nietzsches bestätigen zu wollen, daß die deutsche Kultur in jenem Kampf eine Niederlage erlitten habe und im neuen Reich vom Niedergang bedroht sei.

Der Unterbau aus dunkelrotem Granit, dessen Farbe der geronnenen Blutes gleicht, gemahnt Bewunderer nicht an die Kriegsopfer der Reichsgründung, vielmehr erinnern sie die den Säulenschaft umgürtenden drei Reihen dänischer, österreichischer und französischer Kanonenrohre an die Siege über Dänemark, Österreich und den Deutschen Bund wie über Frankreich, die das preußisch-deutsche Reich ermöglichten. Anton von Werner, der das Kultbild der Kaiserproklamation in Versailles malte, entwarf auch die am Säulensockel angebrachten, Krieg und Reich glorifizierenden Mosaikbilder. Auf die Säulenspitze stellte Friedrich Drake, der das Reiterdenkmal Wilhelms I. an der Kölner Rheinbrücke schuf, eine über acht Meter hohe, vergoldete Viktoria, die weniger der Siegesgöttin als einer Spitze tanzenden höheren Tochter gleicht. Es sei dem Künstler nicht gelungen, »das feine Formengefühl, das ihm sonst eigen war, auch in dem gewaltigen Maßstab zu bewähren«, wird kritisiert, aber auch gerühmt, daß das sich zu einer Höhe von 61,5 Metern erhebende Ganze »an Massigkeit alle ähnlichen in Form einer Ehrensäule aufgeführten Denkmäler« übertreffe.

Diese vertikale Monumentalität ergänzt Wilhelm II. durch horizontale Elemente. Auf die Siegessäule zuführend, läßt er zwischen 1898 und 1901 die Siegesallee anlegen. Mit 32 Marmorstandbildern von brandenburgisch-preußischen Herrschern, vom Markgrafen Albrecht dem Bären über den Großen Kurfürsten Friedrich Wilhelm zu den Königen ab Friedrich I. bis Wilhelm I., wird der Weg markiert, der aus des »Heiligen Römischen Reiches Streusandbüchse« zum preußisch-deutschen Reich führte und nach dem Willen Wilhelms II. zur Weltmacht des 20. Jahrhunderts weiterführen soll.

Aufgeboten sind namhafte Bildhauer, deren künstlerischer Rang umstritten ist und deren Werk getadelt wird. »Ästhetisch unmöglich«, bemerkt der Kunstkritiker Karl Scheffler in der »Zukunft«, »Pose, gespreizte Allüre«. Berliner witzeln über die »Puppenallee« und das »Marmorameer«, und die Kunsttänzerin Isadora Duncan fordert sie auf: »Wenn ihr wirkliche Kunstjünger wäret, so würdet ihr noch heute Abend Steine sammeln und diese Scheußlichkeiten zertrümmern.«

Wilhelm II. ist und bleibt überzeugt, daß in der auf seine Anregung und unter seiner Schirmherrschaft entstandenen Siegesallee erstklassige Kunstwerke geschaffen worden seien, »daß die Berliner Bildhauerschule auf einer Höhe steht, wie sie wohl kaum je in der Renaissancezeit schöner hätte sein können«. Als am 18. Dezember 1901 die letzten Statuen enthüllt werden, offenbart er seine Auffassung über »wahre Kunst«:

»Die Kunst soll mithelfen, erzieherisch auf das Volk einzuwirken, sie soll auch den unteren Ständen nach harter Mühe und Arbeit die Möglichkeit geben, sich an den Idealen wieder aufzurichten« – an jenen, die im klassischen Altertum vorgebildet worden seien und nun vom neuen Augustus zu Nutz und Frommen seines Reiches protegiert würden. »Eine Kunst, die sich über die von Mir bezeichneten Gesetze und Schranken hinweggesetzt, ist keine Kunst mehr.« Wenn sie, »wie es jetzt vielfach geschieht, weiter nichts tut, als das Elend noch scheußlicher hinzustellen, wie es schon ist, dann versündigt sie sich damit am deutschen Volke« – indem sie »in den Rinnstein niedersteigt«.

Die Berliner Sezession, in der sich 1898 fortschrittliche Künstler zusammenschlossen, antwortet dem Kaiser mit einem Plakat, auf dem ein Kind reicher Eltern, einen Topf mit verdorrten Blumen in den Händen, hochmütig und verächtlich auf ein Kind armer Leute herabblickt, das Rosen aus einem Rinnstein pflückt.

Zu den »Rinnsteinkünstlern« gehört an erster Stelle Max Liebermann, der sich an französische Vorbilder hält, vom Realismus zum Impressionismus übergeht, dessen bedeutendster Vertreter in Deutschland er wird. Der Sohn eines Berliner Kattunfabrikanten malt arbeitende Menschen in ihrem Milieu, »Flachsspinnerinnen«, »Netzflickerinnen« und eine »Schusterwerkstatt«. Damit bekunde er, wie kritisiert wird, »sowohl in der Wahl der Typen als in der schweren, schwärzlichen Tonart eine entschiedene Vorliebe für Häßliches«, und auch die spätere »Hellmalerei« des »Malers des Schmutzes« wird von Wilhelminern nicht goutiert. Als Liebermann in seinem Haus am Pariser Platz ein Atelier im Dachgeschoß einbauen lassen will, wird der Plan wegen »Verunschönerung« des Brandenburger Tores abgelehnt; erst nach jahrelangem Rechtsstreit darf er, in abgeänderter Form, ausgeführt werden.

Der dreiundachtzigjährige Adolph Menzel erhält 1898 den

Schwarzen Adlerorden, mit dem der persönliche Adel verbunden ist. Die Hochschätzung des Monarchen gilt dem Künstler, der mit über tausend Zeichnungen, Holzschnitten und Lithographien sowie auf Ölgemälden wie »Flötenkonzert in Sanssouci« oder »Friedrich der Große und die Seinen bei Hochkirch« diesen Preußenkönig und seine von Krieg und Sieg erfüllte Zeit beschwört. Für das Standbild von Fridericus Rex in der Siegesallee soll Wilhelm II. dem Bildhauer Joseph Uphues Modell gestanden haben; jedenfalls kostümiert er sich gern als »Alter Fritz«, und im Exil wird er an dessen Krückstock durch Doorn humpeln und die nach Menzels Zeichnungen angefertigten Holzschnitte in Franz Kuglers »Geschichte Friedrichs des Großen« mit Buntstiften ausmalen.

Weniger schätzte Wilhelm II. – und mit ihm die sich an seinen Kunstmaßstäben orientierende Untertanenschaft – Bilder Menzels wie »Sonntag im Tuileriengarten« in Paris, wo er, trotz Verbots, Werke ausstellte, oder »Eisenwalzwerk«, eine Hommage nicht nur an Technik und Industrie, die den Fortschritt vorantrieben, sondern auch eine Huldigung der Arbeiter, ohne die das wilhelminische Wirtschaftswunder nicht möglich gewesen wäre.

Menzels Gemälde »Kaiser Wilhelm I., Cercle haltend« hätte dem Enkel und den Epigonen gefallen können, wenn die satten Farben nicht an Überreife gemahnt, der Reichsglanz nicht geschillert hätte und preußische Konturen nicht im Impressionistenlicht verschwommen wären.

In dem unter Friedrich dem Großen Unter den Linden erbauten Königlichen Opernhaus wird zu gegebenen Anlässen die Macht Preußens und die Pracht des Reiches aufpoliert. »Den glänzendsten Anblick gewährte der erste Rang, in dem die hohe Generalität, das diplomatische Korps und die Hofchargen Platz genommen hatten«, berichtet Fedor von Zobeltitz über eine »militärische Festvorstellung«, und den allerglänzendsten Anblick bot die Hofloge, in der die Kaiserin in lila Samtrobe mit dem Bande des Schwarzen Adlers und der Kaiser in Galauniform repräsentierten.

Beim »Théâtre paré« im Opernhaus wird darauf geachtet,

daß die geladenen Damen mit dem vorgeschriebenen Dekolleté von 16 Zentimetern Tiefe erscheinen; diejenigen mit zu kleinem oder zu großem Ausschnitt werden zur Korrektur in ein dafür eingerichtetes Schneideratelier geführt. Herren müssen à la Ancien régime mit Escarpins, kurzen Beinkleidern, seidenen Strümpfen und leichten Schuhen auftreten.

Anläßlich einer »Galavorstellung« zu Kaisers Geburtstag wird in der Königlichen Oper »Der lange Kerl« aufgeführt, »ein lustiges Spiel in zwei Aufzügen von Viktor von Woikowsky-Biedau unter der musikalischen Leitung von Professor Hellmesberger«. Auf die Bühne marschiert »ein wirklicher Grenadier: nämlich der rechte Flügelmann der ersten Kompanie des ersten Bataillons ersten Garderegiments – ein Riesenmensch, der nur dreimal ›Zu befehlen‹ zu sagen« hat, wie Zobeltitz berichtet. Ein »Königsmarsch«, zur Feier des kaiserlichen Geburtstages von Richard Strauss komponiert, ertönt – »kein überwältigendes Opus des vielgewandten Tonschöpfers, aber jedenfalls ein wirkungsvolles Orchesterstück mit Rataplan und Bumbum, Hymnenansätzen und gellenden Trompeten«.

Fünf Märsche komponiert Richard Strauss für Wilhelm II. und wird mit dem Kronenorden Dritter Klasse dekoriert. Seit 1898 ist der gebürtige Münchner Hofkapellmeister an der Königlichen Oper in Berlin. »Die klarste Manifestierung wilhelminischer Züge« vermeint Erich Leinsdorf an ihm zu erkennen, mag dabei an das Opus 40 »Ein Heldenleben« (1899) gedacht haben, das der Komponist als »heroisches Tongedicht... mit starker Hörnerbesetzung, stets heroisch im Ausdruck« beschrieben hat. Einen »unbändigen und machtvollen Willen« hört der französische Schriftsteller Romain Rolland heraus, vermeint in Richard Strauss den »Künstlertyp des neuen Deutschlands, die Reflexion eines heroischen Stolzes, der dem Delirium nahe ist«, zu erkennen.

Der Tondichter hält »Ein Heldenleben« weniger für eine Huldigung an ein Heldentum, wie es Wilhelm II. vorschweben und Wilhelminern erstrebenswert erscheinen mag, als für das musikalische Selbstporträt des Richard Strauss, der gegen Widersacher zu kämpfen hat und nach dem Sieg sich dem »Friedenswerk«

und der »Weltflucht und Vollendung« – wie die beiden letzten Teile des Werkes heißen – hingeben kann. »Ich bin kein Held«, schreibt er an Romain Rolland. »Zur Zeit will ich nichts anderes, als leichte und frohe Musik zu schreiben.« 1903 entsteht die »Sinfonia Domestica«, das Tongemälde eines bürgerlichen Familienidylls.

»Er hat gelernt, daß die Musik nicht nur bis in alle Ewigkeit unsere Nächte erhellen solle, sondern daß sie wie die Sonne sein müsse«, meint Claude Debussy, ein Meister der Musik auch er. »Ich kann Ihnen versichern, daß in Richard Strauss' Musik Sonne ist.«

Der sich als Sonnenkaiser gerierende Wilhelm II. sieht im Hofkapellmeister Strauss einen Fremdkörper in seinem Reichskosmos und hält es mit »Meyers Großem Konversations-Lexikon«, das dem »Programmkomponisten extremster Richtung« – bei zugegeben »meisterhafter Instrumentierung« – eine »Überbietung alles Dagewesenen durch harmonische Wagnisse und Häufung von Schwierigkeiten aller Art« vorwirft. »So, Sie sind also auch einer dieser modernen Komponisten«, rüffelt der Kaiser seinen Hofkapellmeister. »Sie sind einer der schlimmsten.« Die ganze moderne Musik, befindet der Liebhaber von Webers »Freischütz« und Lortzings »Undine«, »ist völlig wertlos, ohne jede Spur von Melodie«.

Mit der Intendanz der Hofoper bekommt der Hofkapellmeister, der das Komponieren im ungewohnten Stil nicht lassen kann, zunehmend Schwierigkeiten. Seine Oper »Feuersnot«, obwohl das »Sinngedicht in einem Akt« romantisch und heiter gestimmt ist, kann er nicht in Berlin, muß es 1901 in Dresden uraufführen lassen.

Die neuen Töne, die Richard Strauss anschlägt, beginnen Inhalte auszudrücken, die mit ästhetischen Begriffen wie moralischen Geboten der wilhelminischen Gesellschaft immer weniger übereinstimmen, und den Neutöner als Neuerer, ja als Aufrührer erscheinen lassen. Anstoß erregt er mit seinem Musikdrama »Salome« nach dem gleichnamigen Schauspiel des englischen Dichters Oscar Wilde, der »wegen homosexueller Verfehlungen« ins Zuchthaus kam. Salomes »Tanz der sieben Schleier« wird als Obszönität empfunden, das Resultat als Sakrileg verurteilt: Die sich nach und nach entblößende Tänzerin fordert und erhält von König Herodes den Kopf Johannes des Täufers, der die »Hure Babylons« zurückgewiesen hat.

Ist diese Oper ein Fäulnisprodukt des Fin-de-siècle, wie die einen meinen, oder die Ouvertüre des nicht nur in moralischer Beziehung freieren 20. Jahrhunderts, wie andere hoffen, die Friedrich Nietzsche zitieren: »Nur im Urwald des Lasters können neue Bereiche der Erkenntnis erschlossen werden.« Jedenfalls bekommt »Salome« am 9. Dezember 1905 bei der Premiere in Dresden achtunddreißig Vorhänge. Binnen weniger Wochen nehmen zehn Bühnen die Oper an. Ein Jahr später kann das Musikdrama auch in Berlin aufgeführt werden, unter der Bedingung, daß am Schluß, nachdem Salome von Soldaten erschlagen worden ist, der Stern von Bethlehem aufzugehen hat – als ein Zeichen, daß Johannes der Täufer, der Vorläufer Christi, letztendlich über die Sünderin im besonderen und über die Sünde im allgemeinen gesiegt hat.

»Er ist der große Zeitgemäße, der einzige heute, der in seiner Kunst das ganze Wesen dieser fragwürdigen Epoche hat«, so Hermann Bahr über Richard Strauss. Der Schriftsteller vermeint im Komponisten einen Verächter der gegenwärtigen Ordnung, die von ihm »in das Chaos zurückgelockt wird«, zu erkennen. Provoziert und schockiert Richard Strauss, weil er mithelfen möchte, daß Überlebtes aufgegeben und Zeitgerechtes aufgerichtet werde? Jedenfalls komponiert er Lieder wie »Der Arbeitsmann« und »Das Lied des Steinklopfers«, über die ein Kritiker schreibt: »Wenn man diese grimmigen, trotzigen Klänge hört, dann meint man, die Marseillaise der Zukunft zu hören.«

Revolutionshymnen ohne Musik haben Dichter angestimmt, die sich zum Naturalismus bekennen, Anschluß an die im Ausland, in erster Linie in Frankreich, fortgeschrittene Bewegung suchen. Der Berliner Arno Holz nennt sich den ersten konsequenten Naturalisten, der das Leben, so wie es nun einmal sei, mehr häßlich als schön, wiedergeben will. Er verfaßt in seiner »Weltverbesserungsoffizin« soziale Tendenzgedichte, trägt Verse als »rote Glossen« in das »schwarze Schuldbuch meiner

Zeit« ein, kontrastiert die bittere Not mit dem protzenden Reichtum, erscheint als »Künder der baldigen großen Revolution, des blutigen irdischen Jüngsten Gerichts«.

Der »deutsche Zola« wird der Berliner Max Kretzer genannt, der die Probleme der Zeit nicht nur aus der Dachkammer des Poeten beobachtet, sondern als Arbeiter in Fabrikhallen kennengelernt hat. »Die Betrogenen« und »Die Verlorenen« heißen seine ersten Romane, in denen er Elendsverhältnisse in Mietskasernen und Vorstadtdestillen in der Sprache, die dort zu Haus ist, drastisch schildert. In »Meister Timpe« läßt sich der Handwerker, der das Opfer eines Großbetriebes geworden ist, zu einer Kampfansage an die Industrie und das Kapital hinreißen: »Die Schornsteine müssen gestürzt werden, denn sie verpesten die Luft... Schleift die Fabriken,... zerbrecht die Maschinen!«

»Dichten ist ein großes Erleiden«, erklärt Gerhart Hauptmann, der politisch passiv bleibt, aber dichterisch aktiv wird, durch naturalistisches Konterfeien von Mißständen zur »sozialen Erweckung« beiträgt. »Vor Sonnenaufgang«, sein »soziales Drama«, das am 20. Oktober 1889 im »Verein der Freien Bühne« in Berlin uraufgeführt wird, schildert das Milieu eines schlesischen Kohlenreviers, das Elend der Arbeiter, die bei aller Plackerei der Armut nicht entrinnen, und die Verkommenheit neureicher Landwirte, unter deren Äckern Kohle gefunden wurde, die aus ihrem alten Lebenskreis nicht herausfinden. Sie geben sich Ausschweifungen, die sie sich nun leisten können, bis zur Selbstzerstörung hin.

»Vor Sonnenaufgang« ist mehr als ein Milieudrama: ein Zeitstück, das wie ein Seismograph ein soziales Beben anzeigt. Die neue Epoche in der deutschen Theatergeschichte beginnt mit einem Theaterskandal: »Die Spannung entlud sich in einer Weise, die in den Annalen selbst der radauseligsten Berliner Vorstadtschmieren nicht ihresgleichen finden dürfte«, berichtet der Dichter Richard Dehmel. Als sich im Drama die Wehen einer Schwangeren ankündigen und nach der Hebamme gerufen wird, wirft der Arzt Dr. Kastan aus dem Zuschauerraum eine Geburtszange auf die Bühne. »Rasender Tumult erhob sich«, berichtet der Schriftsteller Adalbert von Hanstein. »Man spielte das Stück mühsam zu Ende, lachte den Helden des Dramas« – einen sozialdemokratischen Landtagskandidaten – »aus und jubelte doch wieder den Verfasser hervor – um zu zischen.«

Die einen wie die anderen sind präpariert zur Premiere gekommen, denn »Vor Sonnenaufgang« ist bereits im Druck erschienen. Der Schriftsteller Oskar Blumenthal, der »Naturalismus« mit »Schweinerei« übersetzt, nennt die Naturalisten »Schnapsbudenrhapsoden«. In Schutz nimmt sie der alte Theodor Fontane: »Dieser Hauptmann« sei »ein wirklicher Hauptmann der schwarzen Realistenbande, welche letztre wirklich was von den Schillerschen Räubern hat und auch dafür angesehen wird«. Aber dieser Dichter »gibt das Leben, wie es ist, in seinem vollen Graus; er tut nichts zu, aber er zieht auch nichts ab und erreicht dadurch seine kolossale Wirkung«.

Gesteigert wird sie noch durch Gerhart Hauptmanns naturalistisches Schauspiel »Die Weber«. Uraufgeführt wird es am 26. Februar 1893 inoffiziell vor einem kleinen Kreis an der Freien Bühne und offiziell am 25. September 1894 am Deutschen Theater in Berlin. Ort und Zeit der Handlung sind Schlesien und das Jahr 1844. Held des historischen Aufstandes der verelendeten und verzweifelten Weber ist nicht mehr ein einzelner, sondern die Masse, die im anbrechenden Massenzeitalter Geschichte machen wird.

Als ein literarischer Auftakt wird Hauptmanns soziales Drama empfunden. Unter den Zuschauern sind Wilhelm Liebknecht, ein Begründer der Sozialdemokratischen Partei, und Wladimir Iljitsch Uljanow, Lenin, der 1903 Führer der Bolschewisten wird; er sorgt für eine Übersetzung ins Russische und die illegale Verbreitung in Rußland.

»Die Weber«, meint Theodor Fontane, seien als »Revolutionsdrama gefühlt und gedacht«, und »es wäre schöner und wohl auch von unmittelbar noch mächtigerer Wirkung gewesen, wenn es sich ermöglicht hätte, das Stück in dieser seiner Einheitlichkeit durchzuführen. Es ermöglichte sich aber nicht, und Gerhart Hauptmann sah sich, und zwar durch sich selbst, in die Notwendigkeit versetzt, das, was ursprünglich ein Revolutionsstück sein sollte, schließlich als Antirevolutionsstück ausklingen zu lassen. Es ließ sich nichts anders tun, nicht nur von Staats und Obrigkeit wegen.«

Er war eben kein Agitator, vielmehr ein Dichter, der aus seinem »Sturm und Drang« keine aktuellen Folgerungen zog. In weiteren Dramen, die dem Naturalismus zugerechnet werden, »Der Biberpelz« (1893), »Fuhrmann Henschel« (1898) und »Rose Bernd« (1903) wird die Sozialkritik subtiler und differenzierter, bleibt der Dichter nicht bei der Zustandsschilderung stehen, sondern begibt sich auf die Suche nach dem Sinn des Lebens. Noch tappt er im Dunkeln, läßt in der 1900 uraufgeführten Künstlertragödie »Michael Kramer« den Helden fragen: »Wo sollen wir landen, wo treiben wir hin? Warum jauchzen wir manchmal ins Ungewisse? Wir Kleinen, im Ungeheuren verlassen.«

»Du wirst nicht auf dem Markt, nicht in den Gassen, nicht in den Kirchen, noch in den Palästen die weiße Taube finden, die du suchst«, heißt es in Hauptmanns Dichtung »Das Hirtenlied«, die unvollendet bleibt. Auf der Suche gelangt der Dramatiker Gerhart Hauptmann in das Traumland von »Hanneles Himmelfahrt« (1894) und in das Märchenreich der »Versunkenen Glocke« (1896). Vollends zum Neuromantiker wird der Naturalist in »Und Pippa tanzt«, dem 1906 in Berlin uraufgeführten »Glashüttenmärchen«.

Die »Blaue Blume«, eine schlüssige Antwort auf die Sinnfrage, findet Gerhart Hauptmann nicht. Er ist mit sich unzufrieden und andere noch mehr mit ihm. Da er »in der herrschenden Misere nur das Elend von heute, aber nicht die Hoffnung auf morgen« gesehen habe, findet der sozialistische Schriftsteller Franz Mehring, »sprach er sich selbst sein künstlerisches Todesurteil«. Wilhelminer heben den Bann, mit dem sie den Naturalisten belegt haben, nicht auf, obwohl Reichsromantiker am Neuromantiker – gerade an dessen »Florian Geyer«, dem Ritter, welcher »der deutschen Zwietracht mitten ins Herz stößt« – Gefallen finden könnten. Immerhin darf »Hanneles Himmelfahrt« im Hofschauspielhaus aufgeführt werden.

Den Schillerpreis für diese sich dem idealistischen Stil

annähernde Traumdichtung, wie von der Jury vorgeschlagen, bekommt der Autor nicht. Wilhelm II., der nach der Aufführung der »Weber« das kaiserliche Wappen vom Deutschen Theater entfernen ließ, weil in dem »vornehmen Haus in der Schumannstraße« das »Gepolter schmutziger Stiefel« erdröhnt sei, sorgt dafür, daß nicht Gerhart Hauptmann, sondern der Hohenzollerntum wie Hofkunst verkörpernde Ernst von Wildenbruch, ein Enkel des Prinzen Louis Ferdinand von Preußen, für die Doppeltragödie »Heinrich und Heinrichs Geschlecht« den doppelten Schillerpreis erhält. Die Freifrau von Spitzemberg glaubt den Grund zu wissen: »Sentimentale, deutsch-nationale Floskeln in Heinrichs IV. Mund muten seltsam an, man glaubt manchmal statt seiner die Erlasse und Reden von S. M. zu hören.«

Seine Majestät fordert in einer »Ansprache an das Kunstpersonal der Königlichen Bühnen« dieses als »ein Werkzeug des Monarchen« auf, ihm zu helfen, »dem Geist des Idealismus zu dienen und den Kampf gegen den Materialismus und das undeutsche Wesen fortzuführen, dem schon leider manche deutsche Bühne verfallen ist«.

Nicht zu verhindern ist, daß in ganz Deutschland moderne Dramen aufgeführt werden, sogar in unmittelbarer Nachbarschaft der Königlichen Hoftheater wider den Stachel gelöckt wird. Unter den Linden, in Haus Nummer 44, geht 1901 der Vorhang im Kabarett »Schall und Rauch« auf. Schon der Name deutet an, wogegen protestiert wird: wider die Schwülstigkeit und das Geschwafel des Wilhelminismus.

In einer der satirischen »Serenissimus-Szenen« wird zum Geburtstag des Durchlauchtigsten das Schauspiel »Die Weber« durch Verlegung in ein kaisertreues und sittlich gefestigtes Bürgermilieu hoffähig gemacht. In einer anderen Szene ist in »König Liebesgott« unschwer Wilhelm II. zu erkennen, der an Minister Orden verteilt, wenn sie ihm katzbuckelnd zustimmen, und Hiebe austeilt, wenn sie ihm kratzbürstig widersprechen. Die meisten Prügel beziehen die als Teufel kostümierten Verteidiger der von S. M. verdammten Rinnsteinkunst. »Wir lachten

Tränen«, erinnerte sich Thomas Mann an eine Don-Carlos-Parodie. »Am Anfang der Wiedergeburt des Theaters aus dem Geist des Theaters stand die Parodie.«

Ein Geburtshelfer ist der aus Wien nach Berlin gekommene Max Reinhardt. Der Schauspieler und Regisseur beginnt im »Schall und Rauch«, bringt im »Kleinen Theater«, zu dem das Kabarett 1902 umbenannt und umgestaltet wird, Oscar Wildes »Salome« wie Maxim Gorkis »Nachtasyl« auf die Bühne. Er entwickelt ab 1905 im »Deutschen Theater« einen Inszenierungsstil, der sich von dem in diesem Haus von Otto Brahm gepflegten abhebt, vom Naturalismus zur Neuromantik übergeht, nicht moralisieren oder agitieren, sondern verzaubern will. Max Reinhardt ist ein Theaterleiter, der zum Theatermagier wird.

Berliner, die den Weltstädter hervorkehren, applaudieren Ausstellungsstücken mit Gesang und Ballett, die in modernem Rhythmus mit Schwung über die Bühne des Metropol-Theaters in der Behrenstraße gehen. Metropol-Songs werden Schlager, »Donnerwetter! Tadellos!«, ein Spottlied auf die »Jungens vom Gardedukorps«, oder »Wir tanzen auf dem Pulverfaß«, das Titellied der Revue »Die oberen Zehntausend«.

»Menetekel« heißt 1901 eine Revue im Berliner Olympia-Theater. »Mene Mene Tekel Upharsin – gezählt, gezählt, gewogen und zerstückt« hieß die Warnung, die eine unsichtbare Hand an die Wand im Palast des Belsazar schrieb, den nahen Sturz des Königs verkündend.

Wege und Irrwege

Das Reichstagsgebäude am Königsplatz wurde am 5. Dezember 1894 eingeweiht. Das Schwarz der befrackten Volksvertreter kontrastierte mit den bunten Uniformen der eigentlichen Repräsentanten des Deutschen Kaiserreichs, das am 18. Januar 1871 in einem militärischen, keinem parlamentarischen Akt proklamiert worden war.

Den Grundstein für das Reichstagsgebäude hatten vor zehn Jahren Kaiser Wilhelm I. und Reichskanzler Otto von Bismarck gelegt. Nun erschien Kaiser Wilhelm II. »hochaufgerichtet, stattlich und schön, im weißen Koller seiner Gardedukorps, mit dem gelben Bande des Schwarzen Adlers um die Brust, den Stahlhelm auf dem Haupte«. Der dritte Kaiser übertraf den ersten Kaiser an Martialität. Das beeindruckte den Chronisten Fedor von Zobeltitz, aber ihm mißfiel, daß der dritte Reichskanzler, Chlodwig Fürst zu Hohenlohe-Schillingsfürst, nicht so imposant wie einst Bismarck auftrat. Der Neue trug keine Kürassieruniform, sondern einen Frack, der seine »fast zierliche Gestalt« nicht hob, den deutschen Reichskanzler und preußischen Ministerpräsidenten als »Typus des Geheimrates« erscheinen ließ. Dagegen hatte der Reichstagspräsident Albert von Levetzow, an dem »durchaus nichts Soldatisches« zu bemerken gewesen sei, Uniform angelegt, freilich nur die ihm zustehende eines Landwehrmajors.

Nicht nur Bürgerkleidung, auch Bürgergesinnung war primär nicht gefragt. Mit dem Rufe »Pro gloria et patria« beantwortete Wilhelm II. das an ihn gestellte Ansinnen, am Hauptportal des Reichstages die Inschrift »Dem Deutschen Volke« anbringen zu lassen. Dies wird er erst 1916 erlauben, als er keine Parteien mehr kennt, nur noch ein Volk, dessen er im Krieg bedarf.

Mit dem Parlamentarismus kann sich Wilhelm II. nicht abfinden, und mit der Architektur des Parlaments mag er sich nicht anfreunden. Dabei entspricht die Grandeur und das Gepränge des vom Geheimen Baurat Paul Wallot im Neorenaissancestil aufgeführten Gebäudes seinem persönlichen Geschmack. Die vier Ecktürme symbolisieren die vier Eckpfeiler des Kaiserreiches, die Königsreiche Preußen, Sachsen, Bayern und Württemberg, und die das Ganze überwölbende Kuppel wird von seiner Kaiserkrone überragt. Aber er bezeichnet als »Gipfel der Geschmacklosigkeit« das Hohe Haus, den Gegenpol zum Hohenzollernschloß und Gegenspieler der Monarchenmacht.

»Suprema lex regis voluntas« schreibt Wilhelm II. in München in das Gedenkbuch der Haupt- und Residenzstadt des Königs von Bayern, der gemeinsam mit dem König von Preußen und anderen Fürsten das Deutsche Reich gegründet hat und im Bundesrat an dessen Regierung mitwirkt. Den Einfluß der Fürstenvertretung versucht der Kaiser, der als König von Preußen das Reich dominiert, zu beschränken, und schon gar nicht will er durch Volksvertreter sein »persönliches Regiment« beeinträchtigen lassen.

»Es ist mir vollständig gleichgültig, ob in dem Reichstagskäfig rote, schwarze oder gelbe Affen herumspringen«, behauptet Wilhelm II. Aber er muß es erleben, daß diese nicht nur Grimassen schneiden, sondern ihre im Verfassungstext beschränkten Kompetenzen in der Verfassungswirklichkeit ständig ausdehnen, sich vom Konstitutionalismus zum Parlamentarismus hinbewegen. Der böse Geist, klagt der Kaiser 1901 dem Reichstagspräsidenten, sei schon so tief eingedrungen, daß man nicht wie einst Respekt vor der Autorität habe; daher müsse alles getan werden, »daß die Autorität in einer Weise gewahrt bleibt, wie es früher geschehen ist«.

Über dem Hauptportal des Reichstagsgebäudes ist auf einem Relief der drachentötende Ritter Georg zu sehen, dessen Gesichtszüge an Bismarck erinnern. Aber schon der »Eiserne Kanzler« vermochte den Reichstag nicht an der Kandare des Monarchismus zu halten.

Es widerstrebe ihm, sich von der Volksvertretung einschränken zu lassen, wie man etwa die Rinderpest einschränkt, erklärte der erste Reichskanzler in einer der ersten Sitzungen des Reichstags. Nachdem er von diesem zunehmend eingeschränkt worden war, machte er sich 1881 im Plenum mit der Bemerkung Luft: »Ich habe mich immer dem Gedanken nicht verschließen können, daß der Reichstag und die Zentralbehörden besser in einer anderen, weniger bevölkerten und der Unruhe weniger ausgesetzten Stadt wie Berlin ihre Sitzungen hielten.« Wo sollte denn das Reichstagsgebäude hinkommen, fragte ihn der Abgeordnete von Unruh und bekam zu hören: Auf den Pfingstberg bei Potsdam.

Elf Jahre nach der Entlassung des Reichskanzlers durch Wilhelm II. und drei Jahre nach dem Hinscheiden des Reichsgründers wird am 16. Juni 1901 das Nationaldenkmal für den Fürsten Bismarck enthüllt – vor dem Reichstag, in Berlin, und in Anwesenheit des Kaisers, der ihn vom Sockel der Macht stürzte und ihn nun auf den Sockel eines Monuments erheben muß.

S. M. habe die Feier »mit aufeinandergebissenen Zähnen mitgemacht«, bemerkt Baronin Spitzemberg. Auf dem von Reinhold Begas geschaffenen Denkmal steht Bismarck im Kürassierüberrock, in dem er in der Volksvertretung zu erscheinen pflegte, die zu seiner Zeit in der ehemaligen Porzellanmanufaktur in der Leipziger Straße, im Hinterhof des preußischen Herrenhauses tagte. Lieber als auf den in fast vierfacher Lebensgröße posierenden »Eisernen Kanzler« schaut Wilhelm II. auf die allegorischen Figuren am Unterbau aus rotem Granit: Siegfried, der Schmied des Reichsschwertes, und Germania im Siegeswagen; eine die Staatsmacht symbolisierende Amazone, die den als Raubtier dargestellten Aufruhr niedertritt, und ein Kaiser und Reich versinnbildlichender Atlas, der die Weltkugel auf dem Rücken trägt.

»Eine Sphinx mit Soubrettengesicht und eine Germania, die schläfriger aussieht als der erwachende Michel«, bemerkt Zobeltitz am Nationaldenkmal. »Die Masse und das Riesige hat es in diesem Falle nicht gemacht.« Dennoch stehen viele bewundernd davor, aber kaum einer weiß, daß der Reichsgründer sein Werk nicht nur von außen, sondern auch von innen gefährdet sah.

»Mein Schlaf ist keine Erholung, ich träume weiter, was ich wachend denke, wenn ich überhaupt einschlafe. Neulich sah ich die Karte von Deutschland vor mir, darin tauchte ein fauler Fleck nach dem andern auf und blätterte sich ab.« Dies hatte Bismarck bereits ein Jahr nach der Reichsgründung gesagt; zwanzig Jahre später fügte er hinzu: »Es stört mir den Schlaf, wenn ich denke, daß sie das Gebäude, an welchem ich gebaut und gebastelt, wieder abbröckeln, da kommt mir die Gedankenjagd des Nachts.« Er litt unter dem »Alpdruck der Koalitionen« wie unter dem Alpdruck der »Revolutionen«, und der Nachtmahr trug einen Namen: Wilhelm II.

»Alles stürzt einmal zusammen«, erklärte Otto von Bismarck 1896, zwei Jahre vor seinem Tod. Sein Sohn Herbert von Bismarck prophezeite nach der Entlassung seines Vaters im Jahre 1890: Man müsse sich auf weitere impulsive Handlungen Wilhelms II. gefaßt machen. »Das wird das Reich nicht aushalten und in zwanzig Jahren wird es zerfallen.« Es dauerte achtundzwanzig Jahre: 1918 stürzte Wilhelm II., der letzte Deutsche Kaiser und König von Preußen.

Unheil witterte auch der wie Otto von Bismarck im Jahre 1898 verstorbene Theodor Fontane. Preußens »Non-soli-cedo-Adler mit seinem Blitzbündel in den Fängen, er blitzt nicht mehr«, ließ der »Fridericus-Rex-Mann« im letzten Roman »Der Stechlin« seinen Helden sprechen. Der Dichter sah das Altpreußische im Neudeutschen untergehen. Der Adel sei »nicht mehr die Säule, die das Ganze trägt«, im Bürgertum machten sich »Selbstsucht und rücksichtslosestes Strebertum« breit, die »Renommisterei« grassiere unten wie oben. Dem neuen Kaiser wollte Fontane auf dessen »Turmseilweg willig folgen, wenn ich sähe, daß er die richtige Kreide unter den Füßen und die richtige Balancierstange in den Händen hätte. Das hat er aber nicht. Er will, wenn nicht das Unmögliche, so doch das Höchstgefährliche mit falscher Ausrüstung, mit unausreichenden Mitteln.«

Eine Katastrophe befürchtete die Mutter Wilhelms II., die Tochter der Queen Viktoria und die Witwe Kaiser Friedrichs III. Sie nannte sich weiterhin Kaiserin Friedrich, in Erinnerung daran, daß ihr Gemahl vorgehabt hatte, dem Liberalismus in Deutschland eine Gasse zu bahnen, und in Distanzierung von ihrem Sohn, der » einen verkehrten Weg« eingeschlagen habe. »Jetzt ist alles auf eine schiefe Basis gebaut«, der Satz »Macht geht vor Recht« werde angebetet, die Ansätze zu einem liberalen, demokratischen und parlamentarischen Nationalstaat seien im Morast des Obrigkeitsstaates steckengeblieben, und »der große Haufe« ertrage »den straffen Despotismus, unter dem wir jetzt leben, und findet alles wunderschön«.

»Ich scheide nicht gern auch nur von einem eingebildeten Stück kostbarer Vergangenheit und beginne ungern einen neuen Abschnitt der unbekannten Zukunft«, bekannte die Ex-Kaiserin Friedrich am 1. Januar 1900 der Mutter. Queen Viktoria stirbt am 22. Januar 1901 in Schloß Osborne auf der Insel Wight, Tochter Viktoria am 5. August 1901 in Schloß Friedrichshof in Kronberg im Taunus. »Der liebe Wilhelm«, schrieb sie am 4. Juli 1900 der Mutter, »hat wieder eine neue Rede mit vielem Gedröhn losgelassen. Ich wünschte, die deutsche Regierung gäbe die Politik der fortwährenden Feuerwerke, aufsehenerregender Überraschungen usw. auf, da die Eitelkeit und die Einbildung des Publikums und sein übertriebenes Nationalgefühl dadurch bis zu einem vollkommen lächerlichen Grade aufgestachelt werden.«

Deutscher Reichskanzler, preußischer Ministerpräsident und Minister des Auswärtigen ist seit 17. Oktober 1900 Bernhard Graf von Bülow. Er würde sich »als ausführendes Organ Seiner Majestät betrachten, gewissermaßen als sein politischer Chef des Stabes«, hat sich der Diplomat dem Monarchen angedient, ihn wissen lassen, daß er mit Sechzehn in seine Bibel geschrieben habe: »Der König in Preußen voran, Preußen in Deutschland voran, Deutschland in Europa voran!«

Einen solchen Erfüllungsgehilfen hat sich Wilhelm II. gewünscht: eine Ordonnanz, die Anordnungen des Kommandeurs nicht nur zu überbringen, sondern auch durchzusetzen vermöge – im Parlament, das seine im monarchischen System unerwünschte Position zu festigen verstand.

»Im kommenden Jahrhundert wird das deutsche Volk Hammer oder Amboß sein«, erklärte Bülow. Die ersten Reichstagsreden des neuen Reichskanzlers finden Beifall am Hofe: die erste, in der er die wilhelminische Weltpolitik bekräftigt, wie die zweite, in der er den Linksliberalen Eugen Richter zurückweist, der sich über den redseligen Wilhelm II. abfällig geäußert hat. Mit diesem Kanzler werden die Parlamentarier rechnen müssen, meint die Fürstin Marie Radziwill: »Diese Leute brauchen jemanden, der ihnen imponiert.«

Immer weniger läßt sich der Reichstag vom Kaiser und dessen Kanzler beeindrucken. Die Zeit arbeitet für die Volksvertretung, denn die Zukunft gehört nicht dem »persönlichen Regiment« des Monarchen und seines Adjutanten, sondern einer dem wirtschaftlichen und gesellschaftlichen Fortschritt angemessenen Liberalisierung und Parlamentarisierung des Nationalstaates.

Die Opposition wird größer und lauter. Im 10. Reichstag von 1898 sitzen bereits 56 Vertreter der Sozialdemokratischen Partei, die von 27,2 Prozent der Reichsbevölkerung gewählt wurde. Ihre Anhängerschaft strebt »zur Sonne, zur Freiheit«, verlangt bessere Arbeitsbedingungen und Lebensverhältnisse sowie mehr Rechte in Staat und Gesellschaft. Im preußischen Abgeordnetenhaus gibt es immer noch das Dreiklassenwahlrecht, das die unteren Schichten benachteiligt, aber das allgemeine und gleiche Wahlrecht für den Reichstag eröffnet ihnen Zukunftsperspektiven.

Das 20. Jahrhundert werde kein Jahrhundert sozialer Reformen, sondern ein Jahrhundert sozialer Revolutionen sein, in dem die letzten Reste von Unmenschlichkeit beseitigt würden, verkündet der sozialdemokratische Parteiführer August Bebel und verspricht Mithilfe beim Umsturz: »Ich will der Todfeind dieser bürgerlichen Gesellschaft und dieser Staatsordnung bleiben, um sie in ihren Existenzbedingungen zu untergraben und sie, wenn ich kann, beseitigen.«

Es gibt auch Sozialdemokraten, die nicht auf Revolution, sondern auf Reform setzen. Im Jahre 1899 erscheint das Buch »Die Voraussetzungen des Sozialismus und die Aufgaben der Sozialdemokratie« von Eduard Bernstein, in dem es heißt: »Sobald eine Nation einen politischen Zustand erreicht hat, wo das Recht der besitzenden Mehrheit aufgehört hat, ein ernsthaftes Hindernis für den sozialen Fortschritt zu bilden, wo die negativen Aufgaben der politischen Aktion zurücktreten hinter den positiven, da wird die Berufung auf die gewaltsame Revolution zur inhaltslosen Phrase. Man kann eine Regierung, eine privilegierte Minderheit stürzen, aber nicht ein Volk.«

Bernsteins »Revisionismus« entzündet einen innerparteilichen Streit zwischen sozialistischen Ideologen und sozialdemokratischen Pragmatikern, die darauf verweisen, daß seit Bismarcks Sozialgesetzgebung, die schrittweise ausgebaut wird, und dem zunehmenden Gewicht der Sozialdemokratie im Parlament die Chancen für eine Machtbeteiligung auf gesetzlichem Wege ständig wachsen.

Im 11. Reichstag 1903 sitzen statt 56 nun 81 sozialdemokratische Abgeordnete, entsprechend dem von 27,2 auf 31,7 Prozent gestiegenen Stimmenanteil. Im Jahre 1912 werden es 110 Sitze und 34,8 Prozent sein. Doch die stärkste Fraktion bleibt mit 28 Prozent aller Sitze in ihren Wirkungsmöglichkeiten beschränkt.

»Es ist mächtig vorwärtsgegangen, und es wird je länger je mächtiger vorwärtsgehen«, begrüßt der sozialistische Theoretiker Franz Mehring das neue Säkulum. »Mit freudigem Mute und stolzer Zuversicht« könne das »klassenbewußte Proletariat« die Schwelle überschreiten: Im 20. Jahrhundert werde erfüllt, was im 19. Jahrhundert erhofft wurde.

Eine Volkspartei, die soziale Reformen erstrebt, will das katholische Zentrum sein. Im Reichstag von 1898 ist es mit 102 Abgeordneten, die 18,9 Prozent der Wähler vertreten, die bei weitem stärkste Fraktion. Auf dem Deutschen Katholikentag 1899 in Neiße erklärt der Zentrumsvorsitzende Carl Trimborn: Soziales Wirken sei eine christliche, aber auch eine nationale Pflicht; Deutschlands Glück hänge von der Erhaltung des religiösen wie des sozialen Friedens ab. »Wir sind weder Sozialdemokraten noch Kapitalisten«, betont der Zentrumsabgeordnete Pfarrer Langer, »wir gehen von dem Grundsatz aus, daß die Welt nicht bloß aus Arbeitern, nicht nur aus Bauern, Handwerkern oder Gewerbetreibenden, sondern aus all diesen Berufsständen sich zusammensetzt und daß darum für die Interessen aller gesorgt werden muß.«

Das Zentrum distanziert sich vom Klassenkampf der Sozialisten, der Staatsgläubigkeit der Konservativen wie dem Freisinn der Liberalen. Deren Lager ist gespalten. Im 10. Reichstag bilden 46 Nationalliberale die Nachhut der von Bismarck zustandegebrachten Reichsgründungskoalition aus Adeligen und Bürgerlichen. Daneben sitzen 49 linksliberale Abgeordnete. Auch sie bekennen sich, mehr oder weniger, zu Kaiser und Reich, wenngleich sie sich dieses mehr parlamentarisch und jenen weniger autoritär wünschten.

Erst in den 12. Reichstag 1907 zieht der evangelische Pastor Friedrich Naumann ein, der 1896 die Nationalsoziale Partei gründete und 1900 die Programmschrift »Demokratie und Kaisertum« veröffentlichte. »Weil wir den Sozialismus politisch stärken wollen, sind wir für Vaterland, Kaisertum und Flotte.« Denn »die arbeitende Masse« werde nur dann etwas erreichen, »wenn sie patriotisch und staatstragend auftritt«. Sie müsse »der Hort der Vaterlandsverteidigung sein, dann kann sie in Wirklichkeit der Hort der Freiheit sein. Sie muß den Großmachtgedanken tragen, dann wird sie innerpolitische Macht gewinnen.«

In den 10. Reichstag sind 56 Konservative gekommen, genau so viele wie Sozialdemokraten, nur daß diese 27,2 Prozent und jene nur 11,0 Prozent der Wählerstimmen erhalten haben. Das Mehrheitswahlrecht wie die Wahlkreiseinteilung begünstigen das Zentrum und die Deutschkonservative Partei.

Die liberale und parlamentarische Demokratie ist im Deutschen Reich unterentwickelt, nicht nur, weil Monarchie und Aristokratie mächtig geblieben sind, sondern auch, weil im deutschen Volk dem von der Dreiheit »Freiheit, Gleichheit, Brüderlichkeit« bestimmten und in Westeuropa angewandten Begriff des Nationalstaates der Wunsch nach einem vom Dreiklang »Volk, Deutschheit, Vaterland« erfüllten Nationalreich entgegengesetzt wird.

Dieses mit jener Parole zu erstrebende Ziel hat bereits zu Beginn des 19. Jahrhunderts der Turnvater Jahn anvisiert. Neudeutsche Volkstümler verfolgen es inbrünstig und fanatisch. Am Ende des 19. Jahrhunderts fordert der Publizist Franz Bley eine Absage an »undeutsche Geistesrichtungen«, wozu er auch den rationalen Nationalstaatsbegriff zählt, und eine »Vertiefung des völkischen Gedankens«. Der Publizist Friedrich Lange gründet den »Deutschbund«, verbreitet die Programmschrift »Reines Deutschtum«, verlangt eine »deutsche Weltanschauung«, ein »zu religiöser Glut verklärtes Deutschideal«.

Von Anfang an trug die romantische Volkstümelei rassistische Züge. Es verstehe sich von selbst, meinte der Turnvater Jahn, daß jeder echte Mann seinen Kindern eine Mutter aus eigenem Volke geben werde; denn »jede andere Ehe ist tierische Paarung ohne Gatten. Wer mit einem uneingebürgerten Weibe Kinder zeugt, hat Vaterland und Vaterschaft verscherzt.« Deutschlands Schoß habe sich nie dem fremden Blut geöffnet und dürfe dies auch nie tun, bemerkte der Gymnasialdirektor Josef Hillebrand. Im letzten Jahrzehnt des 19. Jahrhunderts erklärt Julius Langbehn, genannt der Rembrandtdeutsche: »Ein Jude kann so wenig zu einem Deutschen werden, wie eine Pflaume zu einem Apfel werden kann.«

»Belebung der deutschnationalen Gesinnung, insbesondere Weckung und Pflege des Bewußtseins der rassenmäßig und kulturellen Zusammengehörigkeit aller deutschen Volksteile«, nennt als seine erste Aufgabe der »Alldeutsche Verband«, der 1902 elf Jahre nach seiner Gründung, in 217 Ortsgruppen 21924 Mitglieder zählt. Über »die Erhaltung des deutschen Volkstums in Europa« und »Unterstützung desselben in bedrohten Teilen« hinaus wird zunehmend eine Einbeziehung aller Deutschsprechenden und Deutschfühlenden in das 1871 gegründete Deutsche Reich angestrebt. »Kleindeutschland« genügt nicht mehr, »Großdeutschland« soll es sein.

Auch dabei können sich Reichsnationalisten des anhebenden 20. Jahrhunderts auf Nationalromantiker des frühen 19. Jahrhunderts berufen. »Was ist des Deutschen Vaterland?«, fragte Ernst Moritz Arndt, der Poet des gegen die Franzosenherrschaft wie gegen die aufklärerische Nationalidee geführten Befreiungskrieges, und steckte den Umfang des deutschen Volksreiches ab: »Soweit die deutsche Zunge klingt«, müsse es sich erstrecken. Der Turnvater Jahn bezeichnete Genf und Memel,

Fiume und Kopenhagen als Grenzstädte seines deutschen Traumreiches; dazu sollten die Schweiz als »Oberland«, die Niederlande und Dänemark als »Nordreich« gehören.

Alldeutschtum steigert sich zum Pangermanismus. Dessen Propagandisten vertreten die Auffassung, daß – wegen der Unterlegenheit anderer europäischer Völker – das germanischste Volk, das deutsche, dazu berufen sei, andere germanische Länder zu teutonisieren und nichtgermanische zu germanisieren.

Am 1. Januar 1900 wird die Briefmarke der Reichspost mit dem Brustbild der Germania ausgegeben. Auf Briefen und Karten, die in Deutschland zirkulieren und in die Welt hinausgehen, wird die Zielsetzung eines »einigen deutschen Vaterlandes und eines einigen germanischen Volkes« plakatiert.

»Civis germanus sum«, bekennt der Deutsche Kaiser und wünscht sich, daß dies alle Deutschen bekennen würden, denen durch Houston Stewart Chamberlains »Grundlagen des 19. Jahrhunderts« erst »das Germanentum in seiner Herrlichkeit« demonstriert worden sei. Seine Nordlandreisen gelten Wilhelm II. als Pilgerfahrten zu den Urquellen des Germanentums. Der Hohenzoller schätzt den Barden Felix Dahn, der von einem deutsch-germanischen Weltimperium träumt:

»Thor stand am Mitternachtende der Welt.
Die Streitaxt warf er, die schwere:
Soweit der sausende Hammer fällt,
Sind mein das Land und die Meere.

Und so flog der Hammer aus seiner Hand,
Flog über die ganze Erde,
Fiel nieder am fernsten Südens Rand,
Daß alles sein eigen werde.

Seitdem ist freudig Germanenrecht,
Mit dem Hammer Land zu erwerben:
wir sind von des Hammergotts Geschlecht

Und wollen ein Weltreich erben.«

Romantisch bewegt war der deutsche Nationalismus, als er, nachdem das übernationale »Erste Reich« untergegangen war, zu den Ufern eines Nationalreiches aufbrach. Romantisch bewegt blieb er im »Zweiten Reich« beim Vormarsch zum Imperialismus. Nach dem Ende des »Dritten Reichs« verwies der 1883 im »Reichsland Elsaß-Lothringen« geborene Ferdinand Lion in seinem Buch »Romantik als deutsches Schicksal« auf eine positive Seite der Romantik: »Sie, die oft auch eine Verführerin zum allzu Gefahrvollen am Rande der Abgründe war, wird zu einem Paladium, zu einem Schutz gegen Irrwege, die man begehen könnte, und zu einem Mittel, um auch in der größten Not sein eigenes Selbst nicht zu verlieren.«

»Aus grauer Städte Mauern« zieht an der Jahrhundertwende die deutsche Jugendbewegung, eine Formation der »anderen« Romantik, »ins weite Feld«, hinaus »in die Welt«, nicht um sie – wie von Sehnsucht nach Macht erfüllte Alldeutsche und Pangermanen – zu vereinnahmen, sondern um in der freien Natur die in der städtischen Zivilisation und bürgerlichen Konvention verlorengegangene Ungebundenheit und Unabhängigkeit zu suchen.

Nicht von ungefähr beginnt das Ausbrechen aus Vaterhaus und Staatsschule in Steglitz. Der Vorort der Reichshauptstadt ist ein Prototyp der wilhelminischen Gesellschaftsstruktur und preußisch-deutschen Staatsordnung: Villen von hohen Ministerialbeamten und Kommerzienräten auf dem Fichtenberg, Häuschen von Offizieren und Studienräten am Rauhen Berg, dazwischen bürgerliche Mietshäuser im Gründerstil. In diesen sind Männer die Herren, Frauen stehen am Herde, die Kinder haben die Eltern und die Erwachsenen die Obrigkeit zu respektieren. Der Gymnasiast trägt Schülermütze, der Lehrer thront, über sich ein Kaiserbild, auf dem Katheder, gepaukt werden schwarz-weiß-rot eingefärbte Geschichte und lateinische Sentenzen wie »Dulce et decorum est pro patria mori – Süß und schön ist's, sterben fürs Vaterland«.

Die Jugend »konnte unmöglich stille sein und sich widerspruchslos den Stempel aufdrücken lassen, den eine ergrauende

Generation für den gültigen hielt«, bemerkt Hans Blüher, der sich 1902 dem 1901 in Steglitz gegründeten »Wandervogel« anschließt, der dem Käfig entflieht und ins Blaue entschwebt. »Der Wandervogel ist bis in sein Letztes romantischen Geblüts«, erklärt Blüher, der in ihm auch einen Trieb zu »mann-männlicher Liebe im antiken Sinne« entdeckt.

Auch Mädchen begeben sich auf die Wanderschaft nach der Blauen Blume in Wald und Feld, noch in von den Jungen getrennten Gruppen. Die Frauenemanzipation beginnt nicht zuletzt in der Jugendbewegung. Wandervogelmädchen verachten Korsetts und Stöckelschuhe, tragen weiße Blusen, bequeme Röcke und flache Sandalen, spielen – wie die Wandervogeljungen – die Klampfe, singen deutsche Volkslieder, sitzen am Lagerfeuer und springen über das Sonnwendfeuer.

»Wir waren jung und begriffen nicht, daß man begann, mit einer falsch verstandenen, romantisierten altdeutschen Tradition Schindluder zu treiben«, erinnerte sich Margarete Buber-

À la mode:
Berliner Damen

Neumann. »Es dauerte auch bei mir geraume Zeit, bis ich aus den Scheiten dieser Feuer noch einen anderen, weniger würzig duftenden Rauch aufsteigen fühlte, den Qualm eines deutschtümelnden Mystizismus, der die im echten Sinne fördernde Zukunftwirkung der Jugendbewegung in der Wurzel zerstörte, der sie in mancher Hinsicht zur Vorläuferin einer späteren Bewegung werden ließ, die skrupellos ihr Vokabular und ihre verschwommenen Ideale übernahm, um die deutsche Jugend nicht etwa zu befreien, sondern zu vernichten.«

Den Irrweg deutscher Romantiker erklärte sich der Philosoph Friedrich Nietzsche mit der »Feindschaft der Deutschen gegen die Aufklärung«. Auch die deutsche Jugendbewegung hielt es nicht mit dem kartesianischen »Ich denke, also bin ich«, sondern mit dem romantischen »Ich fühle, also bin ich«. Sie folgte nicht den Idealen der deutschen Revolution von 1848, welche die Ideen von »Freiheit, Gleichheit, Brüderlichkeit« verwirklichen wollte. Sie zog der vom Turnvater Jahn an den Horizont projizierten Vision eines auf »Volk, Deutschheit, Vaterland« gegründeten Nationalreiches entgegen – auf eine Katastrophe zu.

Friedrich Nietzsche strebte vom alten Ufer des 19. Jahrhunderts dem neuen Ufer des 20. Jahrhunderts zu, ohne den Irrationalismus hinter sich zu lassen. Auch er sei ein Romantiker gewesen, konstatierte der Literaturhistoriker Albert Soergel 1911, elf Jahre nach dem Tode des Philosophen und Dichters, indessen einer, »der theoretisch kein Romantiker, sondern der Todfeind der Romantik war«. Er trug die Widersprüche des Zeitgeistes bis zum Wahnsinn in sich.

»Deutschland hat seinen zweiten Großen verloren, – nach Bismarck Nietzsche«, rief ihm der Schriftsteller Otto Julius Bierbaum in der »Insel« nach. »Keinem verdanken wir so viel wie ihm, und keinem schulden wir so wie ihm Früchte unsres Dankes.« Doch seine Gaben blieben umstritten, und Früchte, die den einen segensreich dünkten, hielten andere für unheilbringend.

Am 25. August 1900, neunzehnhundert Jahre nach Christi

Geburt gestorben, hatte es Nietzsche beklagt, daß die Zeit immer noch »nach dem dies nefastus, mit dem dies Verhängnis anhob, – nach dem ersten Tag des Christentums« gerechnet werde. »Ich heiße das Christentum den Einen großen Fluch..., den Einen unsterblichen Schandfleck der Menschheit.« Ein Verhängnis sah Nietzsche in der auf christlichen und humanistischen Werten basierenden, in säkularisiertem Geist praktizierten Demokratie: »Während also die Demokratisierung Europas auf die Erzeugung eines zur Sklaverei im feinsten Sinne vorbereiteten Typus hinausläuft, wird, im Einzel- und Ausnahmefall, der starke Mensch stärker und reicher geraten müssen, als er vielleicht jemals bisher geraten ist... Ich wollte sagen: Die Demokratisierung Europas ist zugleich eine unfreiwillige Veranstaltung zur Züchtung von Tyrannen, – das Wort in jedem Sinne verstanden, auch im geistigen.«

Dazu trug Nietzsche bei, weniger er selber als seine Interpreten, die dem facettenreichen und vieldeutigen Werk eines zwiespältigen Charakters Schlagworte entnahmen: die Notwendigkeit einer »Umwertung aller Werte«, die Ersetzung der »Sklavenmoral« durch eine »Herrenmoral«, die Heranbildung des »Jenseits von Gut und Böse« stehenden »Übermenschen«, der den »Willen zur Macht« bekundet und durchsetzt.

Zunehmend zitiert wurden Sätze wie diese: »Was ist gut? – Alles, was das Gefühl der Macht, den Willen zur Macht, die Macht selbst im Menschen erhöht... Was ist Glück? – Das Gefühl davon, daß die Macht wächst, daß ein Widerstand überwunden wird. Nicht Zufriedenheit, sondern mehr Macht, nicht Friede überhaupt, sondern Krieg... Die Schwachen und Mißratenen sollen zugrunde gehen: erster Satz unserer Menschenliebe. Und man soll ihnen noch dazu helfen.«

Für das 20. Jahrhundert sagte Friedrich Nietzsche voraus: »Unsere ganze europäische Kultur bewegt sich seit langem schon mit einer Tortur der Spannung, die von Jahrzehnt zu Jahrzehnt wächst, wie auf eine Katastrophe los: unruhig, gewaltsam, überstürzt: einem Strome ähnlich, der ans Ende will, der sich nicht mehr besinnt, der Furcht davor hat, sich zu besinnen.«

Zwischen Pessimismus und Optimismus wandelt Nietzsches »Zarathustra« dahin. Der Reformer der altiranischen Religion ist für den deutschen Philosophen »ein Seher, ein Wollender, ein Schaffender, eine Zukunft selber und eine Brücke zur Zukunft – und ach, auch noch gleichsam ein Krüppel an dieser Brücke: das alles ist Zarathustra«. Aus »Also sprach Zarathustra« spricht – wie er sich nannte – der »poète-prophète« Nietzsche: »Des Übermenschen Schönheit kam zu mir als Schatten. Ach, meine Brüder! Was gehen mich noch – die Götter an!«

Als eine Komposition könne sein »Zarathustra« angesehen werden, erklärte Nietzsche, und ein Komponist, Richard Strauss, unternahm den Versuch, diese »Komposition von der Entwicklung der menschlichen Rasse, von ihrem Ursprung über die verschiedenen Evolutionsphasen, religiöse wie wissenschaftliche, bis zu Nietzsches Idee des Übermenschen, mit musikalischen Mitteln auszudeuten«. Die Tondichtung »Also sprach Zarathustra« erklang am 27. November 1896 in Frankfurt am Main und im Laufe des nächsten Jahres in zahlreichen deutschen Konzertsälen.

»Deutschland«, bemerkt Romain Rolland, »hat eine Musikflut ausgelöst und nun ertrinkt es darin.« Der französische Schriftsteller meint: »Das allmächtige Deutschland wird sein Gleichgewicht nicht lange halten können. Nietzsche, Strauss, der Kaiser-Schwindel erfaßt das deutsche Hirn. Der Geist Neros geht um.«

Diamond Jubilee
der Queen 1897:
Königin Viktorias
Wagen vor der
Nationalgalerie

LONDON

Weltmacht und Weltmission

»God save the Queen« – nie zuvor und nie mehr danach wird die Hymne so inbrünstig gesungen wie am 22. Juni 1897. England begeht das Diamantene Jubiläum seiner Königin. Seit 60 Jahren herrscht Viktoria über ein Weltreich und repräsentiert das nach ihr benannte Zeitalter.

»Dein Thron sind unsere Herzen« steht auf in London errichteten Bögen. Eine auf fünf Millionen geschätzte Menschenmenge feiert die Achtundsiebzigjährige auf ihrem Triumphzug durch die Reichshauptstadt. In Schwarz und Grau gekleidet, mit weißen Reiherfedern am Hut, sitzt sie allein im offenen, von acht Rössern gezogenen Landauer. Sie fährt vom Buckingham Palace über den Trafalgar Square zur St. Pauls-Kathedrale, vorbei an der Tribüne für die Lords des Oberhauses und den am Zugrand harrenden Mitgliedern des House of Commons, weiter durch die City, das Finanzzentrum, dann über die Themse, »die Borough Road entlang, wo die Bevölkerung sehr arm ist, aber nicht weniger begeistert und von ordentlichem Benehmen wie anderswo auch«, wie Viktoria notiert und resümiert: »Niemals ist jemandem eine solche Ovation wie mir entgegengebracht worden, als ich sechs Meilen durch die Straßen Londons fuhr.«

»Brav, Alte, du hast gut gearbeitet!«, hat ihr ein Arbeiter zugerufen. Die Engländer zeigen sich an diesem Jubeltag mit ihrer Queen zufrieden. Jedenfalls haben sie sich an sie gewöhnt, können und mögen sich niemand anderen an der Spitze vorstellen als diese Frau, die seit Menschengedenken dagewesen ist und all das symbolisiert, was als viktorianisch gilt: bürgerliche Moral, parlamentarische Monarchie, Fortschritte auf vielen Gebieten, wachsenden Wohlstand und gesteigerte Weltgeltung, das beinahe ein Fünftel der Erde und ein Viertel der Menschheit umfassende Britische Empire.

»Zu dem glänzenden Erfolg des Jubiläums« gratuliert Premierminister Salisbury der Queen. »Es wird in die Geschichte als ein einzigartiger und unvergleichlicher Eindruck und als Zeichen für die lebendige, aufrichtige Teilnahme eingehen, die sich zwischen dem Herrscher über ein großes Reich und seinen Untertanen überall in der Welt entwickelt hat.«

In »Splendid isolation« wird das »Diamond Jubilee« der Königin von Großbritannien und Irland und Kaiserin von Indien gefeiert. Ausländische Souveräne sind nicht geladen worden; auch der Deutsche Kaiser, Wilhelm II., Sohn der ältesten Tochter der Queen, ist nicht erwünscht. Willkommen sind die Premierminister der Dominions und Kolonien. Bestaunt werden die aus dem ganzen Weltreich zur Jubiläumsparade in Marsch gesetzten Soldaten: Canadian Hussars und Mounted Rifles aus der Kap-Kolonie, Lancers aus Australien, indische Ulanen mit Turbanen und zypriotische Zapties mit Fezen, Fußtruppen aus Jamaika, Nigeria, Singapur, Hongkong und anderen Territorien, über denen der Union Jack weht.

Viktorias Namen tragen in Australien ein Staat, ein Fluß und eine Wüste, in Afrika der größte See und der größte Wasserfall, Victoria heißen der Hauptort von Hongkong, eine Stadt und ein Fort in Kanada, eine Insel in der Arktis, ein Gebiet der Antarktis sowie ein Planet, der sich um die Sonne bewegt und der Sonnenkönigin zu huldigen scheint.

»Aus ganzem Herzen danke ich allen meinen Völkern«, läßt die Gefeierte ihre Untertanen in allen Weltteilen wissen – durch den Telegraphen, der ihre Botschaften in Windeseile im Weltreich verbreitet. Durch das moderne Kommunikationsmittel sind die Kolonien dem Mutterland näher gerückt. Die Verbindung wird weiterhin von der größten Handelsflotte mit 35000 Schiffen aufrechterhalten und abgesichert von der stärksten Kriegsflotte mit (1904) 60 Linienschiffen, 35 Panzerkreuzern, 39 großen und 65 kleinen geschützten Kreuzern. »Sie be-

Viktoria I.,
Königin von
Großbritannien
und Irland
und Kaiserin
von Indien

deuteten alles, was wir besaßen«, erinnert sich Winston Churchill. »Auf ihnen ruhte, das wußten wir, die Macht, das Ansehen und die Weltherrschaft des Britischen Reiches.«

An der Jahrhundertwende zählt das Empire 29044749 Quadratkilometer und 397059825 Einwohner, das Mutterland, das Vereinigte Königreich von Großbritannien und Irland, lediglich 313594 Quadratkilometer und 41458721 Einwohner. Aus ausgedehntesten ist Kanada mit 9584600 Quadratkilometern, die meisten Menschen – 231899507 – leben im Indischen Reich mit Birma; in den Vasallenstaaten kommen noch 62461549 Menschen hinzu. Die kleinste Besitzung liegt in Europa: Gibraltar mit 5 Quadratkilometern und – einschließlich der Garnison – 27640 Einwohnern. Bevölkert wird Gibraltar überdies von den einzigen in Europa freilebenden Affen, die gehegt und gepflegt werden; denn es heißt, die den Spaniern 1704 abgenommene Festung, der Schlüssel zum Mittelmeer, werde solange in englischer Hand bleiben, wie die Berbermakaken (Simia inuus) in den Felsen leben.

In der Zentrale des Britischen Reiches wird über alles und jedes Buch geführt. In den asiatischen und afrikanischen Kronkolonien übt sie die volle Regierungsgewalt aus. Beschränkt ist sie in den Kolonien mit gewählten Volksvertretungen, zum Beispiel in Malta, Zypern, Jamaika und Guyana. Die Kolonien mit voller parlamentarischer Selbstregierung – Dominion of Canada, Commonwealth of Australia, Neufundland, Neuseeland, das Kapland und Natal – sind selbständige Staaten, die aber – nicht zuletzt aus Respekt vor Königin Viktoria – dem Mutterland verbunden bleiben.

»Gegenwärtig stellen die Kolonien und auswärtigen Besitzungen das Britische Reich hinsichtlich der Größe und Volkszahl über alle Staaten alter und neuer Zeit«, wird an der Jahrhundertwende festgestellt und registriert, daß der Ausbreitung Englands keine Grenzen gesetzt sind.

In Afrika, das nach und nach erschlossen wird, ist noch etliches zu gewinnen. General Kitchener besiegt 1898 die Mahdisten bei Omdurman und wird 1899 als Lord of Khartoum

Generalgouverneur des unter britische Schutzherrschaft gekommenen Sudan. In Ägypten ist nicht der Khedive, sondern der englische Resident Lord Cromer, gestützt auf englische Bajonette, der eigentliche Herr. In Westafrika wird das Aschantiland der Goldküstenkolonie einverleibt und das Nigergebiet gänzlich erobert. In der Mitte des Schwarzen Kontinents besteht seit 1896 das Zentralafrika-Protektorat. Im Osten gebieten die Briten in den Schutzgebieten Ostafrika, Uganda und Sansibar sowie in der Kolonie Somaliland. Im Süden ist das 1895 Rhodesia benannte Territorium, zusammen mit Betschuana, die flächenmäßig größte und wirtschaftlich wichtigste afrikanische Besitzung.

Der Namensgeber, Cecil Rhodes, ist der Prototyp des von nationalistischer, kapitalistischer und missionarischer Gesin-

»The Rhodes Colossus«, Karikatur im Punch auf den Imperialisten Cecil Rhodes nung bestimmten Imperialismus. Der Sohn eines englischen Landpfarrers kam 1870 mit Siebzehn nach Südafrika, um seine Lungenschwindsucht zu heilen. Im selben Jahr wurden dort, bei Kimberley, Diamanten gefunden, die als kostbarste Edelsteine gesucht und als Superlative von Schmuck und Geltung geschätzt waren. Königin Viktoria, die 1897 nach dem »Goldenen« fünfzigsten von 1887 das »Diamantene« sechzigste Regierungsjubiläum feierte, wurde entsprechend beschenkt. Der älteste Sohn Eduard, der Prince of Wales, überreichte eine Diamantbrosche, die älteste Tocher Viktoria, Witwe des Deutschen Kaisers Friedrich III., einen Briefbeschwerer aus Chrysopras mit einem Monogramm in Diamanten, und die jüngeren Kinder hatten für ein Diamanthalsband zusammengelegt.

Zum Diamantkönig wurde Cecil Rhodes. Als Diamantgräber hatte er Claim um Claim erworben, erfolgreich spekuliert und skrupellos gewirtschaftet und war ein steinreicher Mann geworden. Im Laufe der achtziger Jahre schloß er zahlreiche Minen zu einem die Produktion kontrollierenden und die Preise diktierenden, den Markt beherrschenden Trust zusammen. Nach der Entdeckung von Goldfeldern gründete er neue gewinnbringende Unternehmen. Im Jahre 1889 trat er an die Spitze der von ihm mitgeschaffenen British South Africa Company, welche die Goldgruben des unter seiner Mitwirkung erworbenen riesigen Gebietes zwischen dem 16. und 35. Grad südlicher Breite, das nach ihm benannte Rhodesien ausbeutete. 1890 bis 1904 betrug der deklarierte Ertrag 1030834 Unzen.

Der Großkapitalist wurde ein Pionier des »Greater Britain«. Cecil Rhodes scheffelte Geld nicht nur zur Befriedigung eigener Bedürfnisse. Der Puritaner lebte bescheiden, gab sich nicht mit Frauen ab, trank Champagner nicht pur, sondern mit Bier vermischt. Die Macht, die das durch eigene Leistung erworbene Vermögen verschaffte, wußte er zu genießen und in politischen Einfluß umzumünzen. 1881 wurde er Parlamentsmitglied in der Kap-Kolonie, 1890 deren Premierminister und 1895 Mitglied des Britischen Geheimen Rats. Ziel des zum Imperialisten gewordenen Kapitalisten war und blieb die Vergrößerung Großbritanniens: »Nachdem ich die Geschichte anderer Länder gelesen hatte, sah ich, die Ausdehnung sei alles; und da die Oberfläche der Erde beschränkt ist, muß es unsere große Aufgabe sein, so viel von ihr zu nehmen, als wir haben können.«

Die Insel England, argumentierte Cecil Rhodes, sei viel zu klein, um allein auf sich gestellt reüssieren zu können. Die Industrie benötige Rohstoffquellen und Absatzmärkte in Übersee, die wachsende Bevölkerung weitere Siedlungsräume. Überdies seien die Engländer dafür geschaffen, sich die Erde untertan zu machen, und dazu berufen, möglichst viele Erdbewohner zum English way of life zu bekehren und dadurch zu beherrschen.

Der imperialistische Praktiker berief sich auf imperialistische Theoretiker. Der Historiker Thomas Carlyle führte allen Fortschritt auf die Wirksamkeit gottbegnadeter Herren im allgemeinen und englischer Herren im besonderen zurück. Deren Macht sei Recht, weshalb sich die Schwachen den Starken zu beugen hätten. Der Historiker James Anthony Froude begründete die Weltmission der Engländer mit ihrer Naturbegabung als Seefahrer, Händler und Kolonisatoren; die Geschichte Englands sei von Anfang an auf die Schaffung eines Weltreiches angelegt gewesen.

»England muß Kolonien gründen, so schnell und in so großem Maßstab wie möglich«, hatte der Student Cecil Rhodes in Oxford bei John Ruskin gehört, der darin nicht nur einen imperialistischen Selbstzweck, sondern auch eine humanitäre Verpflichtung erblickte: Die Schaffung eines »Menschentyps«, dessen »vornehmste Aufgabe es ist, der Welt Frieden, Freiheit und Gerechtigkeit zu schenken« – durch die Angelsachsen, die »Gottes Idealtyp« am nächsten kämen.

Mit Zwanzig las Cecil Rhodes das Buch »The Martyrdom of Man« von Winwood Reade, der aus Erfahrungen seiner Afrikareisen die Folgerung zog: Der Fortschritt der Menschheit erfordere die Beherrschung unterentwickelter durch höherentwickelte Völker, speziell des höchstentwickelten, des englischen, das sich als das lebenskräftigste und leistungsfähigste erwiesen habe. Reade interpretierte imperialistisch Darwins Lehre »Über die Entstehung der Arten durch natürliche Zuchtwahl oder die Erhaltung begünstigter Rassen im Kampf ums Dasein«. Wie in der Natur könnten und sollten in der Geschichte nur die Tauglichsten und Tüchtigsten überleben.

Cecil Rhodes las mit Zwanzig Winwood Reades Buch, das 1872 erschien und 1903 die siebzehnte Auflage erreichte. »Durch dieses Buch bin ich zu dem geworden, der ich bin«, bekannte der Kapitalist und Imperialist, der auch Zivilisationsmissionar sein wollte: Es gelte, durch die Ausbreitung englischen Geistes und britischer Institutionen ein Weltreich der Freiheit und des Friedens zu ermöglichen, der Vision Reades näherzukommen: einer geeinten Menschheit auf einer Erde, »die dem Garten Eden vor dem Sündenfall gleichen wird«. Dann werde »der Mensch vollkommen sein, ein Schöpfer, wie eine Gottheit verehrt«.

Schon griff Reade nach den Sternen: »Wenn die Erde zu klein wird, wandert die Menschheit ins Weltall aus«, werden die Menschen »zu Architekten des Sonnensystems, zu Baumeistern der Welten«. Rhodes gestand: »Ich möchte gern die Planeten annektieren, wenn ich könnte.« Zumindest wollte er sich mit seinen Erfolgen in Südafrika nicht begnügen, vielmehr die britische Herrschaft über ganz Afrika ausdehnen, eine Landbrücke zwischen Kap und Nil schlagen und diese über den Vorderen Orient bis zum indischen Subkontinent erweitern. Mehr noch: Er dachte an eine Verbindung zwischen dem Britischen Empire und den von diesem politisch abgefallenen, aber mit diesem geistig verbunden gebliebenen Vereinigten Staaten von Amerika, an eine angelsächsische Supermacht, die ein für allemal Kriege verhindern, den Frieden sichern und den Fortschritt voranbringen könnte.

Auf dem Boden blieb John Robert Seeley. Der Professor für Neuere Geschichte, der sich politisch betätigte, auf Nutzanwendung der Wissenschaft bedacht war, hielt in Cambridge Vorlesungen, die – 1883 unter dem Titel »The Expansion of England« gedruckt – ein Vademecum des neuen britischen Imperialismus wurden. Der Historiker distanzierte sich von der »bombastischen« Auffassung, das Empire sei aus hehren Motiven und nach weiser Planung von einem prädestinierten Herrenvolk geschaffen worden. Vielmehr sei es »in einem Anfall von Geistesabwesenheit« aus Abenteuerlust, Gewinnstreben und Machtgier zustande gekommen. Da es nun einmal da sei, müsse es zweckmäßig ausgestaltet und zeitgemäß fortentwickelt werden.

Diese Aufgabe unternimmt der seit 1895 als Kolonialminister amtierende Joseph Chamberlain. Dem Sohn eines Fabrikanten sind die Probleme des Industriezeitalters vertrauter als konservativen Aristokraten, die ihn als Newcomer beargwöhnen, obgleich er sich ihnen im Habitus anzugleichen sucht; der korrekt gekleidete Gentleman trägt stets eine Orchidee im Knopfloch und ein Monokel. Im Auge behält er den ökonomischen Nutzen des Imperialismus. Der ehemalige Bürgermeister von Birmingham weiß nur zu gut, daß ohne hinreichende Absatzmärkte die auf Ausfuhr angewiesene Industrie der nordamerikanischen und kontinentaleuropäischen Konkurrenz nicht gewachsen wäre und ein Rückgang der wirtschaftlichen Prosperität mit einer Verminderung der Machtposition Englands einhergehen würde.

Auf Englands Gedeihen und Größe eingeschworen, visiert der Utilitarist und Nationalist einen »neuen Imperialismus« an: Ausdehnung des Besitzes in Afrika, Zusammenschluß der Kolonien mit dem Mutterland in einem Reichswesen mit einheitlicher Wirtschafts- und Verteidigungsorganisation. Der imperialistische Realpolitiker weiß, daß dies die Gleichberechtigung der Siedlungsgebiete und eine gewisse Gleichbehandlung der unterworfenen Gebiete voraussetzt. Der imperialistische Prinzipienpolitiker hofft, daß nicht nur die Auswanderer in Kanada, Australien und Südafrika sich in das englisch geprägte »New Empire« eingliedern, sondern auch von Engländern zivilisierte farbige Völker, vor allem in Indien, sich einfügen würden.

»Wir streben nach einer engeren und festeren Vereinigung aller Mitglieder der großen britischen Rasse«, und was Länder mit Andersrassigen betreffe, »so haben wir jetzt das Gefühl, daß unsere Herrschaft über diese Gebiete nur dann gerechtfertigt ist, wenn sie die Menschen dort glücklicher und wohlhabender macht.« In seiner Rede vor dem Royal Colonial Institute am 31. März 1897 in London markiert Joseph Chamberlain das Ziel: ein »Greater Britain«, das »kein Reich der Welt je bezüglich Umfang, Bevölkerungszahl, Reichtum und Vielfalt seiner Hilfsmittel übertreffen könnte«.

Vor Ort kommen Engländer mit dem zivilisatorischen Fortschritt dem neoimperialistischen Ziel näher. Harry Hamilton Johnston bekämpft als Generalkonsul in Britisch-Zentralafrika die Sklavenjäger und bemüht sich als Gouverneur von Uganda, das Niveau der Eingeborenen geistig und materiell zu heben. In Ägypten bleibt sich der Hochkommissar Evelyn Baring Cromer des in seiner Schrift »Ancient and modern Imperialism« betonten Dilemmas bewußt, in das die britische Politik in ihrem Bestreben, besiegte und unterlegene Völker zu erziehen, unvermeidlich gerate: bei dem Versuch, »zwei Ideale zu verfolgen, die einander ausschließen, nämlich das einer guten Verwaltung, was die Erhaltung der englischen Oberhoheit bedeutet, und das einer Selbstverwaltung, was einen vollständigen oder teilweisen Verzicht auf Englands Machtstellung gleichkommt«.

Lord George Nathaniel Curzon, der Vizekönig von Indien, ist ein »Empire Builder«, der nach Tibet und zum Persischen Golf vorstößt, ein Prokonsul, der die britische Herrschaft mit Machtmitteln aufrechterhält, und ein Entwicklungspionier, der eingedenk bleibt, »daß der Allmächtige deine Hand auf den größten seiner Pflüge gelegt hat, in dessen Furche die Nationen der Zukunft Keime und Gestalt annehmen«, und sich verpflichtet hat, »die Pflugschar ein wenig vorwärts zu treiben in deiner Zeit und zu fühlen, daß du irgendwo unter diesen Millionen ein wenig Gerechtigkeit oder Glück oder Wohlstand hinterlassen hast«. Das sei genug, »das ist des Engländers Rechtfertigung in Indien«.

In Vergessenheit schien geraten zu sein, daß Undank der Kolonisatoren Lohn ist. Die britischen Kolonien in Nordamerika, kaum daß sie gehen konnten, waren 1776 von England abgefallen, wie es der Franzose Robert de Turgot vorausgesagt hatte: Kolonien seien wie Früchte, die nur so lange am Baume des Mutterlandes hingen, bis sie reif seien. »Obwohl ich glaube, daß keine fremde Herrschaft jemals mit geringerem Widerstand akzeptiert worden ist wie die britische Herrschaft in Indien«, konstatiert 1888 der Engländer John Strachey, »so bleibt doch die Tatsache, daß die Regierung durch Ausländer in keinem Land wirklich jemals volkstümlich war. Es wird der Anfang vom Ende unseres Imperiums sein, sollten wir diese grundlegende Tatsache vergessen und den Eingeborenen größere Vollmachten überlassen in der Annahme, daß sie unsere Herrschaft stets treu und fest unterstützen werden.«

Drei Jahre vorher, 1885, war der Indische Nationalkongreß gegründet worden, in dem sich Vertreter der anglisierten Oberschicht unter Berufung auf englische Ideen und Institutionen für eine Beteiligung an Verwaltung und Regierung einsetzen. Noch ist Reform und nicht Revolution angesagt; doch der Übergang dazu ist – wie einst in Nordamerika – nur eine Frage der Zeit.

Im Jahre 1888 kommt der neunzehnjährige Mohandas Karamchand Gandhi nach London, um Recht zu studieren. Er spricht und kleidet sich englisch, kauft für neunzehn Schilling einen Zylinderhut, für zehn Pfund einen Abendanzug und bezahlt drei Pfund für Tanzstunden. Der Inder spielt den englischen Gentleman, glaubt ein Engländer werden zu können, bis er die Schranken zwischen dem fremden und dem eigenen Wesen erkennt. Auf der Seite seines Volkes bleibt Gandhi, der am 10. Juni 1891 als Rechtsanwalt zugelassen und am Tag darauf in das Register des High Court eingetragen wird. Am 12. Juni 1891 verläßt er London, kehrt nach Hause zurück und wirkt 1893 bis 1914 in Südafrika für die Gleichberechtigung seiner dort ansässigen Landsleute, bevor er in Indien der Führer der Unabhängigkeitsbewegung wird.

Der Pazifist predigt den gewaltlosen Widerstand gegen die britische Kolonialherrschaft, meldet sich jedoch im 1899 ausgebrochenen Burenkrieg freiwillig zum Sanitätsdienst in der Kolonialarmee. »Der einzelne Untertan eines Staates«, erklärt Gandhi,

»darf nicht hoffen, in allen Fällen seine Meinung durchzusetzen. Die Behörden haben vielleicht nicht immer recht, aber solange die Untertanen einem Staat Treue schulden, ist es ihre eindeutige Pflicht, sich zu fügen und dem, was der Staat tut, seine Hilfe zu leisten.«

In jenen Tagen, bekannte Gandhi, »glaubte ich, daß die Herrschaft der Briten im ganzen den Beherrschten heilsam war«. Er »blickte daher gleich den Engländern in Treue zum Throne auf«, sang »God save the Queen«, betätigte sich in einem Ausschuß, der die Feiern zum Diamantenen Jubiläum der Königin Viktoria vorbereitete, pflanzte aus diesem Anlaß einen Baum, der ihm als Symbol der Hoffnung galt, daß das Vorurteil gegen Farbige, mit dem er in Südafrika konfrontiert worden war, »völlig im Widerspruch zu britischen Traditionen« stünde, es nur »vorübergehend und lokal begrenzt« wäre.

Eine Rassistin ist Viktoria nicht. Die Kaiserin von Indien, wie sie sich seit 1876 auf Betreiben des imperialistischen Premierministers Benjamin Disraeli nennt, sucht ihre andersfarbigen und andersgläubigen Untertanen besser zu verstehen und gerechter zu behandeln. Sie lernt Hindustani bei Abdul Karim, dem in Agra geborenen Privatsekretär für ihre indische Korrespondenz. Im Schloß Osborne läßt sie sich ein indisches Zimmer einrichten, in dem sie sich weniger imperialistischen als romantischen Träumen hingibt.

Als Märchenreich wird Indien von einem bei Hofe wie im Volke vielgelesenen Dichter beschworen: Rudyard Kipling. 1865 in Bombay geboren und bis 1889 meist in Indien lebend, weiß er wie kein anderer dessen Exotik den Engländern beizubringen. Im »Jungle Book« und im »Second Jungle Book« läßt er die Natur triumphieren, den Dschungel die Ruinen einer alten Königstadt überwuchern. In »Kim« wird ein weißer Sahib von einem tibetanischen Priester zum Buddhismus erzogen: »Reich wird der Lohn sein für Lehrer und Schüler, wenn die Zeit kam für beide, Freiheit zu suchen.«

Die Kaiserin von Indien, die ihr orientalisches Reich nie besucht, neigt dazu, ihre indischen Untertanen nach eigener Façon selig werden zu lassen: Die Kolonialmacht dürfe sich nicht in die indischen Religionen einmischen und sich nicht zu viel von einer Anglisierung der Inder versprechen; mit den englischen Freiheiten wüßten sie kaum etwas anzufangen.

Eine Imperialistin ist die Empress geworden. In ihrer Jugend nahm sie sich vor, anderen nichts anzutun, was sie sich selber nicht antun wollte. Auf einem zum »Diamond Jubilee« überreichten Souvenirbecher liest sie mit Genugtuung die eingravierten »großen Taten«, die in ihrem Namen begangen wurden, zuletzt die Eroberung des Negerreiches Benin in Westafrika. Die Schlußbilanz ihrer fast 64jährigen Regierungszeit wird 229 »kleine Kriege« aufweisen, durch die das Empire erweitert und gesichert wurde. »Right or wrong, my country« ist auch die Devise Viktorias, die zur Überzeugung gelangt, daß England immer recht habe und nichts Unrechtes tue, wenn es andere Länder erobere und fremde Völker unterwerfe – indessen nicht nur zum Nutzen des Mutterlandes, sondern auch zum Besten der Kolonien.

Ein Propagandist des Imperialismus ist der Poet Rudyard Kipling. Mit patriotischen Gedichten, in denen sich Weltmacht und Weltmission reimen, hämmert er den Engländern ihre weltgeschichtliche Sendung ein:

»Nehmt auf die Bürde des weißen Mannes,
Sendet aus die besten von euren Kindern,
Verurteilt eure Söhne zum Exil,
Auf daß sie Diener ihrer Gefangenen seien,
Damit sie wachen, in schwerer Rüstung,
Über wilde Völker,
Die unruhig und kaum gebändigt sind,
Dämonen halb, halb Kinder.«

Die Reichsideologie der Engländer erinnert an jene der Römer, die ebenfalls von einem Dichter eingängig formuliert wurde: »Römer, du sei bedacht, die Völker herrschend zu lenken,/Dieses ist deine Kunst: Gesittung und Friede zu mehren,/Unterworfene zu schonen, Aufsässige aber zu beugen«, betonte Vergil und ließ Jupiter den Römern verheißen: »Ihre Herrschaft begrenze ich weder räumlich noch zeitlich;/Endlos setz ich ihr Reich.«

Doch das Imperium Romanum verfiel, weil sich Reichsideologie und Reichsrealität immer weniger deckten. Während des »Diamond Jubilee« gewahrt Rudyard Kipling, daß Machtarroganz die Machtverpflichtung zu übertrumpfen beginnt. In seinem in der »Times« veröffentlichten »Recessional« (Schlußgesang) ermahnt er die Engländer, sich ihrer Berufung bewußt zu bleiben, und beschwört den Allmächtigen, dem »auserwählten Volk« beizustehen:

»Gott unserer Väter, so lange schon unser Gott,
Herr unserer fernen Schlachtlinien,
Bei der gewaltigen Hand, mit der wir unter Palmen und
Kiefern herrschen
Herr, Gott der Heerscharen, bleib bei uns,
Auf daß wir nicht vergessen, auf daß wir nicht vergessen!

Wenn wir, berauscht von unserer Macht, uns Plänen
hingeben, in denen die Furcht vor Dir fehlt,
An Prahlereien nach Art der Heiden
Oder der niedrigeren Rassen, die Dein Gesetz nicht kennen,
Herr, Gott der Heerscharen, bleib bei uns,
Auf daß wir nicht vergessen, auf daß wir nicht vergessen!

Für so viele unüberlegte Großsprecherei,
Für so viele eitle Worte,
Verzeihung für Dein Volk, o Herr!«

Das Römische Reich war untergegangen. Stünde dem Britischen Reich das gleiche Schicksal bevor? Der Reichsdichter warnt vor der Annahme, die Jubiläums-Parade könnte so glänzend und beeindruckend auf immer und ewig fortgesetzt werden. Der englische Dichter Rudyard Kipling fürchtet, was der 1891 gestorbene deutsche Publizist Constantin Frantz voraussagte: Großbritannien würde sich als Weltmacht nicht behaupten, weil es zwar über eine starke Flotte und ein imperiales Prinzip, aber über keine ausreichende territoriale Basis verfüge. Alle drei Voraussetzungen lägen nur in den Vereinigten Staaten von Amerika und im Russischen Reich vor – den Weltmächten der Zukunft.

> »Nicht einmal denken darf man, daß der Strom
> Britischer Freiheit, der zum offnen Meer
> des Weltruhms eilt, von dunkler Vorzeit her,
> Mit Wasserfluten von gewalt'ger Kraft,
> Der oft erregt zu solcher Leidenschaft,
> Daß er kein Ufer kennt und keinen Strand,
> Daß solcher Strom zuletzt in Sumpf und Sand
> Versickert und dann ewig machtlos ist...«

An dieses trostlose Geschick, das der Dichter William Wordsworth zu Beginn des 19. Jahrhunderts angedeutet hat, dürfe man an dessen Ende keinesfalls denken, meint der Historiker John Robert Seeley. Der Realist empfiehlt indessen der stolzen Britannia, rechtzeitig Ballast abzuwerfen, damit sie schließlich nicht doch an einer Sandbank strande: »Sollte die Verbindung mit den Kolonien oder mit Indien für beide Teile ungünstig sein, sollte sie mehr Schaden als Nutzen stiften, so würden wir es für sinnlos halten, wenn England die Verbindung aufrechterhalten wollte, zum eigenen Nachteil und zum Nachteil der Kolonien.«

Noch denken britische Imperialisten nicht daran, auch nur einen Fußbreit des erworbenen Bodens und des gewonnenen Einflusses preiszugeben. Den Iren wird weiterhin die Home Rule, eine Selbstverwaltung vorenthalten. In Indien werden freiheitliche Regungen unterdrückt. Im Jahre 1899 entbrennt der Krieg in Südafrika mit Transvaal und dem Oranje-Freistaat, deren Bodenschätze die Engländer begehren und deren Territorien einer Ausdehnung des britischen Afrika vom Kap bis Kairo entgegenstehen. Ziel ist die Einverleibung der Burenstaaten in das Empire, was nach anfänglichen Mißerfolgen durch den Einsatz von 17000 Offizieren und 430000 Mann 1902 erreicht werden wird.

Der letzte Widerstand der zahlenmäßig weit unterlegenen, aber sich erbittert wehrenden Buren wird mit Methoden gebrochen, die im 20. Jahrhundert gesteigerte Anwendung finden werden. Der britische Oberbefehlshaber Lord Kitchener sperrt Zivilisten in Lager, in denen 4000 Frauen und Kinder umkommen. In England wird »Right or wrong, my country« wieder einmal groß geschrieben. Ein imperialistischer Chauvinismus ist ausgebrochen, auf den Straßen Londons wird das »Rule Britannia« gesungen, und selbst Tänzerinnen der Music-Halls sind in den Union Jack gehüllt.

»Der Weg zum Fortschritt ist mit Überresten von Nationen gesäumt«, schreibt der Anthropologe Karl Pearson in seinem 1900 erschienenen Buch »National Life from the Standpoint of Science«. »Überall kann man Spuren von Hekatomben unterlegener Rassen feststellen, die nicht den schmalen Weg zu größerer Vollkommenheit gefunden haben. Dennoch sind diese ausgestorbenen Völker gleichsam Stufen, über die die Menschen unserer Zeit das heutige höhere geistige und das verinnerlichte emotionale Leben erreicht haben.«

Warnende Stimmen schienen überhört worden zu sein: »Sicherlich reicht nach den Kundgebungen der letzten Tage unser Vorstellungsvermögen nicht aus, um zu verstehen, daß Vaterlandsliebe und Freiheit für Männer anderer Nationen das gleiche bedeuten wie für uns«, bemerkt der »Manchester Guardian« im Jahre 1900. Wenn es sich England nicht zu seiner Pflicht mache, die Buren gerecht zu behandeln, »wird das einzige politische Resultat dieses Krieges sein, daß wir zu Hause und in Übersee eine große Möglichkeit ungenützt gelassen und den Mächten des Verfalls Vorschub geleistet haben«.

Der britische Imperialismus erreicht an der Jahrhundertwende seine Peripetie, den Gipfel- und Wendepunkt; nach dem Aufstieg beginnt der Abstieg. Antiimperialistische Töne werden lauter und vernehmlicher. »Die Pax Britannica, immer schon ein unverschämter Betrug, ist in den letzten Jahren ein groteskes Ungeheuer an Heuchelei geworden«, schreibt John Atkison Hobson in seinem 1902 veröffentlichten Buch »Imperialism. A Study«. »Aggressiver Imperialismus vereitelt nicht allein den Vormarsch zum Internationalismus hin, indem er unter den konkurrierenden Imperien Animositäten anfacht; sein Angriff auf die Freiheit und die Existenz schwacher oder ›niederer Rassen‹ fördert in diesen ein entsprechendes Übermaß an nationalem Bewußtsein.« Ein Warnzeichen malt Hobson an die Wand des eben von den meisten Zeitgenossen so erwartungsfroh begonnenen Jahrhunderts: Es kündet Kriege zwischen den imperialistischen Nationen und Erhebungen der von ihnen, vor allem von Großbritannien, unterdrückten Völker an.

»Mein Motto für das kommende Jahrhundert heißt ›God save the Queen‹«, schreibt am Neujahrstag 1900 die älteste Tochter, die Witwe des Deutschen Kaisers Friedrich III., ihrer Mutter. Noch hallt das »V für Viktoria« des »Diamond Jubilee« in England und Europa nach. Doch mit den Tagen der achtzigjährigen Königin von Großbritannien und Irland und Kaiserin von Indien sind die Jahre des größten und mächtigsten Imperiums der Weltgeschichte gezählt.

Stadt der Superlative

Am Neujahrstag 1900 radeln durch London Boten der »Bovril War Cables« mit den neuesten Nachrichten vom südafrikanischen Kriegsschauplatz. Noch ist nur Unerfreuliches zu vermelden. Im Dezember 1899 wurden General Methuen bei Magersfontein und General Buller bei Colenso geschlagen. Vorerst greifen die Gegenmaßnahmen nicht, die Mobilisierung englischer, kanadischer und australischer Truppen und die Ernennung von Feldmarschall Roberts, der sich in Afghanistan und Birma auszeichnete, zum Oberbefehlshaber in Südafrika. Bevor er dort eintrifft, wird Buller am 24. Januar 1900 am Spionkop von den Buren geschlagen, verliert 2300 Mann an Toten und Verwundeten.

Die Londoner bewahren Haltung. »Nicht einmal ein Wort, nicht ein Aufschrei, nicht eine feindselige Haltung gegen das Kabinett«, wundert sich der französische Botschafter Paul Cambon. »Die öffentliche Meinung wendet sich den Eigensinnigsten, den Kriegerischsten zu. Niemals war Chamberlain populärer« – der Kolonialminister, der sich seinen Glauben an »diese stolze, zähe, selbstvertrauende, entschlossene angelsächsische Rasse« nicht nehmen läßt, an die »größte Herrenrasse«, die »durch kein Klima, durch keine Veränderung verdorben werden kann und die unfehlbar die vorherrschende Macht der künftigen Weltgeschichte sein wird«. Rückschläge fechten den Imperialisten nicht an. »Noch ist das Mutterland stark und erfolgreich, noch ist es in der Lage, Regimenter seiner tapferen Söhne auszuschicken, um die unkultivierten Gebiete der Erde in Besitz zu nehmen.«

Regiment auf Regiment wird nach Südafrika in Marsch gesetzt, nun nicht mehr in Rotröcken, sondern in Khakiuniformen. Den Regulären folgen Freiwillige, sogar viele Iren. Die Boten der »Bovril War Cables« haben bald Erfolge zu vermelden. Vor dem Mansion House, der Residenz des Lord-Mayor, drängen sich Londoner, um die angeschlagenen Kriegsberichte zu lesen, die Siegesnachrichten zu feiern und in das Credo Joseph Chamberlains einzustimmen: »Ich glaube an dieses Empire, groß wie die Welt, von dem kein Engländer ohne Begeisterung sprechen kann.«

Kultstätten dieses Glaubens an Nation und Imperium stehen in der Reichshauptstadt mächtig und erbaulich dar. Als Allerheiligstes gilt die Westminster Abbey. In der gotischen Kirche wurden seit dem Mittelalter die englischen Herrscher gesalbt und gekrönt. Zuletzt ist Queen Viktoria der Mantel des Empire um die Schultern gelegt, das Schwert überreicht, der Reichsapfel in die Hand gegeben und die Krone Edwards des Bekenners auf das Haupt gesetzt worden.

Im Pantheon der englischen Monarchie ruhen neben zahlreichen Königen die Königinnen Elisabeth von England und Maria Stuart von Schottland, die im Leben Todfeindinnen waren und als Tote friedlich nebeneinander ruhen. Im Nationalheiligtum erinnern Denkmäler an die Staatsmänner William Pitt den Älteren, der den britischen Weltreichsgedanken erstmals erfolgreich vertrat, an William Pitt den Jüngeren, der den Zweikampf mit Napoleon I. begann, aus dem England als Sieger hervorging, und an Lord Palmerston, der nicht ruhen und rasten wollte, bis überall auf der Erde, wie einst der Römer »Civis romanus sum«, der Engländer sagen könnte »Civis britannicus sum«.

In der Ruhmeshalle der Westminster Abbey sind nicht die Generäle vergessen, die das Empire erkämpften, wie James Wolfe, der Eroberer Kanadas, und Statthalter wie Warren Hastings, der Generalgouverneur von Indien, die das Gewonnene für Großbritannien verwalteten. Denkmäler sind auch Engländern gesetzt, die ihr Land in Kunst und Wissenschaft emporbrachten: Dichtern von William Shakespeare über William Wordsworth bis Charles Dickens, dem realistischen Romancier, und Alfred Tennyson, dem »Poeta laureatus« der viktorianischen Zeit. Last not least wird der Wegbereiter der Moderne gedacht: des Dampfmaschinenkonstrukteurs James Watt, des Eisenbahnpioniers Robert Stephenson und des Naturforschers Charles Darwin, dessen biologische Lehre als imperialistisches Programm gedeutet wird.

Wie Heilige werden in der an der Wende vom 17. zum 18. Jahrhundert von Christopher Wren erbauten St. Pauls-Kathedrale englische Nationalhelden verehrt, zum Beispiel Admiral George Brydges Rodney, der in amerikanischen Gewässern 1780 über eine spanische und 1782 über eine französische Flotte triumphierte, sowie der General Charles George Gordon, der 1885 bei der Verteidigung Khartums gegen die Madhisten den Tod fand. Admiral Horatio Nelson, der mit der Eroberung Maltas die englische Vorherrschaft im Mittelmeer begründete und durch seinen Sieg in der Seeschlacht bei Trafalgar sicherte, sowie Arthur Wellesley, der Herzog von Wellington, der die Franzosen aus Spanien vertrieb und – gemeinsam mit dem Preußen Blücher – bei Waterloo dem Kaiserreich Napoleons I. den Todesstoß versetzte, ruhen in der Krypta, über die sich die gewaltige Kuppel wölbt, die als protestantischer Gegenpol zur römisch-katholischen Peterskuppel gedacht war und zu einem englischen Invalidendom umfunktioniert wurde.

Zum von korinthischen Säulen gebildeten Portikus der St. Pauls-Kathedrale führt eine Freitreppe mit 22 Marmorstufen empor. Bei den Feierlichkeiten zu ihrem Diamantenen Jubiläum wollte sie Queen Viktoria nicht hinaufsteigen. Die Achtundsiebzigjährige blieb während des Gottesdienstes in der Staatskarosse auf dem Vorplatz sitzen. Alle zwölf Glocken, darunter »Great Paul«, die größte Englands, läuteten. Psalm 100 – »Denn der Herr ist freundlich, und seine Gnade währt ewig« – und »God save the Queen« wurden gesungen, der Erzbischof von Canterbury ließ die Herrscherin dreimal hochleben, bevor sie ihren Triumphzug durch London fortsetzte.

An den schwärzesten Tag ihres persönlichen Lebens wird Viktoria am Albert Memorial erinnert: an das viel zu frühe Hinscheiden des Prinzgemahls Albert von Sachsen-Coburg und Gotha, der ihr geliebter Mann und ihr politischer Mentor gewesen war. Nach seinem Tod am 14. Dezember 1861 nahm sie sich vor, ihm in ihrer Hauptstadt ein Monument zu errichten, das unter den nahezu 90 Denkmälern hervorragen, auch die 44 Meter hohe Nelsonsäule auf dem Trafalgar Square übertreffen sollte. So entstand im Hyde Park das 53 Meter hohe Albert Memorial, das Viktorias Gemahl verherrlicht und die Viktorianische Zeit versinnbildlicht.

Prince Consort Albert, in der Tracht des Hosenbandordens, thront überlebensgroß in einem überdimensionierten neugotischen Schrein, umgeben von einem Hofstaat alter und neuer Errungenschaften. Das kulturelle Erbe des 19. Jahrhunderts symbolisieren Homer, Dante, Michelangelo, Händel und weitere 166 Porträtfiguren von Dichtern, Malern, Bildhauern, Baumeistern und Musikern. Eigene Leistungen des Jahrhunderts bekunden die allegorischen Darstellungen von Technik, Industrie und Handel. Sinnbilder von Europa, Asien, Afrika und Amerika verweisen auf die Machtstellung Großbritanniens in allen Erdteilen. Die Reichtümer, die das Empire einbringt, bezeugen die kostbaren Materialien des für 120000 Pfund Sterling errichteten Monuments. Den Mangel an künstlerischer Schöpferkraft demonstriert das Sammelsurium imitierter Stile, die

Großmannsucht der Imperialisten das monumentale Maß und die selbstgefällige viktorianische Tugend die demonstrative Pietät, mit der Queen Viktoria das Andenken ihres Prinzgemahls zelebriert.

Damit nicht genug. Gegenüber dem Albert Memorial, an der anderen Seite von Kensington Gore, erhebt sich die Royal Albert Hall, ein kolossaler Rundbau im Neorenaissancestil. Im Amphitheater ist Platz für mehr als 5 000 Zuhörer und an die 1 000 Musiker und Sänger. Die Mammutorgel, deren Bälge durch zwei Dampfmaschinen bewegt werden, hat 9 000 Pfeifen.

In der Nähe, hinter dem 1893 eröffneten Imperial Institute of the United Kingdom, the Colonies and India, liegt das mit einer Kunstschule verbundene Kunstgewerbemuseum, das seit 1899 Victoria and Albert Museum heißt. Im letzten Jahr des Jahrhunderts wird mit dem Erweiterungsbau begonnen, in dem der Eklektizismus 1909 seinen Gipfel erreicht: die Kuppel über einem klassischen Oktogon, Strebepfeiler, die jenen der Kathedralen von Edinburgh und Newcastle nachgebildet sind, ein Portal, das an franko-flämische Architektur der beginnenden Neuzeit erinnert. Die aus der Vergangenheit entlehnten Stile stehen ohne Verbindung nebeneinander, ein Zusammenklang ist nicht geglückt, mit Mißtönen endet der Spätviktorianismus.

Viktorianisches ist im Victoria and Albert Museum, in dem 1895 1040628 Besucher gezählt wurden, wie in einer Arche geborgen: technische Errungenschaften wie Dampfmaschinen, Lokomotiven, Telegraphen und Telephone im Modern and Scientific Department, und im India Museum imperialistische Trophäen wie das 1880 in der Schlacht von Kandahar erbeutete Banner Ayub Khans und die in der Mitte der achtziger Jahre im Palast des Königs von Birma in Mandalay erbeuteten sieben Schatzkästen. Königin Viktoria hätte die imperiale Sammlung am liebsten auch am Sonntag geöffnet gehabt, doch das Parlament war damit nicht einverstanden gewesen.

Das Parlament hat in ihrer »konstitutionellen, beschränkten Monarchie« ein gewichtiges Wort. Das House of Parliament, zwischen 1837 und 1868 als größter gotischer Bau der

Neuzeit errichtet, übertrifft den Buckingham Palace an Umfang und Volumen: 3,24 Hektar Flächenraum, elf Höfe, 1100 Räume, mit einer der Themse zugewandten Hauptfassade von 275 Metern Länge. 102 Meter hoch ist der Viktoriaturm mit dem 20 Meter hohen Portal, durch das die Queen zur Eröffnung des Parlaments einfährt und dann durch Queens Robing Room und die Victoria Gallery zur Princes Chamber schreitet. Nie betritt sie den linken Flügel des House of Commons, das für die Gesetzgebung ständig wichtiger wird, in dem jedoch für 670 Gemeine nur 476 Plätze vorhanden sind.

Das Unterhaus, »von dem das Land Erleuchtung, Licht und Klarheit erwartet, liegt immer in einem vornehmen Halbdunkel«, bemerkt ein auf Strangers Gallery zugelassener Ausländer. Der Speaker, in schwarzer Robe und mit langer Perücke, leitet die Debatten, ohne in sie einzugreifen. Auf den Bänken zu seiner Rechten sitzt die Regierungspartei, in der ersten Reihe die Minister, auf der linken Seite die Opposition. Geredet wird im Stehen, »kaum setzt sich der eine nieder, springt der andere auf. Das ist von oben betrachtet sehr amüsant und man sucht jetzt tatsächlich die Drähte, die dieses Spiel in Bewegung setzen.« Wer über die Stränge schlägt, wird vom Speaker zur Ordnung gerufen. Abgestimmt wird mit »Ay« und »No«.

Im House of Peers, im Oberhaus geht es weit vornehmer und meist auch langweiliger zu. Seine große Stunde ist die feierliche Eröffnung des Parlaments durch die Queen, wenn der historische Glanz der Monarchie in einer Zeit, in der er zu verblassen beginnt, aufpoliert wird. In feierlichem Zug begibt sich die Monarchin zum Parlamentsgebäude. Voran reiten Trompeter in weißen Hosen, karminroten Röcken und schwarzsamtenen Kappen. Es folgen Grenadiere mit hohen Bärenmützen, Gardereiter mit blitzenden Kürassen und Helmen mit Roßschweifen, und, hinter den Karossen der Würdenträger, flankiert von Pagen und Postillonen, die goldene Kutsche der Königin.

Im Parlamentsgebäude, im Umkleideraum der Queen, wird ihr ein scharlachroter, mit Gold und Hermelin gezierter Mantel umgehängt. Die Prozession zum House of Peers wird von Herolden, Hofbediensteten, Lordsiegelbewahrer, Lordkanzler, Lord Great Chamberlain angeführt. Hinter den Trägern der königlichen Insignien schreitet die Königin, gefolgt von der Lady of the Bedchamber, dem Hofstallmeister, Lord-Steward und dem Hauptmann der Yeomen, der Spieße und Hellebarden tragenden Leibgarde.

Im neugotisch ausstaffierten Sitzungssaal des Oberhauses, auf dessen Fenstern die Könige und Königinnen seit Wilhelm dem Eroberer porträtiert sind und in dessen Fensternischen Statuen jener Barone stehen, die 1215 König Johann die Magna Charta libertatum abnötigten, haben sich die Peers von ihren roten Saffianbänken erhoben. Die Queen nimmt auf dem Thron Platz und verliest vor den Peers und den herbeizitierten Commons die ihr vom Ministerium aufgesetzte Thronrede, mit der das Parlament eröffnet wird.

Immer noch ist das Oberhaus wenn auch nicht die politisch relevanteste, so doch die repräsentativste Institution des englischen Parlamentarismus. Am Ende des 19. Jahrhunderts gehören ihm 560 Mitglieder an: die großjährigen Prinzen des königlichen Hauses, Erzbischöfe und Bischöfe, Oberrichter, schottische und irische von ihren Standesgenossen gewählte Adelige und die Peers des Vereinigten Königreiches, die das Mitgliedsrecht wie weitere politische Vorrechte erblich besitzen.

England ist ein Land der Großgrundbesitzer geblieben; 115 von ihnen haben mehr als 20000 Hektar, davon 45 über 40000 Hektar, und 15 beziehen allein aus ihren Landgütern ein jährliches Einkommen von mehr als 100000 Pfund. Beinahe die Hälfte der 41 Millionen Engländer bringt es nicht auf 160 Pfund, bleibt im einkommensteuerfreien Bereich. Das Existenzminimum für eine fünfköpfige Familie liegt bei 55 Pfund im Jahr.

Die Feudalaristokratie betrachtet nach wie vor England als ihre Domäne. Ihr Anspruch, die Geschicke des Staates mitzubestimmen, ist hoch gesteckt, doch die Bereitschaft, daran im Oberhaus mitzuwirken, hält sich in Grenzen. Die Sitzungen im House of Peers sind schwach besucht. Nicht von ungefähr ist das Quorum, die zur Beschlußfähigkeit nötige Anzahl anwesender Mitglieder, auf drei gesenkt worden. Wer sich der Mühe der Anwesenheit unterzieht, erweckt den Eindruck, »als sei er völlig erschöpft oder zu Tode gelangweilt«, wie Lord Rosebery konstatiert. Lordkanzler Halsbury, ein Siebzigjähriger, der auf dem »Wollsack«, dem diwanartigen Sitz des Präsidenten, jeden Augenblick einzunicken droht, lehnt – wie ein jüngerer Peer behauptet, »jegliche Veränderung grundsätzlich und rundheraus ab«.

Englische Aristokraten – und nicht allein Tories – ziehen dem Herumsitzen im Parlament, dem Anhören von Vorschlägen und den Stellungnahmen durch ein »Content« oder »Non content« anderen Zeitvertreib vor. Am liebsten weilen sie auf ihren Stammsitzen inmitten eigenen Landes, wo sie allein schalten und walten und sich standesgemäßen Zerstreuungen hingeben können.

Die Vornehmsten und Reichsten residieren in Schlössern, deren Dächer in Hektar gemessen werden. Eines der größten und prächtigsten, Chatsworth Castle in Derbyshire, gehört Spencer Compton Cavendish, dem achten Herzog von Devonshire. Alles was Rang und Namen hat, auch der Prince of Wales, drängt sich zu den Parties in diesem Schloß der Superlative, dessen Park und Kaskade mehr bewundert werden als die reichhaltige Bibliothek und die kostbare Kunstsammlung. Lieber als ein Buch zu lesen oder ein Bild zu betrachten, reitet der Hausherr ein paar Meilen über seinen Grund und Boden oder jagt Füchse, Moorhühner oder Rotwild.

Wenn der Peer sich einmal zu einer Sitzung in das Oberhaus bequemt, hört er sich Reden unter Gähnen an. Als er einmal selber das Wort zu ergreifen hat, unterbricht er sich und flüstert dem nächstsitzenden Kollegen zu: »Verdammt langweiliger Kram.« Als ein Redner vom »größten Augenblick« in seinem Leben spricht, kommentiert der Herzog: »Der größte Augenblick meines Lebens war, als mein Schwein den ersten Preis bei der Skipton-Ausstellung bekam.«

Der Herzog von Devonshire befleißigt sich eines Understatements, das sich er und andere Hochgeborene schuldig zu sein glauben. Er kleidet sich nachlässig, behält die rechte Hand in der

Tasche seiner ausgebeulten Hose, schlurft über das hauseigene wie das höfische Parkett und spricht mit jenem leichten Stottern, mit dem ein blasierter Lord in phonetischer Untertreibung auf seine Bildung hinzudeuten pflegt. Insgeheim ist er dreißig Jahre lang mit der verheirateten Herzogin Louise von Manchester liiert. Nach dem Tode ihres Gemahls, der, weil ihm an keinem Skandal gelegen war, beharrlich schwieg und nicht allzu sehr litt, heiratet er die Witwe, die das Handicap ihrer fortgeschrittenen Jahre mit gesteigertem gesellschaftlichen und politischen Ehrgeiz zu kompensieren sucht.

Im Devonshire House, der Residenz in London, geben die Herzogin und der Herzog die glänzendsten Feste, so einen Empfang zur Parlamentseröffnung, einen Ball am Derbytag und einen Kostümball zum Diamantenen Jubiläum der Queen, von dem noch jahrelang gesprochen wird. Der Hausherr scheint sich in der großen Stadt nie ganz wohl, jedenfalls nicht sicher genug gefühlt zu haben; nach seinem Tod werden zwanzig Revolver im Devonshire House gefunden.

Die Peerage will unter sich bleiben, auf den Landsitzen, wo sie sich von Kleinbauern und Pächtern abheben, und in ihren Stadthäusern, in denen sie sich in Nobelvierteln wie Belgravia, Tyburnia und Mayfair abschließen. Als Promenade dient ihnen der Hyde Park, in dem Lieferwagen überhaupt nicht und Droschken nur auf einer Fahrstraße zugelassen sind. Die 157 Hektar große Grünfläche ist von einem hohen Eisengitter umgeben; die Haupteingänge werden um Mitternacht geschlossen. Ausgeritten wird am Vormittag und Nachmittag auf der Rotten Row, ausgefahren zwischen 17 und 19 Uhr in der Ladies Mile in Equipagen mit edlen Pferden, mit Borten geschmückten Kutschern und gepuderten Dienern. Der Treffpunkt der High Society liegt zwischen Albert Gate und Grosvenor Gate.

Lords und Ladies finden es »shocking«, daß immer mehr Bürgersleute, wenn auch sorgfältig gekleidet und sich ordentlich benehmend, im Hyde Park spazieren gehen, dort schon Radfahrer dahinflitzen, in der Serpentine im Sommer gebadet und auf ihr im Winter Schlittschuh gelaufen wird. Sogar zu Volksaufläufen ist es schon gekommen, wobei einmal eine Viertelmeile des Parkgitters eingerissen und ein paar hundert Polizisten verletzt wurden. Am Cumberland Gate, vor dem Reformers Tree, reden an- und ausdauernd – wie ein Besucher vom Kontinent staunt – »Nihilisten, Anarchisten, Agnostiker und Atheisten, Säkularisten und Sozialisten« und noch viele andere, die an der überkommenen Staatsordnung und Gesellschaftsstruktur mehr oder weniger heftig rütteln.

Der Hyde Park, der als »Lunge« Londons bezeichnet worden ist, erscheint als »Zunge« Londons – der Weltstadt mit viereinhalb Millionen Einwohnern. Bei weitem nicht alle sind Reformer oder gar Revolutionäre, die meisten wollen am Überlieferten und Gewohnten festhalten, Adelige, auch Bürgerliche, die nach oben gekommen sind und dort bleiben wollen.

Die Bourgeoisie, deren Hochburg die City mit Bank, Börse und Handelshäusern ist, bildet den Kopf, die Middle Class, die in den rasch wachsenden Vorstädten in schier endlosen und eintönigen Reihenhäusern wohnt, den Rumpf des viktorianischen Bürgertums und das Rückgrat der Fortentwicklung.

Eine Musterschau wie eine Kuriositätenschau des Fortschritts ist der Crystal Palace in Sydenham. Zur Weltausstellung von 1851 aus Eisen und Glas errichtet, ist er von seinem Standort im Hyde Park in den südlichen Vorort von London versetzt, genau gesagt verschoben worden. Noch an der Jahrhundertwende gilt er als eine Hauptattraktion der Hauptstadt, nicht nur für Engländer; Baedeker's Reisehandbuch von 1896 widmet ihm einen Stern und sechseinhalb Seiten Beschreibung, mit der Bemerkung, daß sein Umfang so gewaltig sei, daß »nur eine kurze Übersicht der Einrichtung und Einteilung« gegeben werden kann.

In den riesigen Schiffen und weiten Hallen des Crystal Palace ist vieles von dem gespeichert, was im 19. Jahrhundert als Erbe der Vergangenheit, Gewinn der Gegenwart und Garant der Zukunft gilt: Abgüsse antiker Bildwerke und Nachbildungen spätmittelalterlicher Bauten, eine Reiterstatue der Königin Viktoria wie Modelle englischer Maschinen und Muster englischer

Industrieprodukte. Eine »leichtgeschwungene, luftfarbige Glaswölbung« faßt das Ganze zusammen und erweckt bei nicht wenigen der jährlich zwei Millionen Besucher die Vorstellung, sie befänden sich in einem Raumschiff.

Zum Weltwunder in Sydenham gelangt man mit Eisenbahnzügen, die fast jede Viertelstunde von London Bridge, Ludgate Hill, Holborn Viaduct und Victoria Station abfahren. Viele der 17 Londoner Hauptbahnhöfe sind durch Untergrundbahnen verbunden. Auf der viergleisigen Strecke von Farringdon Street bis Moorgate Street laufen an jedem Wochentag 1400 Züge. Elektrische Untergrundbahnen gibt es seit 1890 und 1893; 1900 wird die elektrische Londoner Zentralbahn eröffnet.

Ein wichtiger Verkehrsweg – für die Dampfboote der »Victoria Steamboat Association« – ist nach wie vor die Themse, deren Bedeutung als ökonomische Lebensader ständig zunimmt. London ist der wichtigste Seehafen Englands und somit der Erde. Die Docks mit ihren Kais und Speichern erstrecken sich von London Bridge meilenweit stromabwärts; die modernsten und größten sind die Royal Victoria and Albert Docks, die elektrisch beleuchtet werden. 1903 laufen 27359 Schiffe ein und 27769 Schiffe aus. Der Wert der Einfuhr beträgt 173 Millionen, jener der Ausfuhr 95 Millionen Pfund Sterling.

London ist die erste Handelsstadt der Welt und die erste Industriestadt Englands. Die wichtigsten Industrien sind Maschinenbau, Druckereien und Textilherstellung. Über eine Million Londoner sind im Gewerbe beschäftigt, leisten ihren Beitrag zum Reichtum von Stadt und Land, ohne an ihm entsprechenden Anteil zu haben.

Im klassischen Reich des Kapitalismus streichen Unternehmer und Aktionäre am meisten ein. Kapital wird gewinnbringend in den Kolonien und im Ausland angelegt; 1910 werden es 3,5 Milliarden Pfund Sterling sein. In Maßen profitiert auch die Middle Class vom wirtschaftlichen Aufstieg. Selbst Kleinbürger können sich bessere Wohnung, Kleidung und Nahrung leisten, ein Backsteinhäuschen mit einem winzigen Vorgarten in einer Vorstadt, Bowler-Hut und Gummikragen, Lammfleisch aus Neuseeland und Rindfleisch aus Argentinien. Etliche können einiges zur Seite legen; 1913 wird fast die Hälfte des englischen Sparkapitals ins Ausland investiert sein.

Die Genugtuung, daß es im alten Jahrhundert besser geworden ist und im neuen Jahrhundert noch besser werden kann, vermögen jene nicht zu teilen, die unten geblieben sind und kaum aufsteigen können. Bereits Anfang der achtziger Jahre hat der Wirtschaftshistoriker Arnold Toynbee die Industrielle Revolution als den zweiten Sündenfall der Menschheit bezeichnet, und an deren Ende konstatiert Charles Booth in seiner Schrift »Life and Labour of the People in London«, daß immer noch 30 Prozent der Londoner im Elend lebten.

Aus Shepherds Bush, einem Vorort mit noch villenartigen Häusern, in denen »Clerks, kleine Beamte, Handwerker und respektable Arbeiter wohnen«, gerät ein Besucher vom Kontinent nach Notting Dale, wo die Not haust. »Da sehen die paar Gassen aus, als wollte die Stadt hier zerfallen; so morsch, so kahl, so bröckelig stehen die schmutziggrauen Schachtelhäuschen da.«

Eine Kodak-Filiale auf dem Londoner Strand 1901

Die Straßen seien wie ausgestorben, »nur an den Straßenecken, wo die Wirtshäuser sind, die unvermeidlichen ›Pubs‹, dort regt sich, kriecht, tappt und torkelt einiges Leben«.

»Drink is the shortest way out of Manchester«, wird gesagt und damit gemeint, daß man am schnellsten im Alkoholrausch dem für viele Engländer schädlichen Manchester-Kapitalismus zu entgehen vermöchte. Besitzende und Herrschende erkennen die Gefahr, die von den Slumbewohnern für City und

Englische Rotationsmaschine
für den Zeitungsdruck

Westend ausgehen könnte. Gemeindeorgane und Privatleute sorgen für Sozialwohnungen, Asyle für Obdachlose und Armenhäuser, in denen 1901 mehr als 45000 Bedürftige untergebracht sind.

Diese Working Houses gleichen eher Besserungsanstalten als Wohltätigkeitseinrichtungen; die nach eingehender Überprüfung Aufgenommenen tragen Anstaltskleidung. Männer werden von ihren Frauen und Kinder von ihren Eltern getrennt, und es gibt viel zu arbeiten und wenig zu essen. Im Osten der Stadt, in einem Viertel der kleinen Leute, entsteht für »Erholung und das Vergnügen, die intellektuelle und materielle Förderung der zahlreichen Arbeiterbevölkerung« der »Peoples Palace for East London«, dessen Zentrum die vierzig Meter lange Queens Hall ist.

Das viktorianische London, die Stadt der Superlative, ist eine Stadt der Kontraste. Gentlemen in maßgeschneiderten Gehröcken, mit weißen Westen und Zylindern, die sie bei der Begegnung mit Ihresgleichen lüften, und à la française herausgeputzte Ladies, die sich auf den Bürgersteigen nie allein, nur an der Seite Gleichrangiger oder gefolgt von einem Bediensteten blicken lassen – die Haute volée hebt sich von der Menge der Passanten ab: Männer und Frauen in meist korrekter, aber durch Waschen mitunter ramponierter Kleidung; Minderbemittelte begnügen sich mit »Second hand clothes«. Dienstmänner, meist ausgemusterte Soldaten, sind mit Paketen unterwegs, sowie Briefträger, die Post täglich – außer sonntags – sechs- bis zwölfmal, je nach Entfernung vom Hauptpostamt in St. Martins le Grand, austragen.

Auf den meist engen Straßen fahren – außer unzähligen Frachtwagen – 11 000 Droschken mit 20 000 Pferden, deren Exkremente nicht rasch genug entfernt werden können, sodaß ihr Gestank ein Londoner Odeur bleibt, das bald durch die Auspuffgase der motorisierten Omnibusse vermehrt und nicht verbessert wird. Der Lärmpegel steigt auch durch das Gekreische und Geklingel der elektrischen Straßenbahnen. Der natürliche wird durch industriellen Fog verschlimmert. Die Nebelschleier verdichten sich durch die Rauchschwaden aus Fabrikschloten wie Hauskaminen; es wird immer mehr und immer noch mit Kohle geheizt.

Auf den Dächern beginnen Reklameschilder, Skysigns genannt, die Skyline der Stadt zu entstellen. Nachts werden sie mit tausenden Glühbirnen illuminiert. Manchen erscheinen sie als Leuchtfeuer des Fortschritts.

Demokratie auf dem Prüfstand

In London fühlt sich Queen Viktoria immer weniger zu Haus. In den vier Jahrzehnten nach dem Tode ihres Mannes verbringt sie nicht mehr als zwanzig Nächte im Buckingham Palace. Lieber weilt sie in Schloß Windsor, wo sie die Albert Chapel dem Gedächtnis des 1861 verstorbenen Prinzgemahls weihte und ihm im Park von Frogmore ein Mausoleum errichtete, in dem ein Sarkophag für sie bereit steht.

Am liebsten hält sich die Witwe in Osborne auf, in der nach den Plänen Alberts errichteten Sommerresidenz auf der Insel Wight, oder in Balmoral, der von ihr neuerbauten Herbstresidenz im schottischen Hochland – in jenen Schlössern, in denen sie mit dem Verstorbenen glückliche Tage verbrachte, denen sie wehmütig nachhängt.

Die letzten Tage des Jahres 1900 und die ersten Tage des Jahres 1901, die letzten Wochen ihres Lebens verbringt sie in Osborne. Die Einundachtzigjährige kann in der Nacht kaum schlafen, liegt am Tage stundenlang auf dem Sofa, was sie nicht davon abhält, sich Depeschen vorlesen zu lassen und Papiere zu unterzeichnen, obschon sie, wie die Halberblindete in ihr Tagebuch diktiert, »kein Wort von dem sah, was ich unterschrieb«. Zuletzt empfängt sie Feldmarschall Roberts, der für sie die Burenrepubliken erobert hat, und Kolonialminister Chamberlain, der ihr das Empire zusammenhält. Am 22. Januar 1901 stirbt Viktoria I., Königin von Großbritannien und Irland, Kaiserin von

Indien und Defender of the Faith, Beschützerin des Glaubens, mit dessen Tröstungen sie diese Welt und ihr Reich verläßt.

Am 1. Februar 1901 wird die tote Monarchin in einem letzten Triumphzug durch London geführt. Schwarz wollte sie ihre Hauptstadt nicht verhangen haben; sie wird mit Purpur, der Farbe der Majestät, und mit Weiß, der Farbe der Hoffnung, empfangen und von unzähligen Briten, die noch einmal »God save the Queen« singen.

Im Bahnhof von Windsor wird der Sarg aus dem Waggon getragen und auf eine Geschützlafette gehoben. Die vor die Lafette gespannten Pferde sind nicht zu bewegen, in Richtung Mausoleum zu gehen.

»Es gibt gar keinen Zweifel daran, daß ihr ganzes Volk durch die Herrschaft der Königin gewonnen hat«, erklärt der Erzbischof von Canterbury, und ein Historiker, George Macaulay Trevelyan, resümiert: »Die Königin hatte so lange regiert, daß die Monarchie für ihre Untertanen in allen ihren Attributen weiblich geworden war«, was auch mütterlich und fürsorglich hieß.

In ihrer Doppelfunktion wird Viktoria auf dem 1911 vor dem Buckingham Palace enthüllten Denkmal dargestellt: als Mutter mit einem Kind im Arm, dem Familienschloß zugewandt, und – den grünen Thronsaal der Mall im Blick – als Herrscherin mit Zepter und Reichsapfel in den Händen.

Mit König Eduard VII. ist die Monarchie wieder männlich geworden, doch ihn als Pater Patriae zu bezeichnen, wagen nicht einmal Hofchronisten. Das letzte Wort Viktorias, bevor sie für immer schwieg, war »Bertie« gewesen, wie die Familie Eduard nennt. Viele Engländer trauten ihm nicht zu, das Werk seiner Mutter fortzusetzen. »Ich wüßte gern, was der König tun wird«, meint der junge Unterhausabgeordnete Winston Churchill. »Verändert er seinen Lebensstil völlig? Wird er seine Pferde verkaufen und seine Juden verscheuchen?«

Eduard VII. verspricht, in die Fußstapfen Viktorias I. zu treten. Aber der Sechzigjährige, dessen Gesundheit angeschlagen ist, hat weder Kraft noch Lust, sein süßes Leben aufzugeben

Eduard VII. und
Wilhelm II. im Trauerzug
für Queen Viktoria 1901

und sich in die Kärrnerarbeit des Regierungsalltages einspannen zu lassen. Seine markanteste Eigenschaft sei der völlige Mangel an geistigen Interessen gewesen, ist 1912 – zwei Jahre nach seinem Tod – im »Dictionary of National Biography« zu lesen; in seiner neunjährigen Herrschaftszeit habe er weder als Initiator neuer Ideen noch als Unterhändler in auswärtigen Angelegenheiten eine bedeutende Rolle gespielt. Indes erschien Eduard VII. – in Lebenswandel wie Regierungsstil – als Beender der Viktorianischen Epoche und als Repräsentant der Edwardian Period.

Es begann damit, daß er nicht – wie von der Mutter gehofft –, als König den Namen Albert, den seines Vaters, annahm, sondern am 23. Januar 1901 vor dem Staatsrat im St. James Palace erklärte: »Ich habe mich entschlossen, den Namen Eduard zu führen, den sechs meiner Vorfahren getragen haben.« Dies bedeutete nicht nur eine Distanzierung von seinem von der Mutter zwar sehr geliebten, aber bei den Engländern wenig beliebten deutschen Vater, sondern auch ein Abrücken von der freundlichen Haltung gegenüber Deutschland, die Viktoria I., auch wenn es ihr mitunter schwer gefallen war, eingenommen hatte. Eduard VII. protegierte die neue Außenpolitik Großbritanniens, die über die Entente mit Frankreich von 1904 und dem englisch-russischen Vertrag von 1907 zur »Einkreisung Deutschlands« führte.

Im Unterschied zur Mutter, die sich in die Regierungsgeschäfte ihrer Minister häufig einmischte, begnügte sich der Sohn – ob nun aus persönlichem Phlegma oder politischer Einsicht, daß sich in einer parlamentarischen Monarchie der König zu bescheiden und zu beschränken habe – mit dem Genuß der Privilegien, die das Amt mit sich brachte, und dem Repräsentieren, das ihm ohnehin mehr als das Agieren lag. Ohnehin vollzog sich in der Innenpolitik ein Wandel. Die Konservativen, die dem König die Zügel nicht ganz aus der Hand nehmen wollten, mußten im Unterhaus und im Ministerium den Liberalen weichen, die davon ausgingen, daß der Monarch nur symbolisch zu herrschen und nicht realiter zu regieren habe.

Zwei Jahre nach Queen Viktoria, am 22. August 1903, starb ihr langjähriger Premierminister Lord Salisbury. Bereits am 11. Juli 1902 war er, obschon seine Konservative Partei in den Parlamentswahlen von 1900 wiederum gesiegt hatte, als Regierungschef zurückgetreten, wohl in der Erkenntnis, daß mit dem Leben der großen Viktoria auch die große Zeit der Tories abgelaufen war.

Robert Arthur Talbot Gascoyne-Cecil, Marquis von Salisbury, galt als konservatives Urgestein. Seinem Adelstitel, den er auf 1337 zurückführte, glaubte er es schuldig zu sein, die Traditionen der Aristokratie fortzuführen und deren politische und ökonomische Interessen zu verfolgen. Im persönlichen Lebensstil hob er sich von Verhaltensweisen vieler Standesgenossen ab.

Er arbeitete hart, las viel und unternahm, anstatt auf die Jagd zu gehen, chemische Experimente und installierte in seinem Haus eine elektrische Leitung. Das Glück dieser Erde lag für ihn nicht auf dem Rücken der Pferde. Auf einem Dreirad fuhr er durch den St. James Park; wenn es zu beschwerlich wurde, ließ er sich von einem Diener schieben.

Aber auch Lord Salisbury galt sein Landsitz mehr als eine Stadtwohnung. Schloß Hatfield in Hertfordshire exzellierte mit den Brüsseler Gobelins der Marble Hall und mit einer Bibliothek von 10000 Bänden. In der Eingangshalle hingen französische Feldzeichen, die Wellington bei Waterloo erbeutet und der Familie verehrt hatte. Schon der junge, in Eton und Oxford erzogene Salisbury schien sich vorgenommen zu haben, wie der Feldherr Wellington Folgen der Französischen Revolution zu bekämpfen, und wie der Staatsmann Wellington, allen Widrigkeiten zum Trotz, das Banner des Konservativismus hochzuhalten.

Das tat er im Unterhaus wie im Oberhaus, als Mitglied der Regierung Ihrer Majestät und schließlich als Premierminister. Den Amtssitz in der Downing Street bezog er nicht, vielleicht wegen seiner liberalen Vorgänger dort. In seinem Londoner Haus in der Arlington Street empfing er selten; nach dem Abendessen setzte er sich wieder an den Schreibtisch. Um die öffentliche Meinung scherte er sich nicht; er respektierte nur Königin Viktoria und vornehmlich seine eigenen Auffassungen.

Für seine wichtigste Aufgabe hielt der konservative Premierminister Salisbury die Aufrechterhaltung der Vorherrschaft des Adels, die Fortführung der von der Aristokratie beherrschten Regierung und die Niederhaltung liberaler und demokratischer Bestrebungen. Eine uneingeschränkte Volksherrschaft bedrohe nicht nur den Vorrang der Besitzenden, sondern die Freiheit aller Briten; denn in ihr »sind die Leidenschaften nicht die Ausnahme, sondern die Regel«, hatte bereits der Jungpolitiker Salisbury erklärt. Er witterte die Gefahr, daß durch »die Übermacht der Zahl« alles hinweggefegt werden könnte, was bislang England ausgezeichnet habe: mit der Machtstellung und dem Wohlstand des Landes auch die zwar beschränkten, aber gesicherten Freiheiten seiner Bewohner, um die sie alle Welt beneidete.

Nachdem Königin Viktoria I. dahingegangen und ihr Eduard VII. nachgefolgt war, der Libertinage für Liberalismus hielt und – wenn auch eher indirekt – die Liberale Partei begünstigte, gab Lord Salisbury auf. Mit dem 19. Jahrhundert war seine und die Zeit seinesgleichen versunken, und im 20. Jahrhundert stieg der Progressismus auf. »Was heute mit dem Rücktritt des Premierministers Salisbury zu Ende geht, ist eine ganze geschichtliche Epoche«, kommentierte die französische Zeitung »Le Temps«. »Es ist eine Ironie des Schicksals, daß das, was er weitergibt, ein demokratisiertes, imperialisiertes, kolonialisiertes und vulgarisiertes England ist – also in jeder Beziehung das Gegenteil dessen, was die Tories, die aristokratische Tradition und die Hochkirche, deren lebendiger Ausdruck er war, verkörpern.«

»Die junge Generation mag uns kritisieren, wie sie will; wird sie jemals etwas zustandebringen, das so gut ist wie das, was wir gekannt haben?«, sagte Lady Salisbury im Jahre 1899, kurz vor ihrem Tod zu einer jungen Verwandten. Jüngere schicken sich an, den Konservativen, deren Politik sie für zeitwidrig und abgenützt halten, die Macht zu entwinden.

Im Jahre 1904 tritt der dreißigjährige Winston Churchill von den Tories zu den Whigs über. Er sei im Grunde immer ein englischer Liberaler gewesen, erklärt der Überläufer, der hofft, in der Partei, die auf dem Wege ist, die alte Regierung abzulösen, weiter und schneller voranzukommen. »Ich habe keinem Meister die Treue geschworen und gehöre keiner Sekte an«, zitiert Churchill den Dichter Pope. »Ich klopfe an die Tür, vor die der Sturm mich treibt.« Nach dem Wahlsieg der Liberalen im Jahre 1906 treibt ihn der Sturm rasch voran. In der neuen Regierung wird er Unterstaatssekretär für die Kolonien, 1908 Handelsminister, 1910 Innenminister und 1911 Marineminsiter. Nach dem Ersten Weltkrieg, im Jahre 1925, treibt ihn der Sturm wieder vor die Tür der Konservativen, die sich ihm für eine weitere Karriere öffnet; als Premierminister führt er im Zweiten Weltkrieg sein Land in den Kampf und zum Sieg.

Vorerst sind die Liberalen obenauf. Im Januar 1906 erringen sie einen erdrutschartigen Sieg: Mit 380 Sitzen im Unterhaus erdrücken sie fast die 157 Tories, die 1900 über 400 Mandate bekamen. Selbst Lord Arthur Balfour, der konservative Premierminister, verliert seinen Sitz, den er erst in einer Nachwahl zurückgewinnt und damit Oppositionsführer werden kann.

Ein Sturm fege durch die Gesellschaft, meint Lady Balfour. Er fegt Herbstblätter vom Britenbaum, zerzaust Privilegierte und weckt Frühlingsstimmung in der Middle Class. Sie hofft, ihren Aufstieg, der in der Zeit Viktorias I. begonnen hat, in der Zeit Eduards VII. zügig fortsetzen zu können.

Unter den Whigs sind noch Männer von gestern und schon Männer von heute. Earl Rosebery, der die Peerswürde erbte und durch Heirat mit einer Rothschild steinreich wurde, vertritt die Veteranen, die auf den Vorrechten der Aristokraten beharren und Freiheit als Freihandel interpretieren. Edward Grey, der Außenminister, wird erst 1916 als Viscount in die vierte Adelsklasse erhoben. Premierminister Henry Campbell-Bannerman kommt aus einer schottischen Kaufmannsfamilie, und Schatzkanzler Herbert Asquith, Sohn eines Webers und gelernter Anwalt, ist ein Intellektueller, der sich seine Sporen als Mitarbeiter des »Spectator« und »Economist« verdiente.

Ein kommender Mann ist Handelsminister David Lloyd George. Der Lehrersohn walisischer Abstammung verfolgt Ziele der Zukunft – eine Sozialgesetzgebung für die kleinen, höhere Steuern für die reichen Leute wie eine Schwächung des Oberhauses – und kommt ihnen mit zeitgemäßen, agitatorischen, demagogischen Methoden Schritt für Schritt näher. Als er 1890 mit siebenundzwanzig Jahren für die Liberalen ins Unterhaus gewählt wurde, rief er aus: »Die Tories sind sich noch nicht klar darüber, daß der Tag des Mannes aus dem Cottage endlich angebrochen ist.« Als Schatzkanzler erklärt der Sechsundvierzigjährige vor viertausend Arbeitern in London: Es sei höchste Zeit, »für die Alten und würdigen Armen«, für die unteren

Schichten insgesamt zu sorgen und dafür die großen Kapital- und Grundvermögen zu belasten: »Kein Land, wie reich es auch sei, kann es sich auf die Dauer leisten, daß seine Einkünfte unter einer Klasse aufgeteilt werden, die es ablehnt, eine Pflicht zu erfüllen, der nachzukommen von Anfang an ihre Aufgabe gewesen wäre.«

David Lloyd George, »ein Kind des Volkes«, der linke Flügelmann der Liberalen Partei, wird von dem im Familienschloß Blenheim Palace geborenen Winston Churchill unterstützt, der sich davon Vorteile erhofft: Der Liberalismus sei »die Sache der Millionen, die am Rande stehen«, der Staat – erklärt er 1906 – müsse als ein »Reservearbeitgeber« für die Arbeiterschaft einspringen, Mindestlöhne einführen und Verstaatlichungen, zunächst der Eisenbahnen, ins Auge fassen.

Zur Linksüberholung der Linksliberalen setzt die Arbeiterbewegung an. Im neuen Unterhaus sitzen bereits 53 ihrer Abgeordneten. Im Jahre 1900 schlossen sich Gewerkschaften und sozialistische Gruppen zum Labour Representation Committee zusammen, das sich seit 1906 Labour Party nennt, die zunächst – pragmatisch und reformerisch – mit der liberalen Mehrheit stimmt und sich der Sozial- und Gewerkschaftsgesetzgebung widmet.

Parteivorsitzender ist Keir Hardie, der von ganz unten kam, aus einer Hütte im Kohlenrevier des schottischen Lanarkshire, in der die Eltern mit ihren neun Kindern in einem einzigen Raum zusammengepfercht waren. Kaum Sieben, mußte er, als Laufbursche einer Bäckerei, zum Lebensunterhalt der Familie beitragen. Als Organisator der schottischen Bergarbeiterschaft begann Keir Hardie seine politische Laufbahn, die ihn 1892 als ersten und einzigen sozialistischen Abgeordneten ins Unterhaus brachte. Er saß auf einer Hinterbank, nicht wie alle anderen im schwarzen Gehrock, sondern im Tweedanzug, und fiel durch seine Zwischenrufe auf. Als ein Tory die Arbeitslosen als Arbeitsscheue bezeichnete, hielt er ihm entgegen, daß man wirkliche Arbeitsscheue jeden Tag auf der Rotten Row im Hyde Park sehen könnte, freilich nicht in Lumpen, sondern mit Zylinder und Gamaschen.

Der britische Sozialistenführer Keir Hardie

Als Vorsitzender der 1893 gegründeten Independent Labour Party distanzierte sich Keir Hardie zwar vom Marxismus, bekannte sich aber zum Klassenkampf und zur Schaffung von Gemeineigentum. Als sich die ILP im Jahre 1900 mit Gewerkschaften zusammentat, die mehr an einer Erhöhung ihrer Löhne als an sozialistischen Prinzipien interessiert waren, begann Keir Hardie vom Radikalismus abzurücken. Weiter entfernte sich Ramsay McDonald, der Mitbegründer der Independent Labour Party und ab 1911 Vorsitzender der Labour-Fraktion. Als Geschäftsführer des Labour Representation Committee schloß er mit den Liberalen ein Wahlbündnis.

So siegte 1906 mit der Liberalen Partei auch die Arbeiterbewegung. John Burns, ein kämpferischer Gewerkschaftler, der bei seinen Streikaufrufen eine rote Fahne geschwungen hatte, erhielt – als Vorsitzender des Local Government Board – als erster Arbeiter einen Kabinettsrang. Von nun an ließen sich Labour-Politiker, wenn es um Sachfragen ging, nicht durch ideologische Grundsätze davon abhalten, gemeinsam mit bürgerlichen oder adeligen Liberalen zweckmäßige Lösungen zu suchen. Französischen Radikalen ging dies gegen den Strich. »Die englische Arbeiterklasse«, konstatierte Georges Clemenceau, »ist eine Bourgeoisklasse.«

Nicht durch Revolution, sondern auf parlamentarischem Wege zu Reformen und über sie eines Tages zur Übernahme der Regierungsmacht zu gelangen, nimmt sich die englische Arbeiterbewegung vor. Sie baut auf die Abnahme der oberen und die Zunahme der unteren Schichten, ihrem Wählerreservoir. Diese Aussicht ruft Kritiker auf den Plan, die befürchten, daß in einer Massendemokratie die Freiheit durch die Gleichheit aufgehoben und in einer Fraternité von Egalisierten und Nivellierten untergehen könnte.

Beruhen die klassischen Vorstellungen von Demokratie und deren positive Resultate nicht darauf, daß selbständige und selbstverantwortliche Staatsbürger, der Volkssouverän, in freier Wahl seine Regierungen bestimmt und sie auch abwählt, wenn sie nicht seinen Erwartungen entsprechen? Nun aber meinen Kritiker feststellen zu können, würde Rationalität durch Irrationalität verdrängt, nehme die Zahl der Unselbständigen und Unverantwortlichen zu, bestehe die Gefahr, daß sich die Masse durch Herdeninstinkt leiten und durch Demagogen verführen ließe, die freiheitliche und parlamentarische Demokratie im Zeichen des Demos auf dem Prüfstand des 20. Jahrhunderts nicht bestehen könnte.

In der »Sociological Review« seziert der Chirurg Dr. Wilfred Trotter Verhaltensweisen des Massenmenschen. Sie würden von der dunklen Macht des Unbewußten bestimmt, die »keine Individualität, keine Willensfreiheit und keine Selbstbeherrschung« erlaube, in ihrem Irrationalismus zum Kollektivismus führe: »Man braucht nur wenig Vorstellungskraft, um zu begreifen, wie groß die Wahrscheinlichkeit ist, daß sich der Mensch schließlich als eine Fehlentwicklung der Natur erweist.«

»Die Menschen«, bemerkt Leonard Trelawney Hobhouse in »Democracy and Reaction«, hätten keine Zeit mehr zum Nachdenken, und sie würden es selbst dann nicht tun, wenn sie die Zeit dazu fänden. Ihre Ansichten spiegelten die populären Pamphlete und die Schlagzeilen der Sensationspresse wider: »Es ist zwecklos, an diese neue Öffentlichkeit der Straße und der Straßenbahnen mit Begriffen der Vernunft zu appellieren.«

Mensch, Gesellschaft und Staat funktionierten nicht mehr

richtig, meint Hobhouse. Der liberale Minister und Diplomat James Bryce stimmt ihm zu. In seiner Vortragsreihe »Hindrances to Good Citizenship« beklagt er, daß die demokratische Realität sich nicht mehr mit der demokratischen Theorie decke. Zwar habe sich die Zahl der Menschen, die lesen und schreiben könnten, in den letzten siebzig Jahren um das Zwanzigfache erhöht, doch »der Prozentsatz derjenigen, die beim Wählen nachdenken, hat weder mit der Erziehung des Volkes noch mit der Ausdehnung des Wahlrechts Schritt gehalten«. So sei der Glaube des 19. Jahrhunderts an den Fortschritt durch Volksherrschaft und Volksregierung »enttäuscht« worden.

»Ob es in Zukunft noch weitere Fortschritte geben wird, ist zweifelhaft und ungewiß«, meint der liberale Politiker Charles Masterman in seinem 1909 erschienenen Buch »The Condition of England«. Von allen Illusionen, denen man sich zu Beginn des 20. Jahrhunderts hingegeben habe, »ist die der Sicherheit die vielleicht erstaunlichste«. Denn »ungeheure Werkzeuge der Vernichtung« besitze eine Zivilisation, die nicht genügend Selbstkontrolle aufbringe und in der »der materielle Fortschritt die moralische Weiterentwicklung übertroffen hat«.

Die alte Werteordnung ist nicht nur überholt worden. Sie wird in der neuen Zeit erschüttert, die nicht mehr Viktoria I., sondern Eduard VII. respräsentiert.

»Eine Anhäufung von Torheiten«

Queen Viktoria »herrschte durch die schiere Stärke ihres Charakters«, rief ihr Premierminister Salisbury im Oberhaus nach, und im Unterhaus erklärte Schatzkanzler Balfour, er habe stets die Geduld bewundert, die es ihr dreiundsechzig Jahre lang ermöglicht habe, »ohne Unterbrechung ihren Teil zur Regierung dieses großen Reiches beizutragen«.

Noch am Tage ihres Todes häuften sich auf ihrem Schreibtisch die Schriftstücke, als säße sie immer noch da, um zu lesen und zu unterschreiben, was die Minister ihr vorlegten. Manchem widersprach sie, vieles akzeptierte sie nicht ohne inneren Vorbehalt, aber im allgemeinen hielt sie sich an die Spielregeln der parlamentarischen Monarchie. Viktoria übte sich in den Kardinaltugenden Klugheit, Mäßigung und Gerechtigkeit, augenfällig verkörperte sie jedoch jene Sekundärtugenden, die als spezifisch bürgerlich und typisch viktorianisch angesehen waren: Anständigkeit und Ordentlichkeit, Tüchtigkeit und Sparsamkeit.

»I will be good«, der feste Vorsatz, ein guter Mensch zu werden und zu bleiben, wurde ein Leitspruch ihres Lebens. »Ich will jeden Tag Gott bitten, daß er mir hilft, mich zu bessern«, schrieb sie in ihr Tagebuch. Ohne Glauben an Gott und Vertrauen auf Gott sei Sittlichkeit weder im Einzelleben noch im Gemeinschaftsleben möglich. Unglaube verleite »zu Ungehorsam gegenüber Staat und Elternhaus«; eine Nation ohne Religion und damit ohne Moral gleiche einem Haus, »das auf losen Sand gebaut ist«.

Viktoria wie ihre Anhänger sahen England auf festen Grund gebaut, weil sie sich nach den Zehn Geboten richteten und die bürgerlichen Tugenden pflegten und damit die Hilfe und den Segen Gottes erlangt hätten. »So hat er es mit keinem anderen Volk getan«, zitierte der Kanzelredner Edwin Paxton Hood ein Bibelwort und bezeichnete das Britische Reich »als die wunderbarste Schöpfung auf der ganzen Welt«. Ein Puritaner war ohnehin der Meinung, daß Gott von Anbeginn das britische als das erste und beste Volk im Erdenrund auserwählt habe. Als Engländer geboren zu werden, als Engländer zu sterben und dazwischen an den durch göttlichen Ratschluß und mit eigener Rechtschaffenheit erreichten Errungenschaften teilzuhaben, erschien als höchstes Glück eines Erdenbürgers. Schon Schulkinder lernten es auswendig:

»I thank the goodness and the grace
Which on my birth have smiled
And made me in these Christian days
A happy English child.«

Puritaner unterstrichen im Dekalog das Sechste Gebot: »Du sollst nicht ehebrechen« und neigten dazu, das Verbot auf geschlechtliche Gedanken, Worte und Werke schlechthin auszudehnen. »Die sexuelle Moral ist der Kernpunkt jeder Moral. Sie garantiert die Grundregeln des Menschenrechts, der Ehre und der Gerechtigkeit in der wichtigsten aller menschlichen Beziehungen«, dozierte Dr. Elisabeth Blackwell, die erste Ärztin, die in England praktizieren durfte. Alle Ausschweifungen – schon innerhalb und erst recht außerhalb der Ehe – seien gefährlich, weil sie »die Lebenskraft verringern« und – wie die Geschichte zeige – zum Untergang auch der vitalsten Reiche führen würden.

Über Geschlechtliches sollte nicht einmal geredet werden. Selbst medizinische Fachzeitschriften enthielten kaum Studien über Sexualverhalten. Heranwachsende wurden nicht aufgeklärt, selbst Erwachsene nicht über Geschlechtskrankheiten und Verhütungsmittel informiert. Was das puritanische Gewissen beruhigte, kam nicht unbedingt dem Gedeihen des Empire zustatten. In Indien, berichtete Rudyard Kipling, lagen ständig 9000 britische Soldaten, an die fünf Prozent der dortigen Armee, mit Geschlechtskrankheiten in den Lazaretten, weil sie nicht über Vorbeugungsmaßnahmen belehrt worden waren.

So kam es, daß »Prüderie« ein Synonym für »Viktorianisch« wurde. Auch hierin war Viktoria die Repräsentantin des nach ihr benannten Zeitalters. Sie duldete nicht die geringste Zweideutigkeit. Die Frau, welche die Ehe für eine von Gott gestiftete und dem Eigenwohl wie dem Gemeinnutz dienliche Institution hielt, war ihrem Albert eine ergebene Gattin gewesen und konnte sich nie damit abfinden, daß sie ihn allzu früh verloren hatte. Sie konnte es nicht verstehen, daß eine Witwe oder ein Witwer sich überhaupt wieder und rasch verheirateten, und mochte es nicht verzeihen, wenn Frauen oder Männer aus ihrer Ehe ausbrachen.

Geschiedene wollte sie nicht an ihrem Hof sehen. Die Königin war überzeugt, daß eine Person, die sich im Privatleben unsittlich benahm, für eine verantwortungsbewußte Behandlung öffentlicher Angelegenheiten nicht geeignet sei; Sir Charles

Dilke, der überdies zum Republikanismus neigte, mußte eine hoffnungsvoll begonnene politische Karriere aufgeben, nachdem er des Ehebruchs überführt worden war.

Die Familie galt ihr als Fundament der Gesellschaft und des Staates, Kinderreichtum als ein Segen für alle. Ihren neun Kindern versuchte sie eine treusorgende Mutter zu sein, was ihr bei dem einen oder anderen nicht leicht fiel, vor allem beim ältesten Sohn Bertie, der vom Victorian way of life schon frühzeitig abwich.

In ihrem Tagebuch gestand sie sich mitunter ein, daß sie bei allen Bemühungen, ein besserer Mensch zu werden, »beklagenswert unvollkommen« bliebe. Diese Offenheit ehrte sie, weniger das Bestreben, sich in der Öffentlichkeit so hinzustellen, als sei sie der Vollkommenheit schon sehr nahe gekommen, dem hochgesteckten Ziel, als Inbegriff viktorianischer Tugend und viktorianischer Haltung zu gelten. Damit war die Königin nicht allzu weit entfernt von jenen Untertanen, die sich vorsagten: »Wahret den Schein, und im übrigen tut, was euch gefällt!«

»Cant« ist das englische Wort für »Scheinheiligkeit« und ein Ausdruck einer nicht nur von Ausländern gerügten Heuchelei im viktorianischen England. Von Weltmission wird geredet und Weltherrschaft gemeint, egoistische Bestrebungen werden mit altruistischen Bekundungen getarnt, und je höher man das Sittengesetz hängt, umso mehr hält man sich unten Raum für ein Durchschlüpfen offen.

Auf zwölf unverheiratete Frauen käme nur eine, »die vom Weg der Tugend abgewichen« sei, wird behauptet. In einem einzigen Jahr werden 42 000 Kinder unehelich geboren. In London schätzt die Polizei die Zahl der Prostituierten auf 9 000, Sittenwächter sprechen bis zu 80 000. Unter der Hand werden pornographische Bestseller vertrieben. Der englische Verleger von Émile Zolas übersetzten Romanen wird zu Geldstrafen und Haft verurteilt. Aber wer Lust dazu hat und es sich leisten kann, überquert den Kanal, um in Paris die Nanas aus Fleisch und Blut aufzusuchen.

Im intimen Bereich war Viktoria weder verklemmt noch zimperlich. Am Hof wurde geklatscht, daß sie ihren Albert zu seinen ehelichen Pflichten gedrängt habe. Historiker vermuteten in ihr »eine stark sinnliche Persönlichkeit«. Sie soll männliche Akte gezeichnet und erworben haben, ihrem Mann eine einschlägige Zeichnung von William Mulready geschenkt haben, der seine Bilder unter dem Motto verkaufte: »Laß sie heimlich Lust erregen.«

Den viktorianischen Schein zu wahren, war für die Repräsentantin ihrer Zeit noch notwendiger als für ihre Zeitgenossen. An ihrer Ikone begann jedoch Farbe abzublättern. Gerüchte verdichteten sich, daß sie, ihres langen Witwendaseins überdrüssig, ein Verhältnis mit ihrem Reitknecht John Brown begonnen habe. Sie selbst schien den stattlichen Mann nur als Stütze einer alternden Frau betrachtet, als »mir treu ergebenen persönlichen Diener und treuen Freund« geschätzt zu haben. Außenstehende wie William Morris, der Dichter, Maler und Sozialist, mokierten sich über die »Kaiserin Brown«. Der Schriftsteller James Joyce, der als Ire der englischen Königin nicht grün war, giftete in seinem Roman »Ulysses« »über die Alte mit dem Schnurrbart auf der Lippe, stockbesoffen in ihrem königlichen Palast jede Nacht, die Gott werden ließ, die olle Vic, von ihrem Pöttchen Schottenwhisky, und ihr Kutscher mußte sie jedesmal aufsammeln«.

Derartiges hatte Viktoria nicht verdient. Ihr Verhältnis zu John Brown konnte nicht einmal als platonisch bezeichnet werden; es war und blieb eine Beziehung zwischen einer Vorgesetzten, die sich einsam fühlte, und einem Untergebenen, der sich einfühlsam nach ihr richtete. Schon dies genügte, um mit dem Ansehen ihrer Person jenes der Monarchie zu beeinträchtigen. Nachdem sie 1901 verschieden war, hielt es ihr Sohn Eduard für angezeigt, in den Schlössern der Mutter alle Spuren des bereits 1883 verstorbenen Brown zu verwischen. Die Wohnung des Dieners in Windsor wurde in einen Billardsaal umgewandelt, und die Statue, die ihm die dankbare Herrin bei Schloß Balmoral errichtet hatte, in ein Dickicht versetzt.

Der Bildersturm war ein Treppenwitz. Um das Dekorum

zeigte sich ausgerechnet Eduard VII. besorgt, der als Sohn die Ermahnungen der Mutter in den Wind geschlagen, als Mann dem viktorianischen Sittenkodex in aller Öffentlichkeit zuwidergehandelt hatte und als König mit dem moralischen das monarchische Erbe Viktorias aufs Spiel setzte.

Als Prince of Wales hatte er sein Pläsir nicht nur in Paris, sondern auch in England gesucht und gefunden, und damit Anstoß nicht nur bei seiner Mutter erregt. Von seinen Frauengeschichten sprach tout London, offen mit Entrüstung und insgeheim nicht ohne Genugtuung, daß es im Königsschloß auch nicht anders zuging wie in so manchem Adelspalast und Bürgerhaus. Der seit 1863 mit Alexandra von Dänemark verheiratete Ehemann und Vater von sechs Kindern leistete sich einen Seitensprung nach dem anderen. Im Scheidungsprozeß Mordaunt wurde er – wie es die Juristensprache verklausulierte – als »Ko-Respondent« vor Gericht zitiert. Seine Passion für Frauen, Ladies wie Midinetten, beeinträchtigte seine Gesundheit; man munkelte von einer Geschlechtskrankheit. Seine Spielleidenschaft kostete ihm Geld und Renommee; Anfang der neunziger Jahre war er in den Baccarat-Skandal, einen Betrug beim Kartenspiel, verwickelt gewesen.

Monarchisten, die annahmen, daß es sich bei den Eskapaden um Fehltritte eines noch nicht an die Kandare herrscherlicher Pflichten genommenen Kronprinzen handelte, und hofften, daß er als König die Hohe Schule eines Regenten beherrschen würde, wurden enttäuscht. Eduard VII. beläßt es weitgehend bei der Zurschaustellung der Monarchie durch einen Monarchen, der seine Rolls-Royces den Pferdekutschen vorzieht, als Modezar agiert, die von ihm kreierte Herrenmode als Mannequin vorführt, den Homburg als Kopfbedeckung bei nichtformalen Anlässen und die Bügelfalten an den Hosen einführt, die er bei Reise- und Schlafanzügen seitlich anbringen läßt.

Der Sechzigjährige ist untersetzt und beleibt, weshalb er den unteren Knopf an der Weste offen läßt, was ein Muß für alle Gentlemen wird. Ergraut und zunehmend unbeweglich, hat der Frauenliebhaber kürzer zu treten, doch dieser »König Lustig«

kann eine Maitresse en titre berufen: Mrs. Alice Keppel, die südländisches Temperament mit englischer Eleganz vereint. Mr. George Keppel hätte die Ehre, der Gemahl der Favoritin zu sein, mehr geschätzt, wenn sie nicht mit höheren Geldausgaben verbunden gewesen und er gezwungen worden wäre, sich standeswidrigen doch einträglichen Handelsgeschäften zu widmen. So kann Mrs. Keppel in mit Diamanten übersäten Roben, mit oder ohne Ehemann, im königlichen Schloß Sandringham erscheinen, wo Königin Alexandra sie neben sich duldet, oder beim Herzog von Devonshire auf Chatsworth-Castle, wo sie, wie Prinzessin Daisy von Pless erzählt, mit dem König allein in einem separaten Zimmer Bridge spielt.

Nur ein Erzkonservativer wie Lord Salisbury, dessen Tage gezählt sind, wagt es, mit dem König nur die Königin und nicht auch die Mätresse auf seinen Landsitz Hatfield einzuladen. Mrs. Keppel läßt sich an jenem Wochenende bei Lord Lytton im nahen Knebworth nieder. Die Gesellschaft in Hatfield – wie der österreichische Botschafter Graf Albert von Mensdorff berichtet – läßt es sich nicht nehmen, nach Knebworth zum Tee zu kommen, »natürlich weil Favorita dort ist«.

In der High Society und bald schon in der Middle Class gibt man sich immer weniger Mühe, den Anschein zu wahren, daß man sich – worauf man unter Viktoria bedacht blieb – an überkommene Sittennormen halte. Das liegt nicht allein am Beispiel, das Eduard gibt, sondern vor allem am Brüchigwerden der alten Werteordnung und nicht zuletzt an den sich wandelnden Auffassungen über die Stellung der Frau wie der Einstellung zur Sexualität. Das Patriarchat in Familie, Gesellschaft und Staat wird von einer Bewegung herausgefordert, welche die Emanzipation der Frau, die Gleichberechtigung der Geschlechter und eine Neueinschätzung des Geschlechtlichen anvisiert.

Im Jahre 1882 stellte sich der Schriftsteller Sir Walter Besant ein England der Zukunft vor, in dem die überlieferte Rollenverteilung auf den Kopf gestellt ist: Allein die Frauen haben Anspruch auf höhere Bildung, demokratisches Wahlrecht und öffentliche Ämter, währen die Männer, zu ihren Heloten geworden, in Haus und Hof beschäftigt werden. Erschreckt von dieser Aussicht, kehrte der Viktorianer in seiner Fabel »The Revolt of Man« das Verhältnis wieder um: Eine schöne und intelligente Frau, die es zur Ministerin der Majestät gebracht hat, heiratet ihren aufbegehrenden Liebhaber und fügt sich in die überkommene, vom Mann für natürlich gehaltene Ordnung.

Diese wird nicht allein von Frauen in einer Zeit, in der so viel von Menschenrechten die Rede ist, für antiquiert und wenn schon nicht für abbruchreif, so doch für reparaturbedürftig gehalten. Nach dem Erbrecht aus dem 16. Jahrhundert kann in England eine Frau zwar Königin werden, aber eine Ehefrau besitzt noch im 19. Jahrhundert nur eingeschränkte Rechte. Verheiratete haben im Familienheim für Mann und Kinder zu sorgen, ärmere Unverheiratete müssen sich als Hausbedienstete, Fabrikarbeiterinnen und Büroangestellte verdingen. Frauen wird eine bessere Ausbildung verwehrt, das aktive wie passive Wahlrecht vorenthalten; gehobene Positionen in der Gesellschaft wie Ämter in Gemeinde und Staat bleiben ihnen verschlossen.

In der Theorie – zunächst von fortschrittlichen Männern wie dem Philosophen John Stuart Mill – wird Gleichberechtigung und Gleichbehandlung der Frauen gefordert und ihr in der Praxis in kleinen und kleinsten Schritten nähergekommen. Gesetze wie »Married Womens Property Acts« von 1882 und 1893 verbessern die Rechtsstellung der Ehefrauen. Seit den siebziger Jahren sind Studentinnen an Universitäten zu finden; in Cambridge werden sie ab 1881 zu Prüfungen zugelassen. 1900 sind im englischen Ärzteregister 258 Ärztinnen eingetragen.

Erst nach dem Übergang vom »Victorianism« zum »Edwardism« nehmen mit dem Verlangen nach geschlechtlicher Freizügigkeit die Forderungen nach gesellschaftlicher und politischer Emanzipation zu. Feministinnen setzen zum Sturm auf die von Männern am hartnäckigsten verteidigte Bastion ihrer Privilegien an: das Stimmrecht und damit das Mitwirkungsrecht im demokratischen Staatswesen. Noch 1889 war ein in der Zeitschrift »The Nineteenth Century« veröffentlichter »Aufruf gegen das Frauenwahlrecht« von 104 Frauen unterzeichnet worden, darunter der Schriftstellerin Mrs. Humphry Ward, die zwar für eine freiere Geistesrichtung und Religionsausübung eintrat, aber sich – um die »wahre Würde« und die besonderen Tugenden der Frau wie »Mitgefühl und Uneigennützigkeit« nicht preiszugeben – gegen deren Beteiligung an politischen Auseinandersetzungen wandte.

Davor scheuten Suffragetten nicht zurück, die nach der Jahrhundertwende für das Suffragium, das staatsbürgerliche Stimmrecht, auf die Straße gehen. Sie belagern das Parlament, dringen in das Hohe Haus ein, ketten sich am Geländer der Ladies Gallery an, unterbrechen Sitzungen, attackieren Abgeordnete und Minister. Refugien der Männer wie Rennbahntribünen und Kricketpavillons werden angezündet, für frauenfeindlich angesehene Bilder in der National Gallery zerfetzt und Gottesdienste in der St. Pauls-Kathedrale gestört. Das Ziel wird erst 1918 auf legalem Weg erreicht, nach dem Ersten Weltkrieg, in dem die Frauen kaum weniger als die Männer gefordert waren.

Im ersten Jahrzehnt des 20. Jahrhunderts war der Konflikt um das Frauenwahlrecht zum Kampf der Geschlechter eskaliert. Gegen »diese Xanthippen, diese geschlechtslosen Mannweiber« wetterte ein Prediger von der Kanzel. Als im Dezember 1908 in eine Versammlung Lloyd Georges, der sein Wahlversprechen nicht hielt, enttäuschte Frauenrechtlerinnen stürmten, benahmen sich die Saalordner, wie der »Manchester Guardian« berichtete, »wie wahnsinnig vor Wut, stürzten sich auf die Frauen und warfen sie mit einer Brutalität hinaus, die dem Beobachter Übelkeit verursachte; sie stießen sie gegen die Sitze, warfen sie die Stufen hinunter und schleiften sie an den Haaren hinaus«. Angesichts des »Aufloderns der Feindschaft« erschrak der Schriftsteller H. G. Wells; er führte sie bei den Frauen auf »Rachsucht« gegen die Unterdrücker und bei den Männern auf Angst vor der Einbuße der Überlegenheit zurück.

Ein Modemaler des Viktorianismus, Sir Lawrence Alma-Tadema, zeigte Frauen so, wie sie der Empire-Mann sehen und haben wollte: in römischem, farbensattem und überreifem Milieu, lasziv bekleidet oder nackt, als Objekte des Luxus und der Lust. Aubrey Beardsley, der mit seinen Graphiken in der Zeitschrift »The Yellow Book« die englische Variante des Jugendstils mitschuf, zeichnete das weibliche als ein dämonisches, männervernichtendes Geschlecht. Seine Belinda in den Illustrationen zu »The Rape of the Lock« von Alexander Pope ist eine Amazone, die lauter als ein Mann zu den Waffen ruft und sie entschiedener einsetzt. Seine Venus der Titelillustration zu Richard Wagners »Tannhäuser« erwartet den Mann, um ihn zu verwirren und zu zerbrechen. Aubrey Beardsleys Graphik zu Oscar Wildes »Salomé«, auf der die Titelheldin den abgeschlagenen Kopf des Johannes betrachtet, ist mit »The Climax« überschrieben.

Oscar Wilde schrieb Anfang der neunziger Jahre »Salomé« in französischer Sprache, als fehlten ihm im Englischen die Worte, am Fin-de-siècle das auszudrücken, was Charles Baudelaire, der Dichter der »Fleurs du mal, das »Phosphoreszieren der Fäulnis« nannte. In Englisch erschien die »Tragedy in one Act« 1894 mit einer von Aubrey Beardsley geschaffenen Titelseite, auf der eine Frau mit entblößter Brust und Scham und mit Teufelshörnern zu sehen war.

Sein Ebenbild mochte der sich hemmungslosem, ästhetisch stilisiertem Lebensgenuß hingebende Oscar Wilde in der Titelfigur seines Romans »Das Bildnis des Dorian Gray« gesehen haben. Der Dekadente gelangt, angesichts der abstoßenden Veränderungen an seinem gemalten Charakterbild, zu der bereits von Charles Baudelaire gefundenen Einsicht: »L'horreur de la vie est l'exstase de la vie«. Dorian Gray zerstört das Porträt, das ihm gezeigt hatte, was aus ihm geworden war, und sich selbst.

Der 1890 erschienene Roman der Selbstzerstörung eines Menschen, der sich befreit von moralischen Bindungen wähnte, schockierte Spätviktorianer. Indessen konnten sie nicht umhin, Wildes Salonkomödien wie »Lady Windermeres Fächer« oder »Ein idealer Gatte« amüsant zu finden, wobei sie, geblendet vom Feuerwerk seiner Wortspiele, die Kritik an ihrer Gesellschaft übersahen.

Anstoß erregten allerdings Wildes zynische Bonmots wie:

»Der gesunde Menschenverstand der Engländer, das ist die erbliche Dummheit der Rasse… Glauben ist schrecklich langweilig, Zweifeln bereichert einen glänzend… Die Moralität ist eine Haltung, die wir gegenüber den Menschen einnehmen, die wir nicht mögen… Er hat nicht ein einziges Laster, das ihn entschuldigen würde.« Eines seiner Laster entschuldigte die viktorianische Gesellschaft nicht: Wegen einer homosexuellen Beziehung wurde

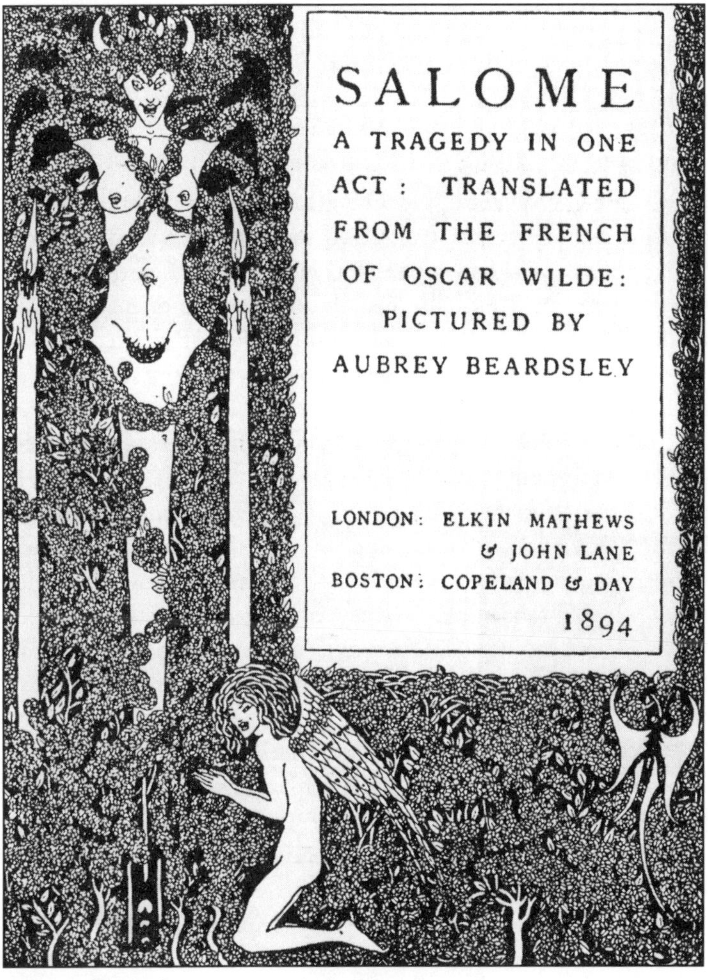

Titelseite von Oscar Wildes »Salome« 1894

Oscar Wilde zu einer zweijährigen Zuchthausstrafe verurteilt, die er in Reading verbüßte, wo er hinter Gittern sein Bekenntnisbuch »De profundis« schrieb.

»Ich wurde zum Verschwender meines eigenen Genies und fand absonderliches Wohlgefallen daran, eine ewige Jugend zu vergeuden. Müde, auf den Höhen zu wandeln, stieg ich aus freien Stücken in die Tiefen und fahndete nach neuen Reizen. Was mir das Paradoxe in der Sphäre des Denkens war, wurde mir das Perverse im Bereich der Leidenschaft«, bilanzierte Oscar Wilde. »Ich verlor die Herrschaft über mich. Ich war nicht mehr der Steuermann meiner Seele und wußte es nicht.«

Als gebrochener Mann starb Wilde am 30. November 1900 in Paris – zu Beginn des Jahrhunderts, dessen Schicksal, wie er zu ahnen schien, seinem eigenen gleichen könnte. Waren im Bild der Jahrhundertwende nicht ähnliche Verfallserscheinungen zu bemerken, wie sie Dorian Gray an seinem Porträt wahrnahm? Im Todesjahr Oscar Wildes, meinte der Dichter William Butler Yeats, sei das viktorianische Zeitalter besiegt worden. Wer aber hatte gesiegt, würde weiterhin siegen? War es der Sozialismus, wie es die Arbeiter hofften und – aber nur für einen Augenblick – auch Oscar Wilde? In seiner Schrift »The Soul of Man under Socialism« neigte er zu der Auffassung gewisser Theoretiker, daß es in seiner sozialistischen Gesellschaft »natürlich weder Autorität noch Zwang« geben werde. Nach einigem Nachdenken kam er jedoch zu dem Schluß: Wenn der Staat alle wirtschaftliche Macht an sich gerissen habe, »wenn wir also eine industrielle Tyrannei haben, dann ist das Los der Menschen im letzteren Fall noch schlimmer als im jetzigen«, in dem die Wirtschaftsmacht in vielen privaten Händen liege.

»Er ist in seinen sozialen Ideen schrecklich altmodisch und konventionell«, sagte Aubrey Beardsley über Oscar Wilde und gab sich der Hoffnung hin, daß George Bernard Shaw in dieser Hinsicht zeitgemäß und zukunftsweisend sein würde. Dieser enttäuschte ihn nicht als sozialistischer Agitator, wohl aber als Dramatiker: Shaws Schauspiele seien »Zeitungsartikel mit verteilten Rollen«.

Der protestantische Ire George Bernard Shaw geht mit Zwanzig nach London, wo er sich als Büroschreiber, Klavierspieler und Journalist mühsam durchschlägt, einer Protestbewegung gegen die Besitzenden und Herrschenden anschließt. Die Fabian Society, in der bürgerliche Intellektuelle den Ton angeben, erstrebt soziale Reformen auf evolutionärem Wege. Der Name der Gesellschaft ist Programm: Er erinnert an den Römer Fabius, der wegen seiner hinhaltenden Kriegführung gegen Hannibal Cunctator, der Zögerer, genannt wurde. Marxisten, von denen sich die Fabianer distanzieren, sehen in diesen akademische Zauderer und politische Blindgänger. Auch für Shaw, der im Lesesaal des Britischen Museums »Das Kapital« von Karl Marx studiert hat, scheint es zu langsam voranzugehen. Im Hyde Park tritt er als sozialistischer Agitator auf, und seine ersten Theaterstücke gleichen in der Tat Leitartikeln, in denen der Kapitalismus angeprangert und Sozialismus gepredigt wird.

»Der Schurke ist die Gesellschaft«, die kritisierte gegenwärtige, nicht die anvisierte künftige, lautet das Leitwort der 1892 im Londoner »Independent Theatre« aufgeführten Komödie »Die Häuser des Herrn Sartorius«. Das 1893 entstandene, ebenfalls um 1890 in England spielende Bühnenstück »Frau Warrens Gewerbe« kann erst 1902 in London in geschlossener Gesellschaft über die Bretter gehen; die Hauptfigur ist eine Bordellmutter, das Hauptthema die Entlarvung bürgerlicher Moralisten als Heuchler.

In seinen »Unpleasant Plays« rückt George Bernard Shaw von Erscheinungen des 19. Jahrhunderts ab und nimmt Entwicklungen des 20. Jahrhunderts vorweg. In »Major Barbara« (1905) wird gezeigt, wie ein Industriekapitän durch einen sozialpolitischen Kurs den Sozialisten Wind aus den Segeln nimmt. Wurde in »Der Mann des Schicksals« (1895) noch Napoleon I. entheroisiert, so wird in »Man and Superman« (1903) der Übermensch beschworen, der – strotzend vor Lebenskraft und mit unbändigem Machtwillen – die Hochform des Menschseins anstrebt, die, wie Shaw schließlich annimmt, von Diktatoren der ersten Hälfte des 20. Jahrhunderts erreicht wird.

Noch weiter nach vorn blickt Herbert George Wells in seinen Zukunftsromanen. Das Anbrechen des neuen Jahrhunderts, von dem auch er sich Fortschritt über Fortschritt verspricht, kann er kaum erwarten. Aber je näher es rückt, desto weiter rückt er von seinen Hoffnungen ab und ergeht sich in pessimistischen Voraussagen.

Die Megapolis mit Hochhäusern und Verkehrschaos sieht H.G. Wells in »Wenn der Schläfer erwacht« voraus, eine nahe Zukunft, »in der alles größer, schneller, gedrängter« sein würde, die menschlichen Beziehungen sich lockerten und die sozialen Probleme sich verschärften. Bis in die fernste Zukunft reist er mit der »Zeitmaschine« (1895), in das Jahr 802701, in dem anscheinend paradiesisch lebende »Oberweltler« zu Opfern der schuftenden »Unterweltler« geworden sind.

»Voller Schmerz« denkt der Zeitreisende daran, »wie kurz der Traum der menschlichen Intelligenz gewesen war. Sie hatte Selbstmord begangen. Sie hatte unbeirrt nach Bequemlichkeit und Mühelosigkeit gestrebt, nach einer ausgewogenen Gesellschaft mit Sicherheit und Dauerhaftigkeit als Parole, sie hatte ihre gesteckten Ziele erreicht«, dabei jedoch übersehen, daß ohne ständige Beantwortung von Herausforderungen der Fortschritt zum Stillstand kommen und sich in das Gegenteil verkehren könnte. »Infolge ihrer zu vollkommenen Sicherheit« seien die »Oberweltler« degeneriert und die »Unterweltler« zu »rein mechanisch ausgeübter Arbeit« abgesunken.

Der Zeitreisende, der mit Endresultaten der Weiter- und Höherentwicklung, woran Zeitgenossen der Jahrhundertwende glaubten, konfrontiert wurde, hielt nicht mehr »sehr viel von dem sogenannten Fortschritt der Menschheit und sah in den wachsenden Errungenschaften der Zivilisation nur eine Anhäufung von Torheiten, die unweigerlich auf ihre Schöpfer zurückfallen und sie am Ende vernichten würden«.

P A R I S

Die große Fortschrittsschau

»Ich eröffne das kommende Jahrhundert«, in dem sich das »Bedürfnis nach Wahrheit und Gerechtigkeit durchsetzen wird, auf der Grundlage der Wissenschaft, die den Traum rechtfertigt« – den Wunsch nach einer besseren Welt.

Émile Zola blickt optimistisch in die Zukunft. Die Gründe glaubt er in Paris vor Augen zu haben. Auf der Weltausstellung 1900 werden Errungenschaften des ablaufenden Jahrhunderts präsentiert und in das anbrechende Jahrhundert gesetzte Erwartungen demonstriert. Der Schriftsteller hat in zwanzig Bänden mit dem Roman der Familie »Rougon-Macquart« eine Geschichte des vergehenden Säkulums geschrieben. Im Augenblick legt er Feder und Papier zur Seite, greift zu einem Photoapparat, um die »Exposition universelle« in Momentaufnahmen auf Zelluloidrollfilm festzuhalten.

»Die Menschheit, vom Fortschritt geführt, die in die Zukunft schreitet, das Herkommen mit Füßen tretend« – diese Hoffnung versinnbildlicht eine zehn Meter hohe Statue. Gedacht wird nicht des Jahres 1900 nach der Geburt Christi, des Heilandes der an ihn glaubenden Menschen. Gefeiert wird eine Entwicklung, welche die Menschheit weit vorangebracht hat und noch weiter voranzubringen verspricht.

»Jetzt erst wird der Mensch seiner selbst, seiner Stellung und seiner Kraft bewußt«, lautet ein zeitgenössischer Kommentar; »jetzt erst erkennt er seine großen Aufgaben und nimmt deren Verwirklichung in die Hand. Unendlich groß sind die Errungenschaften der Wissenschaft und der Technik im 19. Jahrhundert: Dampfschiff, Eisenbahn, Telegraph, Telephon, Elektrizität als Licht- und Kraftquelle, Spektral-Analyse, Übertragung der Kraft, Entdeckung des Äthers, Röntgenstrahlen, die erstaunlichen Fortschritte der Chemie und des Maschinenwesens, Phonograph, Kinematograph, drahtlose Telegraphie und wie die Erfindungen und Entdeckungen alle heißen mögen – es sind für ein Jahrhundert so viele, um mehrere Jahrhunderte damit versehen zu können.«

Die Weltausstellung in Paris, die den Fortschritt feiert, ist zugleich eine Nationalausstellung Frankreichs, das sich unter diesen Auspizien erst recht für die Grande Nation hält, die Großes in den modernen Wissenschaften geleistet hat und noch Größeres zu vollbringen verspricht. Französische Namen sind auf der Ruhmestafel mit großen Lettern verzeichnet: Henri-Antoine Becquerel, der die Radioaktivität des Urans fand und maß. Marie und Pierre Curie, die Entdecker der radioaktiven Elemente Radium und Polonium. René Laënnec und Jean Couveilhier, die sich auf den Gebieten der Pathologie und Anatomie auszeichneten. Jean-Martin Charcot, der die Kenntnis der Nervenleiden vertiefte und seine Erkenntnisse an den Österreicher Sigmund Freud weitergab.

Im 1888 in Paris eröffneten »Institut Pasteur« – nicht auf einem Friedhof oder in einer Kirche – liegt seit 1895 der Chemiker Louis Pasteur begraben. Mit Schutzimpfungen gegen Hühnercholera und Schweinerotlauf nützte er der Bakteriologie wie der Nationalökonomie; er entwickelte Methoden zur Vermeidung von Zersetzungsprozessen in Flüssigkeiten, erfand das »Pasteurisieren«. Als Erforscher und Bekämpfer von Infektionskrankheiten diente er der Menschheit und steigerte das Ansehen seines Landes als Laboratorium des Progressismus.

Nicht allein Franzosen meinen, daß die Weltausstellung, die Abschlußbilanz des 19. und die Eröffnungsbilanz des 20. Jahrhunderts, nirgendwo besser am Platze sei als in Paris. Die Hauptstadt Frankreichs gilt als Metropole der Zivilisation, in der alle Strömungen der Vergangenheit zusammenlaufen, von der viele Impulse für die Zukunft ausgehen, und die in der Gegenwart das Verlangen nach dem Verweilen weckt. Viele sind davon überzeugt, daß alles, jedenfalls das meiste, was Zeitge-

Das Ehepaar Curie
im Labor

nossen lieben, woran sie glauben und worauf sie hoffen, mit der Französischen Revolution von 1789 begonnen habe, die Ideen von »Freiheit, Gleichheit und Brüderlichkeit« den Motor der Moderne angeworfen hätten.

So erschien es recht und billig gewesen zu sein, daß in der Stadt des Bastillesturms zur Jahrhundertfeier der Großen Revolution auf der Weltausstellung 1889 das großartigste Fortschrittsdenkmal erstand, wobei dessen negative Folgen verdrängt wurden. Der Eiffelturm – so sein Konstrukteur Gustave Eiffel – sollte »die Kunst des Ingenieurs« demonstrieren, »das Jahrhundert der Industrie und der Wissenschaft« symbolisieren und der Revolution von 1789, von der »die große wissenschaftliche Strömung« ausgegangen sei, die Dankbarkeit Frankreichs erweisen.

Den Turmbau von Babel hatte der Gott der Bibel verhindert, der Turmbau von Paris stieg 300,51 Meter in den Himmel, ließ die Cheopspyramide wie den Petersdom weit unter sich, erhob sich als Triumphzeichen der Technik über der Stadt und dem Erdkreis. Der Eiffelturm galt am Ende des 19. Jahrhunderts als Wegweiser in das 20. Jahrhundert, von dessen Gigantomanie er übertrumpft und als Markstein des Mittelalters der Moderne am Wege des Fortschritts zurückgelassen wurde.

Noch war Eisen das Material, mit dem man die Zukunft zu bauen gedachte. Der Turm »kommt zu seiner Zeit, am Vorabend des 20. Jahrhunderts, um das Zeitalter des Eisens, in das wir eintreten, zu symbolisieren«, schrieb Jules Simon im »Guide officiel de la Tour Eiffel«. Der Schriftsteller Eugène-Melchior de Vogüé fuhr zur obersten Plattform hinauf, schaute auf die Steintürme von Notre-Dame herab und meinte den Eisengiganten hinunter rufen zu hören: »Alte verlassene Türme, auf euch zählt man nicht mehr... Ich stelle die universelle, durch Berechnung bezwungene Kraft dar... Seht ihr denn nicht, daß die Welt den Pol gewechselt hat, daß sie sich um eine eiserne Achse dreht?«

Aus 7000 Tonnen Eisen, 15000 Einzelstücken und 2 1/2 Millionen Nieten, nach 1700 Plänen und 3629 Zeichnungen, auf denen 18038 verschiedene Teile detailliert waren, konstruierte Eiffel seinen Turm. »Frankreich«, erklärte er, »wird das

Die Pariser Weltausstellung 1900:
Das Haupttor und die Hallen
auf den Champs Elysée

einzige Land sein, dessen Fahne auf einem 300 Meter hohen Mast weht.« Nachts erschien er als Leuchtturm, der Weltkindern den Weg in die Weltstadt wies. Siebzig Kilometer weit ließ ein elektrischer Drehapparat sein Licht erstrahlen, abwechselnd rot, weiß und blau, in den Farben der Nation, die sich mehr denn je für die aufgeklärteste des Erdenrundes hielt.

Der Eiffelturm wurde nicht von allen Franzosen für das Nonplusultra gehalten. Vergebens hatten sich Vertreter der Kulturstadt – darunter der Schriftsteller Guy de Maupassant und der Komponist Charles Gounod – als »leidenschaftliche Liebhaber der bis jetzt unversehrten Schönheit von Paris« gegen die »Säule aus verschraubtem Blech« gewehrt, das Monstrum, das sich über die »edelsten Monumente« erhob.

Wer zur Turmhöhe auffuhr, konnte – wie Simon – auf der zu seinen Füßen ausgebreiteten Ebene »die Vergangenheit enden und die Zukunft in Erfüllung gehen« sehen, und – wie de Vogüé – erkennen, daß »das Leben dort unten« sich schneller als bisher bewegte: »Die Passanten laufen und laufen, indem sie Schritt vor Schritt wie Automaten setzen.«

Den Fortschritt im Laufschritt bewunderten 1953112, im Tagesdurchschnitt 11800 Personen, die 1889 vom Eiffelturm auf die Weltausstellung herabblickten. Elf Jahre später war die Fortschrittsschau mit 222 statt 95 Hektar Ausstellungsfläche weit größer geworden, und die Besucherzahl hatte sich von 32 auf 48 Millionen erhöht. Doch auf den Eiffelturm fuhren nur noch 1017281, 48 Prozent weniger Personen. Auf der »Exposition universelle« des Jahres 1900, in der fortgeschrittenen Zeit, die immer schneller, immer weiter und immer höher kommen, stets neues haben wollte, war das Eisenskelett nicht mehr die Hauptattraktion.

»Eisen ist ein Mittel und wird niemals ein Prinzip sein«, erklärte Charles Garnier, der die Grand-Opéra, das größte Opernhaus der Welt gebaut und sie für die Kathedrale seiner Zeit gehalten hatte. Ein Prinzip war im 19. Jahrhundert eher der Dampf gewesen, im 20. Jahrhundert ersetzt durch die Elektrizität, jenem »Feuer von höchster irdischer Glut«, das ein erfolgreicher Prometheus vom Himmel auf die Erde gebracht hatte, damit der Mensch – wie ein Zeitgenosse triumphierte – »alle Naturkräfte, die Wasserfälle, die Gezeiten des Meeres, die Winde, die Wärme der Sonne« sich dienstbar mache.

Der Elektrizitätspalast ist die Hauptattraktion der Weltausstellung 1900. Der Romancier Émile Zola photographiert, der Kirchenhistoriker Ludwig von Pastor beschreibt das »Palais de l'Électricité« mit seiner Lichtfülle, den Kaskaden und Springbrunnen, »deren glühende Farben fast alle Minuten wechselten«. Die ganze Ausstellung stehe im Zeichen der Elektrizität: »Das riesige Gebiet war durch Bogenlampen und unzählige Glühlichter feenhaft erleuchtet.«

Deswegen lohnt sich der Blick vom Eiffelturm weiterhin. »Myriaden von Lichtern füllten die Tiefe des Abgrunds, zeichneten merkwürdige Sternbilder, die sich am Horizont mit denen des himmlischen Gewölbes vereinten«, schwärmte ein Zeitgenosse. »Man könnte von einem umgekehrten Firmament sprechen, welches das andere mit einem viel größeren Reichtum an Sternen fortsetzt.«

Jetzt erst ist Paris zur »Ville lumière« geworden.

In einem irdischen Paradies glauben Besucher der »Exposition universelle« zu wandeln. Als dessen Schöpfer werden Wissenschaft, Technik und Industrie bewundert und gepriesen. Eine Weltausstellung ist nach landläufiger Definition vornehmlich eine Darstellung der gewerblichen Tätigkeit der Länder »durch Vorführung der in dem vertretenen Gebiet erzeugten Produkte und ausgeübten Verfahren«. Diese werden en gros und en détail vorgeführt.

Die Nationen – 40 sind vertreten – wetteifern darin, das Dasein mit Neuerungen zu vervollkommnen. Die Deutschen verweisen auf ihre Dynamos, die Russen auf die Transsibirische Eisenbahn, die Nordamerikaner sonnen sich noch an der Glühbirne, die ihr Thomas Edison erfunden hat, und schicken sich schon zu neuen Taten an. Ein deutscher Kommentator, »der die kraftvolle Stellung Deutschlands« hervorhebt, blickt nicht ohne Neid auf den »mit enormen Geldmitteln gestützten Fortschritt der USA, die bereits auf dem europäischen Kontinent selbst tonangebend geworden waren«.

Indessen erinnern die Franzosen mit dem Riesengeschütz von Schneider-Creusot daran, daß der mit dem Fortschritt erstrebte Frieden keineswegs gesichert ist. Der zivilisatorische Wettbewerb ist auch ein industrieller Wettstreit auf dem Weltmarkt, die Weltausstellung auch eine Weltarena des wirtschaftlichen Konkurrenzkampfes wie des militärischen Rüstungswettlaufes. Selbst die zwischen dem 25. Mai und 3. Oktober 1900 veranstalteten 105 internationalen Kongresse vermögen nicht darüber hinwegzutäuschen, daß die gemeinsam dem Progressismus huldigenden Nationen vieles, was Menschen wie Staaten voneinander trennt, nicht hinter sich gelassen haben.

In den Industriepalästen sind Produkte der Industrienationen ausgestellt, in der »Straße der Nationen« verweisen Staaten auf ihre Vergangenheit, die sie beim Marsch in die Zukunft nicht aus den Augen verlieren wollen. Im Deutschen Haus fragt Ludwig von Pastor nach dem Schreibtisch Friedrichs II. und wird vom preußischen Kustos angeschnauzt: »Sie meinen wohl Friedrich den Großen!« Die Exponate der Berliner Porzellanmanufaktur, die mit der Zeit Schritt zu halten suchen, findet der Historiker Pastor »prunkhaft, protzig, aber ohne Geschmack«, wilhelminisch eben.

Die Spanier, die nicht mit technischen Hochleistungen brillieren können, zeigen den Thron Karls V., in dessen Reich die Sonne nicht untergegangen war. Die Franzosen haben aus Kirchen in Museen gewanderte Kunstschätze zusammengetragen und suchen ihre Spitzenstellung in der modernen Malerei und Bildhauerei zu beweisen, ohne Ludwig von Pastor zu beeindrucken: »Überall ein Suchen und Tasten nach Neuem und ein gänzlicher Mangel an einheitlicher Lebensanschauung.«

Heimweh nach der alten, einer beschaulicheren und gemütlicheren Zeit hat auch Gestalter der Weltausstellung erfaßt. Das Deutsche Haus scheint aus Alt-Nürnberg an die Seine versetzt worden zu sein. Alt-Paris, das Städtebauer zerstörten, ist von Nostalgikern im Zuckerbäckerstil rekonstruiert worden:

mit gotischen Türmchen, spitzen Helmdächern und engen Gassen, in denen man die schöne Esmeralda oder den häßlichen Quasimodo wiederzusehen vermeint.

In der »Straße von Paris« wird auch ein Eigenheim der Zukunft gezeigt. »Dieses Häuschen«, in »Die Pariser Weltausstellung in Wort und Bild« beschrieben, »steht... buchstäblich Kopf; d.h. sein Dach mit den Schornsteinen und Türmchen streckt sich auf der Erde hin, während sein Fundament gen Himmel ragt«. Auch alles andere im »Manoir à l'envers« ist »verkehrt herum«, »Fenster, Türen, Balkons, Galerien, Gesimse, Verzierungen und Inschriften«, selbst das Zifferblatt der Uhr. Sollte damit angedeutet werden, daß in der Welt von morgen das Unterste zuoberst gekehrt werden würde? »Die Idee ist jedenfalls originell«, meint der deutsche Betrachter, der wie die aber Millionen Besucher auf der Weltausstellung Neuartiges wie Herkömmliches bestaunt und genießt.

Die Besichtigung ist mit Strapazen verbunden, als sollte nicht in Vergessenheit geraten, daß ohne Schweiß weder der Preis der Errungenschaften noch deren Beobachtung zu haben sei. Die »Exposition universelle« erstreckt sich über weite Teile der Weltstadt Paris: vom Marsfeld über den Pont d'Jéna zum Trocadéro, an der Seine entlang, auf der Esplanade des Invalides und über den neuen Pont Alexandre III zu den für die Weltausstellung 1900 errichteten »Kunstpalästen«, dem Grand Palais und Petit Palais. Im abgelegenen Bois de Vincennes werden »Apparate und Maschinen« gezeigt, die »wegen üblen Geruchs, wegen ihrer Gefährlichkeit und ähnlichen Gründen von der Hauptausstellung fernzuhalten waren«.

Um die Besichtigung zu erleichtern und zugleich einen weiteren Fortschritt kundzutun, ist der »Trottoir roulant«, ein sich mit einer Geschwindigkeit von vier bis acht Kilometern in der Stunde bewegender rollender Bürgersteig, eingerichtet worden. Der Cours de Vincennes ist mit der im Jahre 1900 in Betrieb genommenen Linie Eins der Métro zu erreichen, die, unterirdisch geführt und elektrisch betrieben, den Westen mit dem Osten der Stadt verbindet. Die Passagiere, die nach unten gestiegen sind,

15 Centimes für die Zweite und 25 Centimes für die Erste Klasse bezahlt haben, hasten zu den rasch aufeinanderfolgenden Zügen, durch Wege, die einem Labyrinth gleichen und doch in geplanten Bahnen verlaufen. Die Menschenmenge wird durch Eisengeländer in Schranken gehalten, durch nur von einer Seite zu passierenden Drehkreuzen daran gehindert, gegen den Strom anzugehen, von automatisch sich schließenden Pforten davon abgehalten, im allerletzten Moment noch den abfahrenden Zug erreichen zu wollen, und davor bewahrt, zwischen die sich abrupt schließenden Waggontüren zu geraten.

Nicht schnell genug kann es Zeitgenossen der Jahrhundertwende gehen. Schon bewegen sie sich in Automobilen und fahren mit ihnen – 1903 – um die Wette von Paris nach Madrid. Bereits auf der ersten Etappe passieren Unfälle, wobei Marcel Renault getötet wird. »Selbst das Sterben wird banal«, klagt die Zeitung »Gaulois«. »Das Feld der Ehre wird einfach ein Feld, auf dem, aus Liebe zu ihrer Marke, Menschen ihren Geist aufgeben, die unter angemessenen Umständen das Vaterland mit ihrem erhabenen Tod erhöht haben würden.«

Die Möglichkeiten zu sterben, wenn auch nicht unbedingt für die Ehre der Nation, werden vielfältiger. 1901 fliegt Alberto Santos-Dumont mit seinem Luftschiff von Saint-Cloud zum Eiffelturm und zurück. 1909 überquert Louis Blériot mit einem selbstgebautem Eindecker als erster – in 27 Minuten und 20 Sekunden – den Ärmelkanal, und der Comte de Lambert kreist mit seiner Luftmaschine hundert Meter über dem Eiffelturm.

Die Vision von Jules Verne wird Wirklichkeit, eine »Reise um die Welt in 80 Tagen« bleibt nicht Science Fiction. Immer schneller, weiter und höher bewegen sich die Menschen. Immer rascher ziehen die Bilder an ihnen vorüber, und schon beginnen die Bilder selber zu laufen.

Der Cinématograph von Louis-Jean Lumière macht es möglich. Auf der Leinwand, berichtete ein Augenzeuge der Premiere am 28. Dezember 1895, »bewegte sich ein Pferd, das einen Lieferwagen zog, auf uns zu, gefolgt von anderen Wagen, dann von Fußgängern, kurz, von dem ganzen Getriebe der

Straße«. Zehn Filme mit einer Laufzeit von ein bis zwei Minuten wurden vorgeführt. Die Zuschauer wichen erschreckt zurück, als Meereswellen auf die zurollten, und »als eine Mauer in einer Wolke von Staub zusammenstürzte«.

»Wenn diese Apparate der Öffentlichkeit übergeben worden sind«, kommentierte die Zeitung »La Poste«, »wenn jedermann diejenigen photographieren kann, die ihm teuer sind, und zwar nicht mehr in unbeweglichem Zustand, sondern in Bewegung, in Aktion, mit ihren vertrauten Gesten, mit dem Wort noch auf den Lippen – dann wird der Tod aufhören, unumschränkt zu sein.«

Den Lorbeer der Unsterblichkeit hält die Göttin des Fortschritts hoch. Sie stürmt auf einem von vier Rossen gezogenen Wagen in die Zukunft. Die Figurenwand ist am Grand Palais angebracht, den Champs-Elysées zugewandt, die mehr denn je als Avenue du Progrès gilt. Sie scheint nun über die Ruhmesfelder der Grande Nation hinaus in eine Welt der Seeligen, in das himmlische Gefilde einer freien, gleichen und brüderlich vereinten Menschheit zu führen.

Belle Epoque

»Ich liebe mit ganzem Herzen die Horizonte der großen Stadt«, bekannte Émile Zola. »Die von der Sonne beschienenen Boulevards wimmeln von Menschen, die Plätze strotzen von Grün. Und je nachdem, ob ein Sonnenstrahl Paris erhellt oder ein trüber Himmel es träumen läßt, hat die Stadt unterschiedliche Gemütsbewegungen, gleicht sie einem Gedicht der Freude oder der Melancholie. Die Kunst, hier ist sie, um uns her.«

Paris, das Gesamtkunstwerk, ist für nicht wenige das faszinierendste Exponat der Weltausstellung 1900. »Alles eilet, alles rennet nach dem herrlichen Paris. Wer die Stadt noch nicht kennet, der weiß nichts vom Paradies.« So singt und klingt es in Jacques Offenbachs Operette »La Vie Parisienne«, und Völkerscharen strömen herbei, um im Pariser Leben aufzublühen.

Am Seine - Ufer

Endstationen vieler Sehnsüchte sind die Bahnhöfe von Paris, in denen pausenlos Züge einfahren und Menschen aus aller Herren Länder in das Rom der Moderne und das Athen Europas bringen. Vielversprechend sind schon die Eingangspforten. An die Propyläen erinnert der neo-klassizistische Nordbahnhof, dessen Fassade freilich nicht die ihr gebührende Beachtung findet, weil es die Ankommenden stante pede in das Stadtgetriebe hineinzieht.

Die Boulevards sind Bühnen, auf denen nie der Vorhang fällt. Die Kulissen sind Häuserfronten mit hohen Fenstern und schmalen Balkonen, darüber schiefergraue Dächer, in die Kamine wie Federn gesteckt sind. Auf den breiten Trottoirs, unter Platanen und Laternen, zwischen Zeitungskiosken und Reklamesäulen wird permanent »La Vie Parisienne« gespielt. Die Actricen tragen lange Kleider, die sie beim Promenieren ein wenig raffen, um unter dem Knistern der seidenen Unterröcke deren Spitzensäume hervorblitzen zu lassen. Die Akteure mit Zylindern und Melonen verbergen unter den eleganten Schnitten der Gehröcke ihre Embonpoints (Körperfülle). Statisten sind Gendarmen in Kragenmänteln, Soldaten mit roten Hosen und Straßenkehrer in blauen Blusen.

Logenplätze sind die Korbstühle auf den Café-Terrrassen, auf denen sich Einheimische wie Fremde sehr gern niederlassen. Deutsche Besucher instruiert das rechtzeitig zur Weltausstellung erschienene »Handbuch für Reisende« von Karl Baedeker: »Auf den Boulevards ist es höchst unterhaltend, vom sicheren Sitz aus die vorüberflutende Menge zu beobachten, doch halte man sich in Damenbegleitung in der Nähe des Opernplatzes auf; denn auf der Nordseite des Boulevard Montmartre ist die Gesellschaft mehr oder weniger stark gemischt.«

Der Flaneur läßt die Revue behaglich an sich vorüberziehen, der Passagier eines Pferdeomnibusses sie etwas schneller, doch immer noch gemächlich genug, an sich vorbeigleiten. »Für zwei oder drei Sous«, erinnerte sich der deutsche Schriftsteller Wilhelm Hauenstein, »hatte man auf der Impériale des Omnibus, die Aufmerksamkeit zwischen den Mädchen der Boulevards und den Kruppen der drei Schimmel vor dem rollenden Kasten teilend, die Strecke Madeleine – Bastille abgefahren, und es war das reine Vergnügen gewesen.«

Die Promenade war bei ungünstiger Witterung zu Fuß in den Passagen fortzusetzen, den Abzweigungen der Boulevards, den Nebenbühnen der Hauptbühne. »Unter den von Reflexen flirrenden Glasscheiben lag blendendes Licht, eine flutende Helligkeit«, notierte Émile Zola. »Und die Buntheit der Auslagen, das Gold der Juweliere, die Kristallgläser der Konditoreien, die hellen Seidenstoffe der Modegeschäfte glitzerten hinter den klaren Schaufensterscheiben im grellen Schein der Reflektoren.« Inzwischen sind die Passagen etwas aus der Mode gekommen, und auch Émile Zola begibt sich lieber in das »Paradies der Damen«, in eines der neuen Kaufhäuser, die den überdachten Ladenstraßen die Schau und das Geschäft stehlen: »Die Kundschaft bewegte sich frei unter den kühnen Bogen weitgespannter Binder; das war die Kathedrale des modernen Handels.«

Moderne Schlösser sind die Grandhotels, in denen Besucher absteigen, die es sich leisten können und es sich schuldig zu sein meinen. In sie braucht man nicht hineingeboren zu sein, man kann sich einmieten in die Marmorhallen, Wintergärten und Himmelbetten, salutiert von wie Generäle uniformierten Portiers, bekocht von Meistern der Haute Cuisine, bedient von Kellnern im Frack und verwöhnt von Dienstmädchen mit weißen Schürzchen und Häubchen.

Das schickste Restaurant ist das »Maxim«, das zur Jahrhundertwende im Stil des »Art nouveau« renoviert wurde. Stammgast ist Edward, Prince of Wales, der jede Gelegenheit beim Schopf packt, um der strengen Mutter, der Queen Viktoria, den englischen Frauen im allgemeinen und dem englischen Essen im besonderen zu entfliehen. Ein französischer Gourmet wie der Marquis de Rougé zieht das »Larue« vor, wo seine Bestellung wie ein Befehl entgegengenommen wird: »Ich möchte zum Hauptgang eine Ente nach Art von Rouen, die rosa gebraten sein muß, Monsieur. Sie sollen die Filets in kleine Streifen schneiden, über das Ganze ein wenig Salz und Pfeffer geben; Sie sollen das Gerippe auspressen und die Filets mit dem eigenen Saft des Vogels ehrerbietig begießen. So servieren Sie mir dann das Gericht, sehr warm, wenn ich bitten darf. Sie plazieren neben mich eine Flasche Musigny 1884 oder 1885, und dann lassen Sie mich ganz allein das Mahl zelebrieren.«

Auch in Bistros und selbst in den preiswerten »Bouillons Duval« kommt man auf seine Kosten und kann dem Deutsch-Pariser Heinrich Heine zustimmen: Die Franzosen sorgen »für die größten Bedürfnisse der menschlichen Gesellschaft, für gutes Essen und bürgerliche Gleichheit«. Zum vollen Genuß des ersten kann freilich nur gelangen, wer die Frage Jean-Jacques Rousseaus positiv zu beantworten vermag: »Was ist Glück? Ein entsprechendes Vermögen, eine gute Köchin und eine gesunde Verdauung.«

Egalité ist versprochen, aber natürliche wie gesellschaftliche Ungleichheiten sind nicht beseitigt. Auch republikanische Notabeln speisen lieber mit ihresgleichen. Im Jahre 1899 lädt Ministerpräsident Waldeck-Rousseau die 22000 Bürgermeister Frankreichs zu einem Bankett ein. Dem Gleichheitsideal näher wird 1905 das von der Zeitung »Le Matin« organisierte Massenbankett auf dem Marsfeld kommen: 40000 Bürger, die pro Gedeck 3 Franc 50 bezahlt haben, erhalten reellen Gegenwert: Hors d'œuvres, Schinken und Würste, Hähnchen, Hammelkeulen, Gemüse, drei verschiedene Käse, Gebäck und Obst, Kaffee und Liköre, weißen Burgunder, roten Bordeaux und Champagner.

Das Massenzeitalter beginnt, aber Rangunterschiede bleiben erhalten. Zum Ausdruck kommt dies in der Grand-Opéra, deren Bau im Zweiten Kaiserreich begonnen und in der Dritten Republik vollendet wurde. Die dem Empereur vorbehaltene Kutschenauffahrt wird vom Präsidenten nicht benutzt. Im allgemeinen hält man sich an die Hierarchie: in den Logen für die großen und den Rängen für die kleinen Bürger, dem nur Abonnenten zugänglichen »Foyer de la Danse« und dem »Foyer du Public«, in dem der Bourgeois Cercle, Empfang, hält, sich in den Spiegeln bewundert, in einem Milieu – Pomp in Marmor, Üppigkeit in Plüsch, Protz in Gold und Silber –, in dem er sich wohlfühlt, in einem Mixtum compositum aus griechischen Säulen, römischen Bogen und barocken Kuppeln, das er für die ureigene Schöpfung seiner Welt, der kreativsten aller Welten zu halten geneigt ist.

In der Grand-Opéra wird vor wie auf der Bühne große Oper gespielt. Gardisten der Republik salutieren mit blanken Säbeln den Aufsteigern der Gesellschaft, den befrackten Herren und dekolletierten Damen, die den Escalier d'Honneur zu den ihnen gebührenden Rängen emporschreiten. Der Vorhang geht für Ausstattungsstücke wie »Robert le Diable« von Giacomo Meyerbeer oder »La Muette de Portici« von Daniel Auber auf, in denen die Kulisse für wichtiger als die Handlung gehalten wird und die Musik vor allem zur Unterstreichung großer Gesten zu dienen scheint.

Über ein halbes hundert Theater gibt es in Paris, dessen ganzes Leben bühnenreif ist. Man ergötzt sich an Stücken, in denen Laster als Vergnügen hingestellt werden, und erbaut sich an solchen, die dem nationalen Stolz schmeicheln.

Vierzig Vorhänge bekommt am 28. Dezember 1897 im »Théâtre-de-la-Porte-Saint-Martin« die Uraufführung des »Cyrano de Bergerac«, in dem Edmond Rostand in der Gestalt des Gascogners mit der langen Nase und dem weiten Herzen den Franzosen einen Spiegel vorhält, in dem sie von ihnen bevorzugte Eigenschaften erkennen und bewundern: Bravour und Esprit, Keckheit und Ritterlichkeit, Rationalität wie Sentimentalität.

Vom Erfolg getrieben, schritt Rostand von der Nationalkomödie zur Nationaltragödie weiter. Am 15. März 1900 wird im »Théâtre-Sarah-Bernhardt« »L'Aiglon« uraufgeführt. Die Republikaner, die mit Napoleon III. die Monarchie der Bonaparte abgeschafft haben, rührt das kurze Leben und traurige Sterben des Sohnes Napoleons I., der nicht Napoleon II. werden konnte und als Herzog von Reichstadt mit Einundzwanzig in Wien dahinging. Die Rolle des Jünglings spielt die sechsundfünfzigjährige Sarah Bernhardt, deren Bühnenkunst nach wie vor begeistert und deren Liebesaffären immer noch amüsieren.

Edmond Rostand – auch einer ihrer Amanten – geht vom Patriotismus des »Aiglon« zum Chauvinismus der »Chantecler« über. Das Franzosentum wird durch den gallischen Hahn versinnbildlicht, dessen stolzes Krähen – man schreibt bereits das Jahr 1910 – bald vom angriffslustigen Geschmetter der Clairons (Signalhörner) übertönt werden wird.

»Fin-de-siècle« heißt eine Komödie, die vor der Jahrhundertwende aufgeführt wird. Der Kehraus ist als Lustbarkeit inszeniert. Ein Walzer, den Maurice Ravel dazu liefert, entfernt sich indessen von der beschwingten Seligkeit eines Johann Strauß, nimmt den hektischen Rhythmus des 20. Jahrhunderts vorweg.

Ein Tanz auf dem Vulkan ist der Cancan, den die Danseuse Rigolboche den »Wahnsinn der Beine« nennt und über den sich ein deutsches Konversationslexikon entrüstet, weil er »mit allerlei mutwilligen, ins Unanständige und Unzüchtige ausartenden Ab-

Plakat der Folies Bergère

weichungen in Touren, Gebärden und Stellungen« von Tänzerinnen mit wirbelnden Röcken, rauschenden Dessous und schwarzbestrumpften Beinen vorgeführt wird – zum Vergnügen nicht allein der Pariser, sondern auch der Deutschen, die für Augenblicke das traute Heim und die züchtige Hausfrau hinter sich gelassen und sich in das Babel des Pläsirs hinein gewagt haben.

Eine Melange von Varieté und Revue bietet das »Folies Bergère«. Auf der Bühne sind Zauberkünstler und spärlich bekleidete Mädchen zu sehen, im Parkett sitzen Bourgeois, »lauter gutmütige, blöde Gesichter, die nur zum Glotzen hergekommen sind«, und in der Wandelhalle – so Maupassant in seinem Roman »Bel Ami« – mischen sich »die aufgeputzten käuflichen Schönen mit der dunkelgewandeten Menge der Männer«.

Noch gemischter ist die Gesellschaft im »Moulin Rouge«, wo das Amüsement rascher als jeder Windmühlenflügel in Fahrt kommt. Hier tanzen die Stars der Nacht: La Goulue, die beim Cancan ihre Beine höher als jede andere werfen kann, aber als »die Gefräßige« dick und fett werdend, sie bald nicht mehr hoch genug bringt und nur noch zum Bauchtanz in einer Schaubude taugt. Ausgestochen wurde sie von einer Konkurrentin, deren Auftritt ein Augenzeuge schildert: »Plötzlich entsteht inmitten der Menge ein saugender Strudel, eine Gestalt wächst empor: Jane Avril tanzt, biegt sich gazellenhaft, lässig, besessen, bleich und mager, rassig; sie wirbelt und dreht sich, schwerelos, ein biegsames Blumengebilde; Lautrec schreit vor Begeisterung.«

Henri de Toulouse-Lautrec ist Stammgast im »Moulin Rouge« und in anderen Nachtlokalen, in denen er mit verkrüppelter Gestalt und zwergenhafter Häßlichkeit wie ein Fremdkörper wirkt, jedoch als der zeichnende und malende Chronist des Lebens und Treibens auf dem Montmartre dessen berühmtester Habitué wird. Aus hohem Adel stammend, an dessen Vergnügungen der Behinderte sich nicht beteiligen kann und als Künstler nicht teilhaben mag, ist er in die Halbwelt der Bourgeoisie eingetaucht, wo der Hedonismus, der Lustgewinn als höchstes Lebensgut, bis zur Libertinage getrieben wird. Schon wird er, im angehenden Zeitalter der Massen, demokratisiert und nivelliert, in den Vergnügungsstätten der Unterschicht von Paris.

Das »Elysée-Montmartre« ist das berühmt-berüchtigste Tanzlokal. »Oh, oh, diese Montmartremädchen haben die Moral von Straßenkatzen«, klagt »Père Pudeur«, ein pro forma bestellter Anstandswauwau, gegenüber dem sich hier besonders wohlfühlenden Toulouse-Lautrec. »Sie meinen, ihnen gehöre das Lokal und sie könnten machen, was sie wollen. Ich sage Ihnen, Monsieur, was hier mitunter in den Ecken und auf den Toiletten vor sich geht, ist einfach haarsträubend.«

In den Café-Concerts – 49 werden in Paris gezählt – amüsiert sich ein sozial gemischtes Publikum, und in die Intellektuellenkabaretts zieht es auch Leute, die nicht zur Intelligenzschicht gehören, Bürgersmann und Bürgersfrau, die eine Gänsehaut bei der Berührung mit der Bohème bekommen und sich mit wohligem Schauder die Lieder anhören, in denen ihre Welt verhöhnt und verdammt wird. Im »Chat noir« wird der Eintretende vom Wirt beleidigt, von Kellnern im Ornat der Mitglieder der Académie Française unwirsch abgefertigt und von Diseuren mit Injurien gegen alles was dem Bourgeois heilig ist oder es jedenfalls sein sollte, einen Abend lang überschüttet.

Im »Mirliton« trägt Aristide Bruant volkstümliche Chansons vor und beschimpft die Gäste im Gassenjargon, »diesen Haufen von Idioten, die überhaupt nicht begreifen, was ich Ihnen singe, die es nicht begreifen können, weil sie nicht wissen, was ein Hungerleider ist, sie, die mit einem silbernen Löffel im Schnabel zur Welt gekommen sind! Ich räche mich, wenn ich sie beschimpfe und schlechter behandle als Hunde.« Ein Gast, ein General, schüttelt ihm beim Abschied die Hand: »Es war ein großartiger Abend, herzlichen Dank, es war das erstemal, daß ich – wenigstens offen – als alter Sack behandelt worden bin.«

»Montmartre – Salz der Erde, Nabel und Gehirn der Welt«, wie ihn der Patron des »Chat noir« preist, zieht tout Paris und zahlreiche seiner Besucher an, wie das Licht die Motten.

In vornehmen Quartieren von Paris gibt es noch Salons, in die sich Aristokraten – die Reste der Nobilität des Ancien régime und des verbliebenen Pseudoadels des Ersten und Zweiten Kaiserreiches – zurückgezogen haben und in die der eine oder andere Dandy einzudringen vermag. »Der Dandyismus tritt vornehmlich in Übergangszeiten, in denen die Demokratie noch nicht allmächtig und die Aristokratie erst halb erschüttert und heruntergekommen ist, in Erscheinung«, bemerkte Charles Baudelaire.

An der Jahrhundertwende ist die Aristokratie immer noch da, aber so mancher, der ihr angehört, gibt sich dem Dandyismus hin, der »für die letzte Verwirklichung des Heroismus in Zeiten des Verfalls« gehalten wird. Ein Dandy par excellence ist Graf Robert de Montesquiou-Fezensac, der nie ohne weiße Handschuhe und einem Stock mit goldenem Knauf erscheint, beim Duell Degen oder Pistole wählt, mit beißenden Bonmots und sogar mit literarischen Erzeugnissen zu glänzen sucht, wobei er sich – wie der Literaturhistoriker Henri Clouard bemerkt –, »jedes Wort einzeln von seinem Kammerdiener bringen ließ, um es uns von der Höhe seiner Verachtung vor die Füße zu werfen«.

Inzwischen ist die Demokratie vorangekommen, tritt jedoch im Liberalismus auf der Stelle, dessen Repräsentanten im Positiven als unternehmende, anständige und gebildete Bürger und im Negativen als kleinliche, engstirnige und verklemmte Bourgeois erscheinen. Jene werden die Schießscheibe der Vorkämpfer des Sozialismus, diese die Zielscheibe der Vorreiter eines neuen Lebens und einer neuen Kunst.

Ein extremer Bohemien ist Alfred Jarry, der in seinem »Ubu roi« den stupiden und brutalen Spießbürger karikiert, in einer dramatischen Farce, mit einer überaus derben Sprache und beißender Gesellschaftskritik, die Zeitgenossen aufrütteln sollen. Die Uraufführung am 11. Dezember 1896 im »Théâtre de l'Œuvre« endet in einem Skandal. Die der Provokation applaudierenden und die von ihr schockierten Zuschauer geraten sich in die Haare. Die einen begrüßen den Anfang vom Ende einer Epoche, der sie überdrüssig geworden sind, während andere, die mit ihr nicht unzufrieden gewesen sind, den Vorhang fallen sehen und Schlimmeres befürchten.

Am Fin-de-siècle verlangt es viele nach einem Dacapo all dessen, was das 19. Jahrhundert der Menschheit eingebracht hat. Am liebsten würden sie Paris, den Inbegriff ihrer Welt, wie auf den Bildern der Impressionisten in Schönheit still stehen lassen: Camille Pissarros Boulevards, die ins Unendliche zu führen scheinen, die Konzertcafés, Ballettsäle und Pferderennbahnen, in denen sich Edgar Degas umschaute, die Lokomotiven in der Gare Saint-Lazare, um die Claude Monet Aureolen aus Dampf malte, und seinen »14. Juli in der Rue Montorgueil«, in dem das pralle Leben in das stolze Blau-Weiß-Rot getaucht ist.

Die Impressionisten malen den Spätherbst einer Welt, deren goldener Überfluß noch einmal aufleuchtet, doch deren Farben zu verblassen und deren Formen zu verschwimmen beginnen. Ein großartiger Jahrhundertjahrgang geht zur Neige, die viele bis zum letzten Tropfen auszukosten suchen.

Das Fin-de-siècle wird gierig von Bonvivants und wehmütig von Poeten genossen, von denen die Décadence gleicherweise beklagt wie mitbewirkt wird, bis schließlich der Überdruß das Lustgefühl verdrängt und sie sich aus der verabscheuten Realwelt in eine erdichtete Traumwelt flüchten.

Die Passage Choiseul war eine Art Foyer des Theaters »Bouffes Parisiennes« gewesen, in dem Jacques Offenbachs »Orpheus in der Unterwelt« brillierte. Nun sind die Lichter verlöscht. In einer Wohnung der Passage verbringt der Schriftsteller Louis-Ferdinand Céline eine triste Jugend unter dem erblindeten Glasdach, durch das »die Sonne so dürftig in die Tiefe dringt, daß man sie mit einer Kerze verfinstert«. In dieser »unglaublich verpesteten Ecke«, in Haus Nummer 47, gab der Buchhändler Alphonse Lemerre die Zeitschrift »L'Art« heraus, ein Organ der Dichtergruppe der Parnassiens, die Kunst um der Kunst willen – L'art pour l'art« – pflegten, aus der Dekadenzstimmung zum Symbolismus fanden.

Arthur Rimbaud erleuchtete in den »Illuminations« nicht die Wirklichkeit, sondern verdunkelte sie geheimnisvoll. Stéphane Mallarmé löste Gegenständliches in Traumhaftes auf. Paul Verlaine ließ die Gegenwart hinter sich, zerbrach den herkömmlichen Versaufbau, durchbrach die gewohnte Daseinsform, suchte Erfüllung in einer erfühlten Idealwelt. Dort begegnete er einem anderen Aussteiger, Ludwig II. von Bayern, der sich seine Traumschlösser gebaut hatte. Der Dichter des mystischen Symbolismus bezeichnete den Märchenkönig als ein Opfer der »Science«, der modernen Wissenschaft, die sich »mörderisch für Poesie, Gesang, die Künste allesamt« erwiesen habe.

Dem Positivismus und Materialismus des 19. Jahrhunderts setzt Henri Bergson eine Lebensphilosophie für das 20. Jahrhundert entgegen. Sie gibt dem intuitiv zu Erfassenden den Vorrang vor dem exakt zu Ermittelnden. Eine Grundkraft des Lebens, der »Élan vital«, schaffe eine »Évolution créatrice«, die im Ringen mit der Materie und in der Überwindung des Materiellen immer neue Schöpfungen hervorbringe.

Diese Philosophie wird von Zeitgenossen aufgegriffen, die einen Weg aus der Morbidität zur Vitalität suchen. André Gide läßt die Lebensferne der literarischen Salons hinter sich, sucht das Leben in einem ungebundenen Dasein und findet ein neues Lebensgefühl im Reich des Sinnlichen. Das »Stirb und werde« wird von Paul Claudel anders erfahren: Er entdeckt den »Élan vital« in der asiatischen Kunst und gelangt zu der Einsicht, daß Gott das Alpha und Omega der »Évolution créatrice« ist.

»Bei meiner Ankunft auf der Erde fand ich eine Menschheit vor, die in den letzten Zügen lag, blindgläubig, Fetische anbetend, kaum imstande, Gut von Böse zu unterscheiden – und wenn ich sie verlasse, wird sie intelligent sein, aufgeklärt, neugeboren« – so läßt im Jahre 1900 Guillaume Apollinaire eine Romangestalt den Ausgangspunkt und das Wunschziel der Avantgarde markieren. In den ersten Reihen, neben den Schriftstellern, marschieren die Maler.

Die »Société des Artistes Indépendants« steht nicht nur Arrivierten offen. »Jeder Anfänger, dessen Gedanken dem Schönen und Guten zugewandt sind«, solle »völlige Schaffensfreiheit erhalten«, verkündet eines ihrer reüssierten Mitglieder, Henri Rousseau, der erst Angestellter des städtischen Zolldienstes war und dann eine Künstlerkarriere einschlug. Sein Gemälde

»Un soir de Carnaval«, das er 1886 im Handkarren zur ersten bedeutenden Ausstellung der »Indépendants« bringt, wird als Meilenstein in der Entwicklung der modernen Malerei angesehen: »Wie Picasso und Braque, Matisse und Delaunay«, bemerkt der Romanist Roger Shattuck, »arbeitete Rousseau nicht mit dem optischen Bild (einer rationalen Umformung dessen, was wir sehen), sondern mit seiner persönlichen Anschauung der Dinge.«

Im Jahre 1905 hängt Rousseaus »Le lion ayant faime« (Der hungrige Löwe) im Mittelsaal des Salon d'Automne neben Werken von Matisse, Derain, Braque, Vlaminck und Dufy. Ein Kritiker nennt den Hauptraum der Ausstellung einer neuen Künstlervereinigung spöttisch »Cage aux fauves« (Käfig der wilden Tiere). Die »Fauves« machen Furore mit ihren ausdrucksstarken Farben und kontrastierenden Flächen; sie schmissen dem Publikum einen Farbtopf ins Gesicht, meint ein Kritiker, und André Derain, ein »Wilder«, vergleicht die Farbtube mit einer Dynamitpatrone.

Schon erscheinen die Kubisten auf der Bildfläche, welche die Zentralansicht des Bildgegenstandes zugunsten dreidimensionaler Ansichten aufgeben, Formen in Kuben und Kegel zerlegen und sie nach neuen Gesichtspunkten zusammensetzen. »Wir erklären«, heißt es in einem kubistischen Manifest, »daß ein Porträt seinem Modell nicht gleichen darf. Alle Formen der Nachahmung sind zu verachten, alle Formen der Originalität zu glorifizieren. Man muß aufstehen gegen die Tyrannei der Worte ›Harmonie‹ und ›guter Geschmack‹.«

In der Ouvertüre des 20. Jahrhunderts klingen Leitmotive in Disharmonie wie Harmonie an. Paris bringt vieles hervor und hört sich alles an, läßt jeden nach seinem Geschmack leben und nach seiner Fasson selig werden: die Stadt – die wie schon der römische Kaiser Julian Apostata feststellte –, alles verstehe und alles verzeihe. Sie weiß die Avantgardisten zu würdigen und kann über Scharlatane lachen.

Im Montmartre-Kabarett »Lapin agile«, das nun anstelle des »Chat noir« en vogue ist, wird am Schwanz des Hausesels ein Pinsel befestigt, der von zwei Witzbolden in Farbkübel mit Rot und Blau getaucht wird; durch das Wedeln des Schwanzes wird eine Leinwand bemalt. Das »futuristische Bild« wird als »Sonnenuntergang über der Adria« bezeichnet und mit »Boronali«, dem Namen des angeblichen Hauptes der »exzessionistischen Schule«, signiert, im Salon der Indépendants ausgestellt – und von Kritikern sehr beachtet und viel gelobt.

Paris ist Schaubude wie Schaubühne der Moderne, für viele das Laboratorium des Modernismus, in dem ein Experiment auf das andere folgt und die Versuchsreihe Richtungsweisendes wie Fragwürdiges ergibt. Paris ist der Ort, »der denjenigen unter uns, die Kunst und Literatur des 20. Jahrhunderts kreieren wollten, angemessen war«, resümierte die Amerikanerin Gertrude Stein, für die der Montparnasse der neue Parnaß wurde. »Frankreich konnte zivilisiert sein, ohne daß es mit dem Gedanken an Fortschritt belastet gewesen wäre, es konnte an eine Zivilisation als solche und um ihrer selbst willen glauben, und deshalb war es der natürliche Schauplatz für diese Epoche.«

Aus aller Welt, vor allem aus Europa kamen sie auf das Versuchsfeld des Neuen: so aus Spanien Pablo Picasso, aus Italien Amedeo Modigliani, aus Rußland Marc Chagall, aus der Schweiz Le Corbusier, und auch unter den 24568 Deutschen, die 1901 unter den 2714068 Einwohnern von Paris gezählt wurden, waren Künstler und Schriftsteller. Die Vision Victor Hugos schien einer Verwirklichung näher gekommen zu sein: Eine neue Nation werde entstehen, und diese »Nation wird Paris zur Hauptstadt haben und sich keineswegs Frankreich nennen. Sie wird sich Europa nennen.«

Aus aller Herren Länder kamen nach wie vor die Bonvivants, die das Pariser Leben genießen wollten, das sich auf einer Bühne abspielte, unter deren Brettern sich Explosionsstoff ansammelte. Es kamen große und reiche Herren, die sich in ihren Chambres separées nicht nur sauwohl fühlten, sondern auch todsicher wähnten, und es nicht hören wollten, daß Draußengebliebene, die kein Verständnis für ein solches Herrenleben aufbrachten und eine andere Vorstellung von Herrschaftsaufgaben mitbrachten, fordernd an die Türen klopften.

Im Eldorado des Pläsiers amüsiert sich König Leopold II. von Belgien mit Stars der Demi-Monde, Emilienne d'Alençon und Cléo de Mérode. Im »Jardin de Paris« stößt La Goulue dem Prince of Wales und späteren König Eduard VII. von Großbritannien mit dem Tanzbein den Zylinder vom Kopf und ruft: »He, Wales, zahlst Du den Champagner?«

Noch sind sie in Champagnerlaune in der Lichterstadt Paris, in der Hauptstadt der Dritten Republik, einem Exerzierplatz der Demokratie. Hier üben sich die Kräfte, die bald Monarchie, Aristokratie und Bourgeoisie ausstechen werden.

Die Dritte Republik

Auf der Place de la Nation in Paris steht seit 1899 die Bronzegruppe »Der Triumph der Republik«. Zwei Löwen, die sich nicht als Fauves gebärden, sind als Zugtiere vor einen Wagen gespannt, auf dem Marianne, die Jakobinermütze auf dem Haupt und ein Rutenbündel in der Hand, durch eine gute Gegenwart in eine bessere Zukunft fährt. Ihr stürmt der »Fortschritt« voran, mit dem die »Gerechtigkeit« Schritt zu halten sucht, und der »Überfluß« verteilt seine Gaben.

Auf dem Platz der Nation ist das Schicksal Frankreichs symbolisiert. Vor der Französischen Revolution von 1789 hieß er Platz des Thrones, woran die Standbilder der Könige Ludwig des Heiligen und Philipp Augustus II. erinnern, die nach 1815 von der Restauration auf zwei dorische Säulen gestellt wurden. Auf dem Platz des umgestürzten Thrones, wie ihn die Jakobiner nannten, stand vom 13. Juni bis zum 28. Juli 1794 die meistbeschäftigte Guillotine von Paris.

Seit dem 14. Juli 1880, den die Dritte Republik zum Nationalfeiertag erklärte, heißt der ehemalige Schauplatz von monarchistischen Demonstrationen und revolutionären Aktionen

Place de la Nation. Mit dieser Namensgebung ist die Erwartung verbunden, daß aus dem bisherigen Imperfekt von »Freiheit, Gleichheit und Brüderlichkeit« ein Futurum werden wird.

Die Geburt der Dritten Republik war freilich so schwer gewesen, daß ihr niemand ein langes und gesundes Leben vorauszusagen gewagt hätte.

Am 4. September 1870 aus der Taufe gehoben, als die Deutschen Napoleon III., den zweiten Kaiser der Franzosen, geschlagen und gefangen hatten, war sie nach den Wehen eines unglücklich verlaufenen Krieges in die Welt gekommen und drohte sie bereits im Jahr darauf, in einem Bürgerkrieg, wieder zu verlassen. In Paris stand die Kommune auf, die durch eine noch jakobinische und schon sozialistische Diktatur ihre Visionen zu verwirklichen suchte: »Die kommunale Revolution, die mit der Initiative des Volkes am 18. März 1871 begann, eröffnet eine neue Ära positiver, auf Wissenschaft beruhender Experimentalpolitik. Sie ist das Ende der alten staatlichen und klerikalen Welt, des Militarismus, der Bürokratie, der Ausbeutung durch die Manipulation der Börse. Sie ist das Ende der Monopole und Privilegien, denen das Proletariat seine Knechtschaft verdankt und die Nation ihr Unglück.«

Kaum war der Kommuneaufstand niedergeschlagen, wurde die demokratisch fundierte, parlamentarisch regierte und liberal praktizierte Dritte Republik von Monarchisten in Frage gestellt, die den Bourbonen Henri de Chambord als Heinrich V. auf einen wiedererrichteten Königsthron emporheben wollten. Erst 1875 setzte sich das republikanische Prinzip bei der entscheidenden Abstimmung über die neue Verfassung mit nur einer Stimme Mehrheit durch.

Ihrer Tradition gemäß, blieb die Nation zweigeteilt: Zwischen Republikanern und Monarchisten, Progressiven und Konservativen, Laizisten und Klerikalen, zwischen dem Dritten Stand, der sich endgültig durchgesetzt zu haben schien, und dem sich formierenden und avancierenden Vierten Stand.

Aber die Gegensätze wurden durch einen republikanischen Grundkonsens in Schach gehalten. Er war im Zeichen von

»Freiheit« des einzelnen, »Gleichheit« der Staatsbürger und »Brüderlichkeit« der Volksgenossen zustandegekommen und wurde von einer breiten Mitte getragen, die von der gemäßigten Linken bis zur gemäßigten Rechten reichte. Die Verständigung nützte mehr den Progressiven als den Konservativen, trug indessen in der Weiterentwicklung zur Stabilisierung des Gemeinwesens bei. Krisen blieben nicht aus. 46 Regierungen wurden zwischen 1879 und 1914 gebildet, doch dies trug eher zur Festigung des parlamentarischen Systems bei. Denn nach und nach wurden viele Gruppen und Grüppchen mehr oder weniger an der Macht und dem sich daraus ergebenden Gewinn beteiligt. Wenn auch die Minister wechselten, die Beamten blieben und hielten das Staatswesen zusammen.

Der Erfolg der Dritten Republik basierte auf einer Wirtschaft, die sich nach dem Aderlaß durch den Deutsch-Französischen Krieg erstaunlich rasch erholte. Der Motor der Nationalökonomie war der Kapitalismus, der unter dem Julikönigtum angeworfen und im Zweiten Kaiserreich in Fahrt gekommen war, von der Kommune nicht abgewürgt werden konnte und nun auf vollen Touren lief. Noch betrug, gegen Ende des 19. Jahrhunderts, der Anteil der Landwirtschaft an der Gesamtproduktion 65 Prozent. Doch die Industrialisierung kam Zug um Zug voran, auch wenn sie – gehemmt durch den traditionellen Interventionismus des Staates wie durch das Festhalten eines im Grunde konservativen Volkes am Kleinbetrieb – der Entwicklung in Deutschland, England und in den Vereinigten Staaten von Amerika hinterherhinkte.

Die besten Geschäfte machten die Banken. Paris hatte, nach London, die zweitgrößte Börse, und nach England investierte Frankreich am meisten im Ausland. Dieses Kapital wie jenes in heimischen Sparkassen und Sparstrümpfen fehlte im Wirtschaftskreislauf des Landes. Ohnedies wurde von Franzosen, die Risiken scheuten, Geld weniger in Industrieaktien als – im Vertrauen auf Vater Staat – in Staatspapieren angelegt.

Der Franc blieb stabil, beruhte vorwiegend auf Gold, wurde die Währung, die Großbürgern ein luxuriöses, dem wachsenden

Mittelstand ein behagliches und den Kleinbürgern ein annehmbares Leben erlaubte. Alle fühlten sich als Angehörige des zur Herrschaft gelangten Dritten Standes, schätzten das Privateigentum und wollten es vermehren. Fast jeder, der noch unten stand, suchte sich nach oben anzupassen und höher hinauf zu kommen. Schon jetzt trug der Kleinbürger wie der Großbürger den »Haute-de-forme«, den Zylinder, als Markenzeichen der Bourgeoisie. Der Arbeiter legte Wert darauf, am Sonntag in einem Konfektionsanzug auszugehen und seine Frau mit »Madame« ansprechen zu lassen.

Der Großkapitalist wollte von Dividenden, der Kleinkapitalist von Erspartem zehren und baldmöglichst – schon mit Fünfzig – Rentier werden. Alle wollten mehr von ihrem Leben haben. Sie aßen und tranken gut, vergnügten sich im Café und Theater, auf dem Sportplatz und der Pferderennbahn. Und wo wäre das Leben besser zu genießen gewesen als in Paris? In der Ville lumière gingen die Lichter für immer mehr Menschen auf. Das Zentrum der Dritten Republik galt als ein Eldorado der Gegenwart und erschien als Kanaan der Zukunft.

Paris wartet mit Superlativen auf. Zu Beginn des 20. Jahrhunderts geht die nächst London volkreichste Stadt Europas einer Einwohnerzahl von drei Millionen entgegen, hat sie – mit Einschluß der unmittelbaren Umgebung – bereits überschritten. Die Bevölkerungsdichte ist mit 348 Menschen auf einem Hektar höher als in allen anderen europäischen Großstädten. Weiterhin ist die Hauptstadt Frankreichs die größte Armeefestung der Welt und das glänzende Beispiel einer modernen Urbanisation.

Die Dritte Republik hat die im Zweiten Kaiserreich begonnene »Transformation« fortgeführt, hat Avenuen verlängert und den Boulevardring geschlossen. Die Straßen haben eine Länge von 978 Kilometer; 270 Kilometer sind mit Bäumen bepflanzt. 158 Plätze und 30 Seinebrücken, 22 elektrische Straßenbahnlinien und – 1903 – vier Métrolinien von über 50 Kilometer Länge mit 100 Millionen Passagieren werden gezählt.

»Paris gehört zu den gesündesten der großen Städte Europas«, konstatiert »Meyers Großes Konversationslexikon«; »seine Einrichtungen für die öffentliche Verpflegung, für Licht, Wasser, Luft, Reinlichkeit, kurz für alle materiellen Bedürfnisse eines großen Bevölkerungszentrums sind mustergültig.« Die Zentralmarkthallen befriedigen den gestiegenen Konsum; 1903 werden in Paris 158 Millionen Kilogramm Fleisch, über 45 Millionen Kilogramm Fische und Schalentiere, 37 Millionen Stück Austern verzehrt. Bereits 1897 leuchten neben ungezählten Gaslaternen 9622 elektrische Bogenlampen. Trinkwasser wird durch drei Fernleitungen zugeführt und Abwässer werden aus einem Kloakennetz von 1039 Kilometer Länge durch Sammelkanäle nicht mehr in die Seine, sondern in entferntere Gegenden

Ein Eingang zur Metro im Stil des »Art nouveau«

Promenade im
Bois de Boulogne

abgeleitet. Bereits 1883 verfügte der Präfekt Eugène Poubelle die Bereitstellung von geschlossenen Mülleimern, die seither »Poubelles« genannt werden.

»In dem Reichtum und der Mannigfaltigkeit seiner Kunstschätze steht Paris unübertroffen da, vor allem mit dem Louvre, dem hervorragendsten und berühmtesten Museum der Welt«, lobte das deutsche Lexikon. Auch die Bildungsanstalten finden Anerkennung. 1898 werden an der Universität von Paris 283 Dozenten und 12985 Studenten und 667 Studentinnen gezählt. Außer dem Collège de France, der École polytechnique und zahlreichen Akademien und Fachinstituten ist auch eine Volkshochschule vorhanden.

Wohltätigkeitsanstalten – von Spitälern bis Obdachlosenasylen – gibt es viele, aber nicht genug, um den Bedürfnissen einer wachsenden Bevölkerung nachzukommen. Immer mehr Einwohner stehen in der Lichterstadt im Dunkeln. Paris ist eine dreigeteilte Stadt: Großbürger residieren im Westen, Mittelständler wohnen im Zentrum, Kleinbürger und vor allem Arbeiter sind in den Osten abgedrängt. Der Bois de Boulogne ist der Nobelpark, die Champs-Elysées sind der Nobelkorso der Bourgeoisie, die Hôtels particuliers besitzt oder sich in distinguierten Appartmenthäusern eingemietet hat. In Randbezirken, zum Beispiel in Belleville, sind Arbeiterfamilien in düsteren Häusern zusammengedrängt. Dabei kann sich glücklich schätzen, wer über eine separate, wenn auch noch so kleine Wohnung verfügt. In einer »Chambrée à la nuit«, dem Garni der Elenden, stehen neben- und übereinander oft an die zwanzig Schlafstellen.

Immer mehr suchen sich über ihr armseliges Leben mit Alkohol hinwegzutrösten. Zwischen 1880 und 1910 verdreißigfacht sich der Konsum von Absinth. Kleine Leute erkranken häufiger und schwerer, sie sterben früher. Noch im Jahre 1892 wütet die Cholera. Typhus und Tuberkulose bleiben an der Tagesordnung. Das liegt auch an mangelnden hygienischen Verhältnissen in den Arbeiterquartieren, die gar nicht oder erst zum Teil an die Schwemmkanalisation angeschlossen sind. Aus den

Senkgruben steigen Gerüche, die von den gerühmten »Odeurs de Paris« meilenweit entfernt sind.

Soziale Mißstände werden zu politischen Problemen. Regierung und Parlament suchen sie durch Sozialgesetzgebung zu entschärfen. Ab 1892 werden Maximalarbeitszeiten festgesetzt, zunächst für Kinder und Frauen, dann für Männer. Aber die Sechzigstundenwoche und der zehnstündige Arbeitstag bleiben die Regel. Am Ende des 19. Jahrhunderts gibt es in Frankreich mehr Arbeitslose als in England und Deutschland; am Anfang des 20. Jahrhunderts beginnt ihre Zahl zu sinken. In der Sozialversicherung bleiben die Franzosen hinter den Deutschen zurück.

Das Klassenbewußtsein der Arbeiter ist noch wenig entwickelt, aber Sozialisten sind dabei, es als Voraussetzung für den Klassenkampf aufzubauen. 1890 wird zum erstenmal der 1. Mai als Feiertag der proletarischen Solidarität gefeiert. Doch die Arbeiterbewegung ist in unterschiedliche Gruppen mit verschiedenen Programmen gespalten. Erst 1905 kommt es zu einer Vereinigung in der »Section Française de l'Internationale Ouvrière« (S.F.I.O.), in der Reformisten den Ton angeben.

General Georges Boulanger

Extremisten kann es mit der von der Pariser Kommune anvisierten Zerstörung »der alten staatlichen und klerikalen Welt« nicht schnell genug geben. Anarchisten wollen sie buchstäblich in die Luft sprengen. Im Jahre 1892 wirft ein Mann namens Ravachol, der bereits zwei Männer und drei Frauen umgebracht hat, Bomben in eine Kaserne und zwei Wohnungen von Jusitzbeamten und ruft: »Es lebe die Anarchie! Nieder mit der Bourgeoisie!« Im Jahr darauf läßt der Gelegenheitsarbeiter Vaillant eine mit Nägeln gefüllte Bombe von der Besuchertribüne in das Plenum der Abgeordnetenkammer fallen. Den Richtern, die ihn zum Tode verurteilen, ruft er zu: »Die Explosion meiner Bombe ist nicht nur der Aufschrei des revoltierenden Vaillant, sondern der Aufschrei einer Klasse, die ihr Recht verlangt und ihren Worten bald Taten folgen lassen wird!«

Es bleibt bei Einzelgängern, die Attentate gegen die bürgerliche Gesellschaft und den liberal-demokratischen Staat und deren Repräsentanten verüben: gegen die kleineren Bürger, die im Café Terminus an der Gare Saint-Lazare sitzen, wie gegen die größeren Bürger, die im Restaurant Foyot speisen; am 24. Juni 1894 fällt der Präsident der Republik, Sidi Carnot, in Lyon einem Anschlag zum Opfer.

Gefährdet wird indessen die Dritte Republik nicht von Anarchisten, sondern von Progressiven, die sie repräsentieren, wie von Konservativen, die ihnen opponieren.

Präsident Jules Grévy muß zurücktreten, weil sein Schwiegersohn, gedeckt durch die Stellung des Schwiegervaters, anrüchige Geschäfte betrieb. Der Panamaskandal diskreditiert republikanische Parlamentarier, die beschuldigt werden, sich von der Gesellschaft, die durch einen Schiffahrtskanal in Mittelamerika Atlantik und Pazifik verbinden will, Bestechungsgelder in Millionenhöhe angenommen zu haben. Durch den Zusammenbruch der von Ferdinand de Lesseps, dem Erbauer des Suezkanals, geleiteteten Panamagesellschaft verlieren die Aktieninhaber – darunter auch kleine Leute – 1500 Millionen Franc.

Schon wird nach einem Herkules gerufen, der den Augiasstall republikanischer Korruption säubern soll, und General Georges Boulanger dafür gehalten. Vor allem in Paris, das aus einem Hauptquartier der Linken zu einer Hochburg der Rechten geworden ist, sieht man in ihm einen Bonapartisten, der wie Napoleon I. und Napoleon III. durch einen Staatsstreich die Parlamentarier davonjagen und eine plebiszitäre Diktatur errichten könnte. Aber der Kriegsmann, der vom süßen Gift der Belle

Epoque genossen hat, folgt seiner Geliebten nach Brüssel. Marguerite de Bonnemain stirbt und Georges Boulanger erschießt sich an ihrem Grab.

Der Boulangismus ist tot, der Bonapartismus und der Royalismus bleiben lebendig. In der Koalition mit Antisemitismus und Klerikalismus sind sie eine latente Gefahr für die Dritte Republik. Diese Gefahr wird in der Dreyfus-Affäre akut und vertieft den Graben zwischen progressiven und konservativen Franzosen; ganz Frankreich stürzt in eine schwere Krise.

Alfred Dreyfus, eine Generalstabsoffizier jüdischer Abstammung, wird beschuldigt, militärische Geheimnisse an Deutschland verraten zu haben und Ende 1894 von einem Militärgericht zum Verlust seines Hauptmannsranges und zu lebenslänglicher Deportation auf die Teufelsinsel bei Cayenne verurteilt. Anfang 1895 wird er auf dem Hof der École militaire degradiert, muß ohne Rangabzeichen und Degen in Schande die Front von viertausend Soldaten abschreiten. »Ich bin unschuldig!«, ruft Dreyfus, bis er in Handschellen abgeführt wird.

»Tod den Juden! Hängt den Verräter!«, schreit die Menge vor dem Gitterzaun. Der Romancier Maurice Barrès, der vom »Culte du Moi« über die Ablehnung des Parlamentarismus zum Kult der Grande Nation im »Roman de l'énergie nationale« findet, hat sich die Kundgebung der Militärmacht und die Erniedrigung des Juden Dreyfus nicht entgehen lassen: »Die Musikkapellen intonieren den Marsch ›Sambre et Meuse‹, verbreiten Ehre und Treue über den Platz, um den Gestank des Verrats hinwegzufegen. Die Bataillone, mit ihren hübschen französischen Gesichtern, ziehen vorbei, von den Gewehren überragt. Dies ist gut so. Aber wir sind einander nicht sicher. Eine Handvoll Menschen wirft da und dort Flecken der Fäulnis auf unsere wunderbare Rasse. Seien wir auf der Hut, Patrioten!«

Zu den Beschmutzern des Franzosentums zählt Maurice Barrès in erster Linie Émile Zola. Als sich die Zweifel an der Schuld des Deportierten zur Gewißheit seiner Unschuld verdichten, nachdem der tatsächliche Spion, Major Esterhazy, ausfindig gemacht, aber nicht zur Rechenschaft gezogen wird, greift der populärste Schriftsteller Frankreichs als Publizist zur Feder.

Am 13. Januar 1898 erscheint die Pariser Zeitung »L'Aurore« mit der Überschrift: »J'accuse. Lettre au Président de la République. Par Émile Zola«. Militärs werden angeklagt, »sich an einer der größten Ungerechtigkeiten des Jahrhunderts schuldig gemacht« und das Kriegsgericht, »das Recht vergewaltigt« zu haben. »Die Leute, die ich anklage, kenne ich nicht, ich habe

Dreyfus
beim Verlassen des
Kriegsgerichts

sie nie gesehen, ich hege weder Groll noch Haß gegen sie. Sie sind für mich nur Erscheinungen, Symptome der Krankheit der Gesellschaft. Und was ich hier tue, ist nur der radikale Versuch, der Wahrheit und der Gerechtigkeit zum Durchbruch zu verhelfen.«

Dreihunderttausend Exemplare der »Aurore« vom 13. Januar 1898 werden verkauft. Zolas Artikel ist der Funke, der ein Feuer entfacht. Die Macht der Presse wird demonstriert; bei den

Franzosen habe die Zeitung den Katechismus abgelöst, bemerkt Edmond de Goncourt. Die veröffentlichte Meinung konnte die öffentliche Meinung nur so stark beeinflussen, weil eine gemeinsame Grundstimmung vorhanden war. Zolas »J'accuse« hätte kaum gezündet, wenn nicht bei der linken Hälfte Frankreichs, wo es die meisten Zeitungsleser gibt, mehr als genug Zündstoff angehäuft gewesen wäre.

Von Rechts, von Militaristen und Nationalisten, wird Öl ins Feuer gegossen. Sie gestehen den Justizirrtum nicht ein, weil sie befürchten, ein Eingeständnis des Fehlurteils gegen Dreyfus könnte die Armee, die Ordnungsmacht Frankreichs und das Instrument einer Revanche gegen Deutschland, nachhaltig schwächen. So wird der Linken ein zweiter Märtyrer geliefert: Zola wird einen Monat nach Erscheinen seines Brandartikels wegen Beleidigung des Kriegsgerichts zu einem Jahr Gefängnis verurteilt; er flieht nach England.

Am Tage nach der Verurteilung Zolas wird von »Dreyfusards« die »Liga der Menschenrechte« gegründet, die binnen kurzem hunderttausend Mitglieder zählt. Die »Antidreyfusards« sammeln sich in der »Ligue de Patrie française«, der fast die Hälfte der Mitglieder der Académie française angehören. Die monarchistisch-nationalistische »Action Française« formiert sich zum Kampf gegen die Französische Republik wie das Deutsche Reich.

Hundert Jahre nach der Französischen Revolution steht die Nation wiederum auf beiden Seiten der Barrikade, auf der rechten mit der Parole »Vive l'armée«, auf der linken mit der Losung »Vive la République!« Blut fließt nicht, aber viel Tinte; immerhin kommt es zu Handgreiflichkeiten auf Straßen und in Cafés, im Parlament tritt ein Royalist einem Sozialisten in den Hintern und auf der Pferderennbahn von Auteuil schlägt Baron Christiani mit dem Spazierstock dem Präsidenten Émile Loubet, einem Dreyfusard, den Zylinder ein.

Der Bürgerkrieg der Belle Epoque zeitigt einen der ersten größeren Filme: »L'Affaire Dreyfus«. Für die Hauptakteure der Linken gibt es ein Happy end. Émile Zola kehrt 1899 als freier

Mann im Triumphzug von London nach Paris zurück. Im selben Jahr wird Dreyfus zu zehn Jahren Gefängnis »begnadigt«, freilich erst 1906 freigesprochen, rehabilitiert und mit dem Kreuz der Ehrenlegion dekoriert.

Die Dreyfus-Affäre endete mit dem Sieg der Progressiven über die Konservativen. Die Kräfte, von bürgerlichen Intellektuellen bis sozialistischen Funktionären, welche die Republik verteidigt hatten, vereinigten sich zu deren Fortentwicklung. Eine Koalition aus Radikalsozialisten – wie sich die seit 1901 in der »Parti républicain radical et radical-socialiste« vereinigten Liberalen und Demokraten nannten – und Sozialisten führte Frankreich nach links. Der Klassenkampf sollte den Dritten und den Vierten Stand bald auseinanderbringen. Vorerst hielten sie, im Antiklerikalismus verbunden, im Kirchenkampf zusammen.

Alte und neue Evangelien

An Sacré-Coeur wird immer noch gebaut. Die Errichtung der »Basilika des nationalen Gelübdes zum Heiligsten Herzen Jesu« wurde 1873 von der Nationalversammlung mit einer Mehrheit von 244 Stimmen beschlossen. Aus dem Wettbewerb der französischen Architekten ging unter 78 Entwürfen jener von Paul Abadie als Sieger hervor: ein byzantinisch-romanischen Vorbildern nachempfundener Kuppelbau, mit dem auf dem Montmartre Stadt und Land gekrönt werden, zu dem – wie im Apsismosaik dargestellt – die Nation in die weit geöffneten Arme des Heilandes kommen soll: wie einst ein Ritter des Mittelalters und Kavaliere des Ancien régime so jetzt Republikaner mit blau-weiß-roten Schärpen und auch Schwarze aus Französisch-Afrika.

Zum Bau der nationalen Wallfahrtskirche tragen französische Katholiken buchstäblich Stein um Stein bei: 120 Franc zahlen sie für einen nicht sichtbaren Quader, 500 Franc für einen Wölbstein, auf den der Stifter seine Initialen eingravieren lassen darf. Ungezählte Katholiken tragen zum Bau der Sühnekirche bei. »Angesichts des Unglücks, das Frankreich betrübt, eingedenk des vielleicht noch größeren Unglücks, das ihm droht«, haben sie gelobt: »Wiedervereinigen wir uns in der Liebe zur Kirche und zum Vaterland«, im starken Glauben und in der festen Hoffnung, dadurch den benötigten »außerordentlichen Beistand« zu erhalten.

Für ein Unglück halten sie die Ereignisse der Jahre 1870/71: die Niederlage im Deutsch-Französischen Krieg, den Aufstand der Kommune und die Einverleibung des Kirchenstaates in den italienischen Nationalstaat – in einem Augenblick, in dem der liberale Freisinn mit dem etatistischen Absolutismus zum Generalangriff gegen die römisch-katholische Kirche ansetzt. Durch einen Siegeszug der Antiklerikalen und Atheisten in der Dritten Republik sehen sie das noch größere Unglück auf sich zukommen, und um es abzuwenden, zumindest abzumildern, geloben sie »zum Bau einer geheiligten Stätte in Paris beizutragen, die dem Heiligsten Herzen Jesu geweiht ist«.

Sacré-Coeur entsteht auf dem Montmartre, den Klerikale wie Antiklerikale für sich reklamieren. Auf dem »Mons Martyrum« wurde in römischer Zeit Dionysius, der erste Bischof von Paris, mit seinen Diakonen Rusticus und Eleutherius enthauptet. Im Jahre 1871 wurde Erzbischof Darboy von Kommunarden erschossen, deren Erhebung auf dem Montmartre begonnen hatte. Konservative hätten den Bau des Eiffelturmes, des Symbols des Progressismus, gerne verhindert. Antiklerikale der Dritten Republik und erst recht Nachfahren der Kommune hätten Sacré-Coeur, das hoch über Paris stehende Symbol der Wiederauferstehung des Kirchenglaubens, am liebsten in die Luft gesprengt.

»Ich habe es Dir schon gesagt: man kann sich einen dümmeren Widersinn gar nicht vorstellen, als daß Paris, unser großes Paris, von diesem zur Verherrlichung des Widersinnigen erbauten Tempel gekrönt und beherrscht wird. Ist diese Maulschelle, die der gesunde Menschenverstand erhält, dieser herausfordernde Triumph auf dieser Höhe, in vollem Lichte nach so vielen Jahrhunderten der Wissenschaft noch hinzunehmen? ...

Nein, nein, Paris braucht nur alles hingwegzufegen, was ihm auf dem Wege zur Freiheit in den Weg tritt. Mag der Tempel samt seinem Gott der Lüge und der Knechtschaft zusammenbrechen! Mag er unter seinen Trümmern das Volk der Gläubigen zermalmen, damit die Katastrophe ähnlich einer geologischen Katastrophe im Innern der Erde in den Herzen der Menschheit die Erneuerung und den Wechsel einläute!«

So läßt Émile Zola in seinem 1898 erschienenen Roman »Paris« einen Radikalen sprechen und zu Dynamit greifen. Der Urheber der fiktiven Gestalt scheint es zu bedauern, daß die Sprengung nicht zustandekommt, die vom Aufklärer Voltaire im 18. Jahrhundert ausgegebene Parole »Écrasez l'infâme!« (»Zermalmt die Schändliche«), die Kirche, zu Beginn des 20. Jahrhunderts immer noch nicht in die Tat umgesetzt ist. Dazu glaubt Zola mit seiner Feder einen Beitrag leisten zu müssen. Der Romancier, der als Naturalist die Welt der Gegenwart dokumentiert hat, wird zum Protagonisten einer Idealwelt der Zukunft, zu einem Prediger, der das vermeintlich Böse verdammt und das sich vorgestellte Gute verklärt.

Zwischen 1894 und 1898 veröffentlicht Zola den Romanzyklus »Les Trois Villes« (»Die drei Städte«). In »Lourdes« drückt er sein Erstaunen aus, daß am Ende des 19. Jahrhunderts noch immer so viele Menschen an Wunder glauben, die von der Kirche inszeniert würden, um ihre Macht über die Gläubigen zu behalten. In »Rom« will er »den Einsturz des alten Katholizismus« aufzeigen, sowie »die Anstrengung des Neo-Katholizismus, die Weltherrschaft zurückzugewinnen«. In »Paris« versucht er »den Triumph des Sozialismus« vorwegzunehmen, eine »Hymne auf die Morgenröte« anzustimmen, »auf eine menschliche Religion, die zu erfinden ist«.

Vom »Ich klage an« ist Zola zum »Ich schreibe vor« übergegangen. Zur Einsicht gelangt, daß der Mensch ohne Glauben nicht auskommen kann, stellt er den Evangelien der alten Kirche den Romanzyklus »Les Quatre Evangiles« (»Die vier Evangelien«) entgegen, die Heilsbotschaft einer neuen Religion, die durch wissenschaftliche Bildung zu erlangen, in sozialer Solidarität zu praktizieren sei und das Paradies nicht im Himmel, sondern hier und heute auf dieser Erde verspreche.

Das erste Evangelium »Fécondité« (»Fruchbarkeit«) wird 1899 auf einem Werbeplakat versinnbildlicht: Unter einem Früchte tragenden Baum säugt eine Bäuerin ihr Baby; zwei kleine Töchter schauen zu, während zwei Buben dem Vater beim Pflügen helfen. Mit fünf Kindern hat dieses Ehepaar Zolas Forderung noch nicht erfüllt: zwölf Kinder müßte jedes haben, damit die Bevölkerung Frankreichs – die zwischen 1871 und 1911 nur um 3,5 Millionen auf 40 Millionen anwächst – mit Deutschland – das im selben Zeitraum um 27 Millionen auf 60 Millionen zunimmt – einigermaßen Schritt zu halten und den Fortschritt, an dessen Spitze die Grande Nation gehöre, weiter zu führen vermöchte. Zola kritisiert die wohlhabenden Schichten,

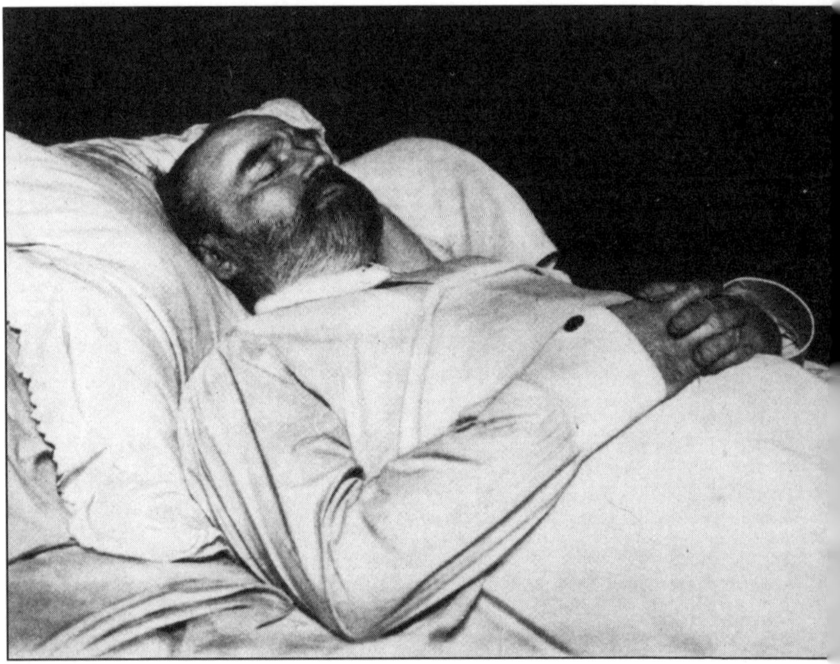

Emile Zola
auf dem Totenbett 1902

die sich den Lebensgenuß nicht durch Kindersegen beeinträchtigen lassen, und er befürchtet, dieses Beispiel könnte auf die Arbeiterklasse abfärben, in der er die Garantin einer besseren Zukunft sieht.

»Travail« (»Arbeit«) heißt das 1901 verkündete zweite Evangelium. Émile Zola bekennt sich zu Charles Fouriers Utopie der Arbeiterföderation, beschwört die Vision eines »Phalanstère«. In diesem Kollektiv wird nur vier Stunden am Tage gearbeitet, ansonsten gut gelebt, viel geliebt und das Glück gefeiert, in einem Arbeiterparadies zu leben, in dem die Früchte, ohne entsprechenden Kapitalaufwand und Arbeitseinsatz, für alle reichlich von den Bäumen fallen.

»All das ist ein wenig Utopie, aber was soll's«, gesteht Zola ein. »Seit vierzig Jahren seziere ich; man wird mir in meinen alten Tagen gestatten, ein wenig zu träumen.« Sein drittes Evangelium »Vérité« (»Wahrheit«) ist eine Absage an die Konfessionsschule und die Ansage einer neuen Volksschule, in der alle Franzosen mit gleicher Elementarbildung zu der vom Klerikalismus verbildeten Wahrheit finden könnten.

»Vérité« ist ein Beitrag zum Kulturkampf in der Dritten Republik, in dem die Laizisten die Oberhand gewinnen: Schließung von Bekenntnisschulen, Aufhebung und Enteignung von Klöstern, Abbruch der diplomatischen Beziehungen mit dem Vatikan, Kündigung des 1801 geschlossenen Konkordats. Durch das Gesetz über die Trennung von Staat und Kirche – vom 3. Juli 1905 – werden der Kirche die finanziellen Zuwendungen des Staates gestrichen.

Das erlebt Zola nicht mehr. »Vérité« erscheint postum 1903. Sein viertes Evangelium »Justice« (»Gerechtigkeit«), in dem er zeigen wollte, wie durch die Überwindung des Militarismus und der Gegensätze zwischen den Nationalstaaten eine gerechte und friedliche Welt zu schaffen wäre, konnte er nicht mehr verfassen und verkünden. Am Morgen des 29. September 1902 wurde er tot auf dem Boden des Schlafzimmers seiner Pariser Wohnung gefunden. Der Missionar des Fortschrittsglaubens starb an einer Kohlenmonoxid-Vergiftung;

das Gas des mit Eierbriketts unterhaltenen Feuers im Kamin war nicht abgezogen.

»Die literarische Tat Émile Zolas«, sagt Anatole France am Grabe, »hat eine Bewegung der sozialen Gerechtigkeit ausgelöst, die unaufhaltsam ist. Es geht aus ihr eine neue Ordnung der Dinge hervor, die auf eine höhere Gerechtigkeit und eine tiefere Kenntnis der Rechte aller Menschen gegründet ist.«

»Was soll die neue Literatur der Menschlichkeit«, notiert Kollege Jules Renard in sein Tagebuch. »Sollen wir heute besser sein als gestern?« Zeitgenossen beginnen sich zu fragen, ob es überhaupt eine neue Moral geben kann, und zu befürchten, daß Abweichungen von der alten Moral oder gar deren Abschaffung statt des angekündigten Paradieses eine Hölle auf Erden hervorbringen könnten.

Es wird daran erinnert, daß die Kirche neunzehnhundert Jahre lang – wenn auch oft mehr schlecht als recht – mit den Geboten ihrer Religion die Normen der Moral gehütet hat. Was könnte geschehen, wenn mit ihr so verfahren würde, wie es Pablo Picasso mit Sacré-Cœur auf seinem 1909 gemalten Bild getan hat? Er sieht den weißen Dom über Paris nicht als Sinnbild einer mit alten Stilmitteln neu untermauerten Ordnung. Er malt die Basilika grau in grau; im Stil des analytischen Kubismus zerlegt, zerteilt er die herkömmlichen Form; es scheint, als würde das für unerschütterlich gehaltene Gehäuse einer Welt zum Einsturz gebracht werden, wie es Zolas Roman-Anarchist vergebens versuchte.

Im Jahre 1899 malt Claude Monet die Kathedrale von Rouen in zwölf Bildern zu verschiedenen Tageszeiten bei unterschiedlicher Beleuchtung, als wolle er zeigen, daß auch jedes Zeitalter in seiner jeweiligen Sichtweise die Dinge anzuschauen und anzuerkennen vermöchte. Im Jahr zuvor erscheint der Roman »La Cathédrale« von Joris-Karl Huysmans. Erzählt wird von einem zum Mystizismus neigenden Schriftsteller, der mit einem befreundeten Geistlichen nach Chartres reist, wo er in der mittelalterlichen Kathedrale zum Glauben der Kirche, in dem sie als Sinnbild des Göttlichen wie zum Lobpreis Gottes erbaut wurde, zurückfindet – wie der Autor selbst, der sich vom Ästhetizismus distanziert und dem Katholizismus zugewandt hat, 1892 konvertierte.

Diesen Weg gehen weitere Schriftsteller. Seinen »Hunger nach dem Absoluten« hofft Léon Bloy im katholischen Glauben stillen zu können. In »Le Roman du lièvre« spricht Francis Jammes in einem Gleichnis: Ein Hase, der seiner hektischen Umgebung entläuft, trifft in Franz von Assisi den einzigen Menschen, der ihm keine Furcht einjagt, und er folgt dem Heiligen ins Paradies. Paul Claudel, der eine »Mittagswende« vom romantischen Fatalismus zur Gnade der Glaubensgewißheit erlebt hat, verfaßt nach seiner Konversion »Fünf große Oden mit einem Prozessionslied zur Begrüßung des neuen Jahrhunderts«. Charles Péguy findet vom Sozialismus zum Katholizismus, den er nicht universal, sondern national artikuliert; Jeanne d'Arc, die »Tochter des Volkes«, wird als Vorbild einer Erneuerung Frankreichs im katholischen Glauben und zu nationaler Größe beschworen.

Dichter sind die Herolde des Renouveau Catholique. Impulse kommen aus Rom, von der Soziallehre wie der Staatslehre Papst Leos XIII., der einen Modus vivendi mit der Moderne und der Republik anstrebt. Die katholische Erneuerungsbewegung wird zu einer Massenbewegung, vor allem in der »France profonde«, auf dem Lande, das katholisch geprägt ist, bei den Bauern, die fast noch die Hälfte der Bevölkerung ausmachen. In unzähligen Orten, die nach Heiligen benannt sind, liegt zwar – wie sich Marcel Pagnol erinnern wird – der Volksschullehrer, der sich für den Frontsoldaten des Laizismus hält, mit dem Pfarrer im Streit. Aber Landleute, vor allem Frauen, hängen am Althergebrachten, zu dem die Katholische Kirche seit den Zeiten gehört, da Frankreich die »treueste Tochter« des Papstes und sein König die »Allerchristlichste Majestät« genannt wurde.

Selbst der nach vorne stürmende Émile Zola schleppt Gewichte der Tradition mit sich. Seine elfjährige Tochter Denise läßt er am Katechismusunterricht zur Vorbereitung auf die Erste Heilige Kommunion teilnehmen und hilft ihr bei der Abfassung schriftlicher Arbeiten. In der Vorrede zu seinem Frühwerk »Confession de Claude« hat er geschrieben: »Vielleicht wird er eines Tages niederknien.«

Nicht zuletzt der Kulturkampf gegen ihre Kirche veranlaßt viele Franzosen, in die Gotteshäuser zurückzukehren und niederzuknien. »Jeder Glaube weiß sich in Tempeln zu verkörpern«, hatte Théophile Gautier 1846 erklärt und angenommen, daß »die Religion unseres Jahrhunderts die Railway ist«, die sich in Bahnhöfen manifestiert. Nun wird von 1875 bis 1914 an der Basilika Sacré-Cœur, an der neuzeitlichen Kathedrale von Paris gebaut. Gläubige Franzosen wallfahren zu ihr auf den Montmartre, betreten das Kirchenschiff durch das von den Statuen des heiligen Königs Ludwig und der Jungfrau von Orléans bewachte Portal, werden vom mystischen Schimmer der Glasfenster umfangen, vernehmen wieder Gregorianische Gesänge, fühlen sich unter der mächtigen Kuppel, die auch das geräumigere moderne Leben überwölben kann, heimisch und geborgen.

Sacré-Cœur wie der Eiffelturm blieben über Paris stehen – als Manifestationen des 19. Jahrhunderts wie als Wegweiser in das 20. Jahrhundert. Die vom Eisenmast ausgestrahlten Signale schienen heller zu leuchten und weiter zu reichen, doch blieb die weiße Kuppel über der großen Stadt ein Orientierungspunkt.

Indessen stürzen sich vom Eiffelturm Selbstmörder – 350 bis heute – in die Tiefe. Mehr und mehr Menschen, die zu Sacré-Cœur hinaufsteigen, finden nicht zur Einkehr, drehen, kaum oben angekommen, der Kirche den Rücken zu, um auf Paris hinunterzuschauen, in dem das turbulente Leben der Gegenwart und eine Ahnung der Vergangenheit im Silberlicht versunken zu sein scheint.

»Auf der Suche nach der verlorenen Zeit« war am Anfang des 20. Jahrhunderts der 1871 in Paris geborene Marcel Proust. Die Natur hatte ihn mit einem Asthmaleiden belastet, das Leben verwöhnte den Sohn einer reichen und angesehenen Familie. Salons des Hochadels wie des Großbürgertums standen ihm offen, und was er dort erlebte, das Vie Parisienne in Exklusivität und Distinktion, suchte er, als er es dahinschwinden sah, aus der Erinnerung in dem Romanzyklus »À la recherche du temps perdu« zu rekapitulieren.

Aber er fand, daß die Zeit verloren war, und er in und mit ihr. Er wurde gewahr, daß im Wirken der Zeit alles verändert, ja zerstört, Altes verdrängt und durch Neues ersetzt wird: die Petroleumlampe durch die Glühbirne, die Pferdekutsche durch das Automobil, die Aristokratie durch die Bourgeoisie, der Dritte durch den Vierten Stand. Proust fand noch mehr: Während der Rückschau auf die vergangene, sich ohne Unterlaß verändernde Zeit verwandelt der Zurückblickende unaufhörlich sich selber. Indem er sie Revue passieren läßt, verabschiedet er sich nicht nur von ihr, sondern auch von sich selbst.

»Der größte Zerstörer der Idee der Persönlichkeit, den die neuere Literatur kennt«, wird Marcel Proust von Walter Benjamin genannt. In der Theorie, die Veränderung führe über die Deformation zur Destruktion, wurde eine Praxis des neuen Jahrhunderts vorweggenommen: Die Selbstzerstörung des Menschen, die mit der Fremdzerstörung des Menschlichen Hand in Hand ging.

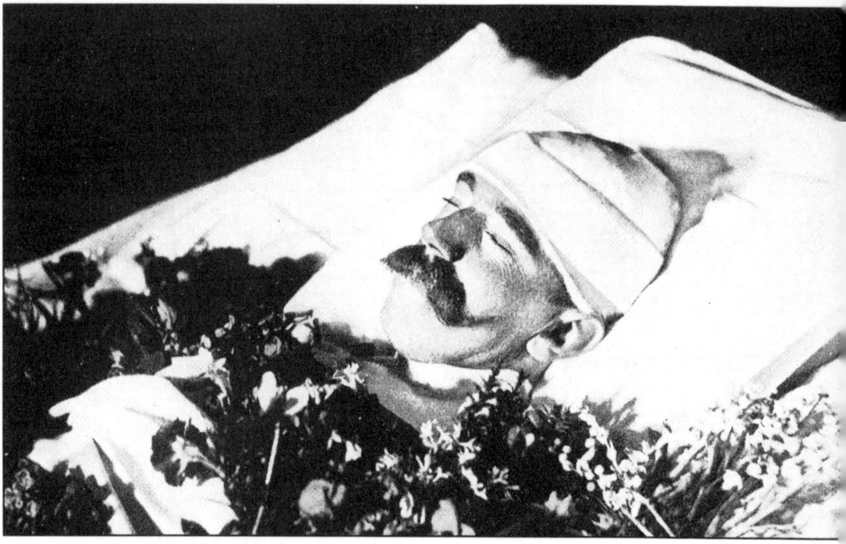

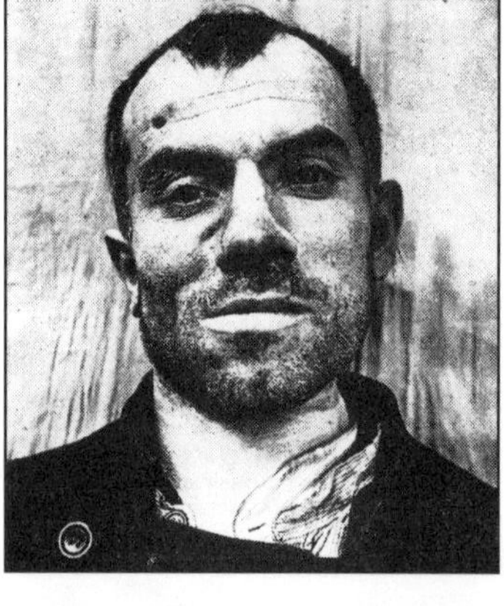

oben Kronprinz Rudolf von Österreich auf dem Totenbett 1889

links Kaiserin Elisabeth von Österreich und ihr Mörder Luigi Lucheni

Die tote Kaiserin Elisabeth auf dem Weg zur Kapuzinergruft 1898

W I E N

Haus Habsburg

Wie jedes neue Jahr beginnt auch das neue Jahrhundert im Hause Habsburg mit einem »Allerhöchsten Familiendiner« in der Wiener Hofburg, und es ist so, wie es immer war: das nach spanischer Etikette rechts von den Tellern angeordnete Silberbesteck, die goldenen Tafelaufsätze mit Blumen, Früchten und Zuckerwerk, der barocke Gobelin mit »Perseus und Andromeda auf dem Triumphwagen«, die Rokoko-Ornamente und die Spiegel, die alles zu verlängern und unendlich zu machen scheinen.

Noch immer sitzt in der Mitte der Tafel Franz Joseph I., der 1848 Kaiser von Österreich geworden ist und 1900 seinen 70. Geburtstag begehen wird. Ein Schnurr- und Backenbart verdeckt einen Teil des Gesichtes, versucht zu kamouflieren, was sich in dessen Züge eingegraben hat: die Resignation, die ein Herrscher nicht zeigen darf, das Eingeständnis: »Ich bin mir seit langem bewußt, wie sehr wir in der heutigen Welt eine Anomalie sind.« Doch sein Pflichtbewußtsein hält ihn aufrecht, die österreichische Uniform – die schönste der Welt – gibt ihm Halt.

An der Hoftafel, dem Kaiser gegenüber, sitzt nicht mehr die Kaiserin Elisabeth, die schöne Frau, der nachgesagt wurde, sie »habe etwas vom Schwan, etwas von der Lilie, etwas von der Gazelle, aber auch von der Melusine und Fee zugleich, und doch so viel vom Weib«. Seit 1898 ruht Sisi, die ruhelose Frau, in der Kapuzinergruft. Die Sechzigjährige, die sich am Fin-de-siècle nach dem Tod gesehnt hatte, wurde in Genf von einem Anarchisten erstochen, der eine Herrschende treffen wollte und eine Resignierte traf.

Bereits seit 1889 liegt Kronprinz Rudolf in der Gruft der Dynastie, an deren Zukunft er nicht mehr glauben mochte: »Das Königtum steht da, eine mächtige Ruine, die von heute auf morgen bleibt, doch endlich sinken wird. Jahrhunderte hat es gehalten, und solang das Volk sich blind leiten ließ, war es gut, doch jetzt ist seine Aufgabe zu Ende, frei sind alle Menschen, und beim nächsten Sturm sinkt diese Ruine.« Die Dekadenz, die er vorhersagte, befiel ihn selber: »Ich suche von Zeit zu Zeit nach einer Gelegenheit, einen Sterbenden zu sehen und seine letzten Atemzüge zu belauschen.« Im Jagdschlößchen Mayerling erschoß der dreißigjährige Kronprinz Rudolf zuerst seine siebzehnjährige Geliebte Mary Vetsera und dann sich selbst.

Thronfolger ist nun ein Neffe Franz Josephs, Erzherzog Franz Ferdinand, der baldmöglichst das Haus Habsburg übernehmen will, um es durch eine Renovierung krisenfest zu machen. Um seine Fortschrittlichkeit zu demonstrieren, wählt er mit der Gräfin Sophie Chotek eine unebenbürtige Frau und nimmt damit einen Konflikt mit dem Familienoberhaupt und einen einmaligen Hofakt in Kauf. In der Geheimen Ratsstube der Hofburg, am 28. Juni 1900, muß er dem Kaiser den Renunziationseid leisten. Er schwört, daß er – wegen der Schließung einer morganatischen Ehe – für seine Frau allen Ehren einer standesgemäßen Gemahlin und für die aus dieser Verbindung hervorgehenden Kinder dem Recht der Thronfolge in Österreich und Ungarn entsagt. Niemand ahnt, daß dieser Verzicht keine Bedeutung für die Zukunft hat, weil auf den Tag genau vierzehn Jahre danach, am 28. Juni 1914, der Thronfolger und seine Gattin in Sarajewo erschossen werden.

»Eine höhere Gewalt hat wieder jene Ordnung hergestellt, die ich leider nicht zu erhalten vermochte«, wird der dann immer noch regierende Franz Joseph I. sagen und damit die Familienordnung meinen, gegen die Franz Ferdinand verstoßen hatte und die dessen Neffe Karl, der neue Thronfolger, einzuhalten verspricht. Aber dem Kaiser war bewußt geworden, daß er, doch nicht mehr ein Nachfolger, die Reichsordnung noch zu erhalten vermöge: »Gott läßt mich so lange leben, damit das Ende des uralten Reiches um einige Zeit hinausgeschoben werde. Nach meinem Tod wird es unvermeidbar kommen.«

Die Geschichte des Hauses Habsburg, das bald nur noch Geschichte sein wird, bewahrt der uralte Kaiser in der Wiener Hofburg, in diesem Konglomerat von Trakten und Höfen, Labyrinth von Zimmerfluchten und Repräsentationssälen, einem Aggregat der Epochen und Stile, der Manifestation der habsburgischen Hausmacht, einem Gleichnis der Vielgestaltigkeit des Vielvölkerreiches – der Arche des alten Österreichs.

In ihr versammelt sich, bei Hofbällen, die Aristokratie: Herren in goldstrotzenden Uniformen und Damen mit langen Schleppen und bloßen Schultern. Im Mittelpunkt steht der Kaiser, im weißen, mit Orden übersäten Marschallsrock und in roten Hosen. Die Quadrille gilt als höfischer Tanz, die Herrschaften stehen sich in ihrem Geviert gegenüber, bewegen sich in der »Ersten Gesellschaft«, die unter sich ist und es bleiben möchte.

An der Hofburg, an der so viele Habsburger gebaut haben, wird auch unter Franz Joseph gebaut. Ein riesiges Kaiserforum, ein mächtiges Zentrum des Kaiserreiches ist geplant. Ein Trakt, die Neue Hofburg entsteht. »Weiß Gott, für wen ich die Burg baue«, seufzt der Kaiser.

Franz Joseph schaut weg, wenn er an diesem »Verhängnisbau« vorbeikommt. Die Siegesgöttinnen an der Neuen Hofburg halten Lorbeerkränze hoch, die für einen Habsburger kaum noch zu erreichen sind. Die Monumente auf dem Heldenplatz erinnern ihn weniger an Triumphe als an Niederlagen der Vergangenheit. Das Denkmal für Erzherzog Karl, der eine Schlacht gegen Napoleon I. gewann und den Krieg gegen den Franzosenkaiser verlor, wurde 1860 enthüllt – ein Jahr nachdem Franzosen und Italiener den Österreichern die Lombardei abgenommen hatten. Das Denkmal für Prinz Eugen von Savoyen mit der Inschrift »Dem ruhmreichen Sieger über Österreichs Feinde« wurde 1865 eingeweiht, ein Jahr vor Königgrätz, dem glorreichen Sieg Preußens, das ein deutsches Reich ohne Österreich errichtete.

Zwei Jahre nach der Ehrung für den Prinzen Eugen, der Ungarn für Habsburg zurückgewonnen hatte, wurde aus dem Kaiserreich Österreich die Doppelmonarchie Österreich-Ungarn. Zwar trug Franz Joseph die österreichische Kaiserkrone wie die ungarische Königskrone, und für »gemeinsame Angelegenheiten« wie Außenpolitik, Militär und Finanzen gab es k.u.k.-Ministerien. Aber die Donaumonarchie war in zwei verschiedene und gleichgestellte Staaten mit eigenen Regierungen und Parlamenten geteilt, und es schien nur noch eine Frage der Zeit zu sein, daß Ungarn die volle Unabhängigkeit erreichen würden.

Aus dem einheitlichen Reich war nun das geworden, was sein Wappentier stets angedeutet hatte: ein Adler mit zwei Köpfen, die in verschiedene Richtungen blicken.

Österreich-Ungarn ist ein kompliziertes Gebilde, kein stabiles Gebäude. An der Jahrhundertwende steht es noch groß und mächtig da. Die k.u.k.-Monarchie reicht vom Erzgebirge zur Adria, vom Bodensee zu den Karpaten, von Galizien bis Bosnien, ist mit ihrer Fläche von 624856 Quadratkilometern nach Rußland das zweitgrößte, mit seinen 45,5 Millionen Einwohnern das drittgrößte Land nach Rußland und Deutschland.

Österreich-Ungarn zählt weiterhin zu den Großmächten, mit einer präsenten, aber wenig potenten Diplomatie, mit einem Friedensheer von 39 Infanterie- und fünf Kavalleriedivisionen, die in ihren Garnisonen dahinexerzieren und nur noch bei Paraden und Manövern gefordert sind. Als wirtschaftliche Großmacht kann sie, mit nur sechs Prozent der europäischen Industrieproduktion, unter Kapitalmangel leidend und ohne Kolonialbesitz, nicht bezeichnet werden.

Im Haus Habsburg wohnen Deutsche (24,7 Prozent), Magyaren (19,7 Prozent), Tschechen (13,1 Prozent), Polen (9,3 Prozent), Ruthenen (8,2 Prozent), Rumänen (6,4 Prozent), Kroaten (5,8 Prozent), Slowaken (4,4 Prozent), Serben (3,5 Prozent), Slowenen (2,6 Prozent) und Italiener (1,5 Prozent).

Ein Europa im Kleinen ist die Donaumonarchie, doch in einer Zeit, in der nicht die Übernationalität, sondern die Nation zählt, das Vielvölkerreich von immer mehr Untertanen für einen Völkerkäfig gehalten wird, an dessen Gittern sie immer heftiger rütteln und immer stärker nach Einzelstaaten streben. Auch andere Monarchien sind durch die demokratische Bewegung gefährdet. Aber deren Sieg würde in Österreich-Ungarn nicht allein die Ersetzung eines Herrschaftssystems durch ein anderes, sondern die Auflösung des Reiches bedeuten.

»Österreich befindet sich im Zustand latenter Revolution«, klagt Franz Joseph, der pessimistisch in das 20. Jahrhundert blickt. Vis-à-vis der Hofburg liegt das Parlament, in dessen Plenum die Revolution mit Obstruktion beginnt. Zwar wird im Giebelfeld in einer Figurenszene die Reichseinheit beschworen: »Der Kaiser versammelt die 17 Kronländer zur Gesetzgebung«, und hinter den Säulen des Portikus zeigt ein Fries auf Goldgrund die »Huldigung der Völkerschaften des österreichischen Kaiserreichs«. Indessen benehmen sich die Parlamentarier im Plenum zunehmend in einer Art und Weise, die von den Triumphwagen auf dem Dach angedeutet wird: Von dahinstürmenden Rössern gezogen, fahren sie nicht miteinander vorwärts, sondern gegeneinander und auseinander – so wie die im Reichsrat von ihren Abgeordneten vertretenen Völker.

Das Parlaments-
gebäude in Wien

Ein erster Sturm im Hohen Haus bricht 1897 los. Ministerpräsident Kasimir Badeni, ein Pole, sucht dem Nationalitätenzwist durch Verordnungen zu begegnen: In ihrem gemeinsamen Vaterland Böhmen sollen sich Tschechen wie Deutsche in ihrer Muttersprache an die Behörden wenden können, deren Beamte zweisprachig sein müßten. Das ist nationalbewußten Tschechen zu wenig und deutschnationalen Österreichern zu viel. Im Parlament zerfetzt ein deutscher Abgeordneter Sitzmöbelbezüge und schreit: »Hoch Germania!«, als man ihn aus dem Sitzungssaal verweist; ein sozialdemokratischer Abgeordneter ruft: »Nieder mit der Revolution von oben! Es lebe die soziale Revolution!« Vor dem Parlament singen Demonstranten »Die Wacht am Rhein« und andere »Das Lied der Arbeit«.

Die Aufhebung der Sprachenverordnung führt nicht zu einer Entschärfung, sondern zu einer Verschärfung der Auseinandersetzungen auf der Straße, in Wien wie in Prag, und im Reichsrat. Als ein neuer Ministerpräsident, Ernst von Körber, im Jahre 1900 Gesetzentwürfe für einen Kompromiß im Sprachenstreit im Parlament einbringt, randalieren deutsche, zertrümmern tschechische Abgeordnete ihre Pultdeckel und schikken die Splitter wie Trophäen in ihre Wahlkreise. Polen solidarisieren sich mit Tschechen, Slawen agieren gemeinsam gegen

Deutsche. Der Sprachenkonflikt eskaliert zum Völkerkampf, der das Vielvölkerreich zu zerstören beginnt.

Die erhaltenden Kräfte erlahmen. Noch ist – wie Franz Grillparzer feststellte – Österreich im Lager seiner Armee, in der alle seine Völkerschaften dienen, in manchen Regimentern bis zu fünf verschiedene Nationalitäten. Die Kommando- und Dienstsprache ist deutsch, in der ungarischen Landwehr bereits magyarisch, und tschechische Soldaten melden sich beim Appell nicht mehr mit »Hier!«, sondern »Zde!« Feldmarschall Erzherzog Albrecht konstatiert 1894: »Spaltet sich die Armee, entwertet sich der Geist, so ist die Dynastie verloren und Österreich besteht nicht mehr.«

Die Bürokratie ist keine verläßliche Stütze mehr. Immer weniger österreichische Beamte sind »Josephiner«, die sich – nach dem Vorbild des Reformkaisers Joseph II. – für aufgeklärte und elitäre Fortschrittsverordner halten und demgemäß handeln, und immer mehr Verwalter unbefriedigender und auf die Dauer unhaltbarer Zustände. Selbst auf die Aristokratie, den Hauptpfeiler der immer noch feudalistisch strukturierten Monarchie, ist nicht mehr unbedingt Verlaß. Die römisch-katholische Kirche bürgt nicht mehr für den Reichsuniversalismus. Zwar schreitet an Fronleichnam der Kaiser barhäuptig und mit einer Kerze in der Hand hinter dem Allerheiligsten, aber in der Prozession der Zeit gehen die Wege von Staat und Kirche zunehmend auseinander.

Sogar Juden, zu Kosmopoliten geboren, als geistiges wie ökonomisches Ferment Österreich-Ungarns bewährt, neben wie über den Nationalitäten des Vielvölkerreiches stehend und zu dessen Erhaltung berufen, bekennen sich zum Nationalstaatsprinzip. Die Welt, auch und gerade die österreichische, halle wieder »vom Geschrei gegen die Juden«, die als »ein Volk ohne Land« eine »nationale Heimstätte« in ihrem Gelobten Lande benötigten. Mit seiner 1896 erschienenen Schrift »Der Judenstaat« wird der österreichische Jude Theodor Herzl der Urheber des Zionismus, ein Wegbereiter des Staates Israel und ein Ankündiger der Götterdämmerung der Donaumonarchie.

»Es ist mit Berechnung auf unsere vollkommene Zerstörung abgesehen«, bemerkt Franz Joseph, den schon lange vor dem Ende des Jahrhunderts Untergangsstimmung erfaßt hat. Mitunter mag er hoffen, daß die Ringstraße, diese großartige Offenbarung von Kaiserherrlichkeit und Reichsmacht, wie ein Faßreifen die Dauben der Vielvölkermonarchie zusammenhalten könnte. Wenn er aber von der Hofburg hinüber zum Rathaus blickt, mögen ihn Zweifel überkommen. Dort agiert mit Bürgermeister Karl Lueger ein Volkstribun, der Führer der Christlich-Sozialen Partei, die sich auf Kleinbürger stützt und auf die Massen setzt.

Jahrelang hat sich der Kaiser geweigert, diesen von der Bürgerschaft gewählten Bürgermeister im Amt zu bestätigen, bis er sich 1897 doch dazu herbeilassen muß. Lueger stellt der Hofburg, der Hochburg der Monarchie, im Rathaus ein Bollwerk seiner demokratisch legitimierten und autokratisch ausgeübten Stadtherrschaft gegenüber. Er führt sein eigenes Hofzeremoniell und seine eigene Hofuniform ein: grüner Frack mit schwarzen Samtaufschlägen und gelben Wappenknöpfen. Die Hofbälle konterkariert er mit Rathausbällen, auf denen er seinen Empfang hält und auf die Residenz des Kaisers gegenüber hindeutet: »Jener glaubt, der Herr Wiens zu sein, ich aber bin es.«

Dem alten Kaiser bleibt nichts erspart. Die Sozialdemokraten beginnen die Christlich-Sozialen links zu überholen. Im Jahre 1905, als sie in Wien schon 40000 Mitglieder zählen, organisieren sie auf der Ringstraße eine Massendemonstration für ein demokratisches Wahlrecht. Zwei Jahre später gehen aus den ersten allgemeinen, gleichen, direkten und geheimen Wahlen zum Reichsrat – bei denen nur Männer wahlberechtigt sind – die Massenparteien als Sieger hervor. Die Christlich-Sozialen erringen 96, die Sozialdemokraten 87, die im »Deutschen Nationalverband« vereinten deutsch-nationalen und deutsch-liberalen Parteien 90 Sitze. 33 Parteien, von rechts bis links, sind vertreten: acht deutsche, sechs tschechische, vier polnische, sechs kroatisch-serbisch-slowenische, vier ruthenische, zwei italienische, eine rumänische und zwei jüdische.

Nun wird alles noch schwieriger in Österreich für den alten Kaiser. Mit der Demokratisierung ist die Nationalisierung und damit die Vergrößerung der Probleme fortgeschritten. Das Parlament wird mehr denn je zur Arena des Nationalitätenkampfes.

Die Mehrzahl der Abgeordneten habe sich wie eine Masse von Wahnsinnigen betragen, berichtet ein amerikanischer Journalist über eine Reichsratssitzung, in der über die Rechte einer der acht anerkannten Sprachen debattiert wurde. »Eine Handvoll Männer, anständig gekleidet, saß oder stand vor ihren kleinen Pulten. Sie machten einen höllischen Lärm, indem sie mit aller Gewalt ihre Pultdeckel aufrissen und zuschlugen. Andere stießen auf Kindertrompeten schrille Töne aus; andere wiederum betätigten Maultrommeln oder schlugen auf kleinere Trommeln.«

Mit solchen Volksvertretern ist kein Parlamentarismus nach westlichem Vorbild und kein gemeinsames Staatswesen nach österreichischem Herkommen mehr zu machen. Noch wird das »Gott erhalte« – den Kaiser wie das Land – in allen Sprachen der Monarchie gesungen, und der Radetzkymarsch, die inoffizielle Hymne, erklingt weiter im ganzen Reich.

Doch schon bald wird die Sonne der Habsburger, eine kalte, aber immerhin eine Sonne, erlöschen, wie der Schriftsteller Joseph Roth aus Brody in Wolhynien bemerkt, als er am 30. November 1916 sah, wie der tote Kaiser zur Kapuzinergruft gebracht wurde. »Der Erschütterung, die aus der Erkenntnis kam, daß ein historischer Tag eben verging, begegnete die zwiespältige Trauer über den Untergang eines Vaterlandes, das selbst zur Opposition seine Söhne erzogen hatte. Und während ich es noch verurteilte, begann ich schon, es zu beklagen.«

Die Klage hielt an, das Heimweh nach der k.u.k.-Monarchie erfaßte mehr und mehr Österreicher. »Dort, in Kakanien, diesem seither untergegangenen, unverstandenen Staat, der in so vielem ohne Anerkennung vorbildlich gewesen ist, gab es auch Tempo, aber nicht zuviel Tempo… Natürlich rollten auf diesen

Straßen auch Automobile; aber nicht zuviel Automobile... Man hatte keinen Wirtschafts- und Weltmachtehrgeiz; man saß im Mittelpunkt Europas, wo die alten Weltachsen sich schneiden... Auch die Hauptstadt war um einiges kleiner als alle andern größten Städte der Welt, aber doch um ein Erkleckliches größer, als es bloß Großstädte sind.«

Auf sein Kakanien, sein k.u.k.-Reich, blickte der Schriftsteller Robert Musil wehmütig zurück. Als er 1880 in Klagenfurt geboren wurde, war es gerade ein Jahr her gewesen, daß alle Völker der Habsburgermonarchie Kaiser Franz Joseph und Kaiserin Elisabeth zur Silberhochzeit gehuldigt hatten. Über die Ringstraße, die Prachtstraße des Reiches, zogen – vorbei an 230000 Zuschauern – 14000 Teilnehmer des Festzuges, viele in Trachten des 16. Jahrhunderts, jener hohen Zeit der Habsburger, in der im Imperium Karls V. die Sonne nicht untergegangen war, und sie schienen sich auf einer Via triumphalis aus einer reichen Vergangenheit in eine reiche Zukunft fortzubewegen. »Der imposante Festzug«, lobte die »Wiener Zeitung«, bot »ein Schauspiel, wie es seit Jahrhunderten wohl in keiner der europäischen Hauptstädte gesehen wurde« – und wie es Wien nie mehr erleben sollte.

»Wie vieles Merkwürdige ließe sich über dieses versunkene Kakanien sagen«, meinte Robert Musil. Als er 1942 in Genf starb, gab es nur Trauriges über die Nachfolgestaaten Österreich-Ungarns zu berichten. Sie waren unter die Diktatur des im österreichischen Braunau am Inn geborenen und im preußisch-deutschen Berlin regierenden Adolf Hitler geraten. Die Kaiserstadt Wien, die nach dem Ende der Habsburgermonarchie wie ein Kaufhaus in einer Gegend stehen blieb, in der es an Lieferanten wie an Käufern mangelte, war eine Provinzstadt des nationalsozialistischen Reiches geworden.

Ringstraßenzeit

Groß-Wien entstand 1890 durch die Eingemeindung von Vororten, der Bezirke Elf bis Neunzehn. Der Umfang der Stadt hat sich verdoppelt, die Fläche verdreifacht, und die Einwohnerzahl ist von 817000 auf 1364000 gestiegen, wird 1900 – einschließlich der 26622 Militärs – 1727073 betragen und im neuen Jahrhundert den 2000000 entgegenwachsen.

Die Reichshaupt- und Residenzstadt des österreichischen Kaiserreiches, wie sie bezeichnet wird, ist – nach London, Paris und Berlin – die viertgrößte Stadt Europas, mit ihren Industriebetrieben, Handelshäusern und Banken das wirtschaftliche Zentrum der Donaumonarchie, mit der sie durch sieben Bahnhöfe und den Donaustrom verbunden ist. Groß-Wien ist auch der kulturelle Mittelpunkt der Habsburgermonarchie mit seinen Theatern, Konzertsälen, Künstlerateliers, Buchverlagen, Presseorganen und der berühmten Universität, die am Anfang des 20. Jahrhunderts 619 Lehrer und 8107 Studenten zählt.

Wien ist nicht, wie Paris, die Zentrale eines Einheitsstaates, sondern die Metropole eines Vielvölkerreiches, aber auch hier ist das gesellschaftliche Leben konzentriert. Den Ton gibt noch immer der Hof und, in seinem Gefolge, die Aristokratie an. Ihrem Lebensstil sucht sich die Bourgeoisie anzugleichen, die zeigen will, was aus ihr geworden ist und was sie sich zu leisten vermag – wenn auch nicht so viel wie ein böhmischer oder ungarischer Magnat, so doch mehr als zahlreiche Kleinadelige, die sich hauptsächlich mit der Ehre, Kaiser und Reich als Offiziere oder Beamte dienen zu dürfen, zu begnügen haben.

Eine besondere Rolle spielen im Bürgertum die Juden, jedenfalls jene unter den 150000 Israeliten in Wien, die sich dem Milieu angepaßt haben und in der Gesellschaft hochgekommen sind. »Daß die Juden als die beweglichere Gruppe alle anderen in unaufhörlicher Bewegung hielten, ist nicht weiter erstaunlich«, bemerkte Jakob Wassermann, ein deutscher Jude. »Dennoch war meine Verwunderung groß über die Menge von jüdischen Ärzten, Advokaten, Klubmitgliedern«, auch »Schauspielern, Zeitungsleuten und Dichtern« und nicht zuletzt Bankiers, Industriellen und Handelsherren.

Die gesellschaftliche Hierarchie kam in der Anlage der Ringstraße zum Ausdruck. Im Abschnitt vis-à-vis der Hofburg – Burg-Ring und Franzens-Ring – erstanden Parlament, Rathaus, Universität und Museen, Repräsentationsbauten des Kaiserreiches und seiner Hauptstadt. Kolowrat-Ring (der heutige Schubert-Ring) und Park-Ring galten als Domäne des Hochadels, denen Stadtpalais und Landschlösser aus der Barockzeit nicht mehr genügten. Opern- und Kärnter-Ring wurden ein Quartier für Ringstraßenmillionäre, die in Effekten handelten und auf Effekt aus waren.

In der Mitte der Ringstraße, zwischen dem adelig-großbürgerlichen und dem höfisch-repräsentativen Abschnitt liegt das Opernhaus. In ihm haben Aristokraten wie Bürger ihre Stammplätze. Hinter der Oper liegt das Hotel Sacher, in dessen Restaurant Erzherzöge speisen, die an der Hoftafel nie genug zu essen bekommen und sich in diesem Nobeletablissement unter Standesgenossen, über denen sie stehen und die doch ihresgleichen sind, wohl, weil ungezwungen, fühlen. Sie wollen unter sich bleiben und werden unter sich gelassen. Selbst ein arrivierter Jude wie der Vater des Schriftstellers Stefan Zweig vermeidet es sein Leben lang, ins Sacher zu gehen, denn »es wäre ihm peinlich oder ungehörig erschienen, neben einem Prinzen Schwarzenberg oder Lobkowitz Tisch an Tisch zu sitzen«.

Gemischter ist die Gesellschaft neben dem Opernhaus, an der Sirk-Ecke. Hier trifft sich tout Wien: Barone, die sich auf ihre Spazierstöcke mit Elfenbeingriffen stützen. Offiziere, darunter Artilleristen, deren braune Uniform auf der Pariser Weltausstellung als die schickste der Welt prämiert worden ist. Herren mit dunklen Röcken und bunten Westen, die grüßend ihre Zylinder abnehmen. Damen, in Korsetts gezwängt und in lange Kleider gehüllt, mit aufgetürmten Frisuren, auf denen Hüte mit Federgestekken und Blumenarrangements Keckheit wie Üppigkeit andeuten.

Zum Flanieren lädt die Ringstraße ein, die Herrschaften

der Jahrhundertwende wie eine unendliche Promenade des Glücks erscheinen mag, die Zeichen erfüllter Vergangenheit und einer guten Gegenwart trägt.

Die glanzvolle Geschichte Österreichs bezeugen Monumente, vornehmlich jenes Maria Theresias, die in Überlebensgröße, majestätisch und mütterlich auf ihrem Denkmalsthron die gegenüberliegende Hofburg im Auge behält, als wollte sie darüber wachen, daß dort ihre ebenso konservativen wie fortschrittlichen Regierungsmaximen nicht in Vergessenheit gerieten.

Ihr zur Seite, im Kunsthistorischen Museum, sind Schätze gehortet, die nicht allein aus Österreich, vielmehr aus halb Europa zusammengetragen wurden. Einst in Schlössern verborgen, sind sie nun der Öffentlichkeit zugänglich, den für das Schöne begeisterten Wienern ebenso wie den Besuchern aus aller Welt, die weniger die Kaiserstadt als die Kunststadt anzieht.

Im gegenüberliegenden Naturhistorischen Museum wird demonstriert, daß auch in Österreich die Natur erforscht, ihre Kraft dem Menschen dienstbar gemacht und dadurch der Fortschritt der Menschheit befördert wurde. Als ein Schrittmacher gilt der Gemahl Maria Theresias, Kaiser Franz I., der sich für Physik und Chemie interessierte, als Erfinder dilettierte, mit von Wasser und Dampf angetriebenen Maschinen experimentierte, Manufakturen gründete und betrieb.

Nicht von ungefähr griffen die Ringstraßenarchitekten Gottfried Semper und Karl Hasenauer bei den Museumsbauten auf den Stil des Barock zurück. Er erinnerte an die große, nicht nur Altem verbundene, sondern auch Neuem geöffnete Zeit der Habsburgermonarchie.

In einer Zeit, in der das Kaisertum keine weiteren Länder unter seine Krone brachte, ja die einst gewonnenen verloren zu gehen drohten, wurden in der Kaiserstadt Stile der Kunstgeschichte zu einem Reichskunstwerk addiert, mit dem man die Summe der Vergangenheit gezogen und ein Kapital für die Zukunft gewonnen zu haben glaubte. Die Ringstraßenbauten wurden nicht für Museumsstücke gehalten, sondern galten als

Gehäuse einer sich modernisierenden Gesellschaft. Der Stil eines jeden Gebäudes bestimme sich durch historische Assoziation, sagte Gottfried Semper und meinte damit: zu zeitgemäßer Funktion.

Das Brüsseler Hôtel de Ville stand Pate beim neugotischen Rathaus; die Bourgeoisie entlehnte sich für ihren Liberalismus den Stil der spätmittlalterlichen Anfangszeit des Bürgertums. Mit dem Parthenon des Reichsratsgebäudes sollte an den Beginn des Parlamentarismus in Griechenland in der Erwartung einer zeitgerechten Fortsetzung in Österreich erinnert werden. Im Stil

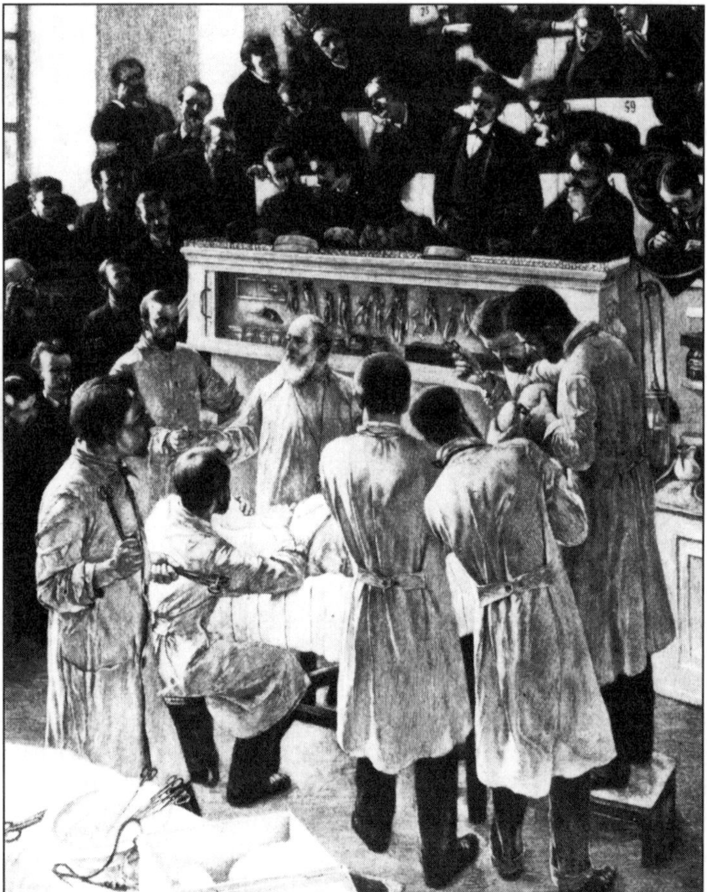

Theodor Billroth operiert im Hörsaal
des Allgemeinen Krankenhauses Wien

der italienischen Renaissance entstand die Universität, in der humanistische Wissenschaften weitergepflegt und moderne Erfahrungswissenschaften weiterentwickelt wurden.

»Wenn man auf der Ringstraße geht, dann denkt man an die Zukunft«, bemerkt der Wiener Feuilletonist Daniel Spitzer. Wer an der Universität vorbeigeht, denkt in erster Linie an ihre medizinischen Errungenschaften, durch die schon manche Krankheiten überwunden wurden, und die hoffen lassen, daß sie dem Tod noch mehr die Stirn bieten könnten.

Die Wiener Börse gilt als Tempel des Kapitals, das den Wirtschaftskreislauf in Gang hält und erscheint als eine Garantin der stabilen Währung. Diese ist nun durch Gold, nicht mehr durch Silber gedeckt, und mit den Goldkronen ist Vertrauen in deren Beständigkeit im Umlauf. Die Steuern sind erträglich; der Höchstsatz bei der Einkommensteuer liegt bei fünf Prozent und ist erst ab einem jährlichen Einkommen von 210000 Kronen fällig. Der Lebensstandard, nicht nur der gehobenen Schichten, steigt und auch die Sparguthaben niederer Stände nehmen zu. Gegen fast alles scheint man gut versichert zu sein, gegen Feuer und Hagel wie gegen Unfall und Krankheit.

»Es war das goldene Zeitalter der Sicherheit« und – wie sich Stefan Zweig erinnerte – des Glaubens an die »Zeitreligion des Fortschritts«, die das Heil in der »besten aller Welten« bringen werde. »Mit Verachtung blickte man auf die früheren Epochen mit ihren Kriegen, Hungersnöten und Revolten herab als auf eine Zeit, da die Menschheit eben noch unmündig und nicht genug aufgeklärt gewesen war. Jetzt aber war es doch nur eine Angelegenheit von Jahrzehnten, bis das letzte Böse und Gewalttätige endgültig überwunden sein würde…«

Diese Erwartung schien nicht unangebracht zu sein, wenn man all das betrachtete, wozu man es im 19. Jahrhundert gebracht hatte und vielleicht noch bald bringen könnte. Schon gab es fließendes Wasser, elektrische Straßenbeleuchtung, Telefon, drahtlose Übertragung von Musik, Automobil, Flugmaschine – ein Vorankommen allenthalben, in Wissenschaft, Technik und Verkehr, in Gesellschaft und Politik. Mehr Menschen durften wählen, vielen ging es besser, alle waren gesünder, es fehlte nicht an Verständigkeit und Verträglichkeit, vornehmlich in der Wiener Stadt.

Im Prater, wo die Bäume für alle blühen, präsentiert sich beim Blumenkorso die Haute volée in prächtig geschmückten Kutschen, und die Hauptallee, die Nobelpromenade, ist von Schaulustigen, vielen kleinen Leuten gesäumt, bei denen beim Bestaunen der Reichen und Schönen kaum Neidgefühle aufzukommen scheinen.

Auf ihre Art suchen jene im Wurstlprater das Vergnügen, ohne es – wie Theodor Herzl bemerkt haben will – zu finden. »Für fünf Kreuzer ein Tanz, mit allem, was dazu gehört... Sie berauschen sich aneinander bis zur Bewußtlosigkeit bei den elenden Klängen dieser Musik, im qualvollen Dampf dieses Saals... Nur wenn der Tanzrausch und Lärm und die Küsse vorbei sind, fällt ihnen wieder die Traurigkeit aufs Herz, wohl auch gemengt mit Reue... So ist ein Juli-Sonntag im Prater aus Melancholien zusammengesetzt.«

Nur Melancholien? Wie um dies zu dementieren, wird 1897 im Prater das Riesenrad aufgebaut: 65 Meter hoch, Eisengestänge des 19. Jahrhunderts, Stützpfeiler, Verstrebungen, Nieten, Filigranglas, und Kabinen, die Eisenbahnwaggons gleichen. Das Wiener Fortschrittsmonument ist kein Einbahnzeichen, kein Turm, kein Himmelstürmer wie der Pariser Eiffelturm. Es ist ein Rad, das sich langsam, einen Dreiviertelmeter pro Sekunde dreht, ständig dieselbe Tour, im Kreis herum. Vor dem Einsteigen haben die Passagiere den Hinweis einer Versicherungsgesellschaft gewürdigt; sie freuen sich auf den Ausblick von oben, auf die im Sonnenglanz liegende Kaiserstadt, und sie wissen, daß sie wieder Boden unter den Füßen bekommen werden, ohne beim moderaten Kreisen Bauchweh bekommen zu haben. Das Riesenrad – es ist das Perpetuum mobile des Fortschritts für Optimisten, und zum Pessimismus neigenden Wienern bestätigt es die Lebenserfahrung: Es ist bisher immer umgegangen und es wird auch weiterhin umgehen.

Den Wiener Lebensrhythmus hat Johann Strauß im Dreivierteltakt ausgedrückt. Im Walzer sind Wiener durch das 19. Jahrhundert geschwebt, über Widrigkeiten hinweg, und im Walzer wollen sie dem 20. Jahrhundert entgegentanzen, ob nun Rechtsherum oder Linksherum in Glücksgefilde entschweben.

»Wenn die Meinungen sich kreuzen wollen, klopft Meister Strauß mit dem Bogen auf und gebietet Ruhe«, bemerkte der Berliner Schriftsteller Adolf Glaßbrenner. »Die Wienerin dreht sich unruhig auf dem Stuhle herum, der Wiener wiegt den Kopf, die Füße arbeiten unter dem Tische und die Gedanken über dem Tische gehen schlafen; ... jetzt muß man sich drehen und wiegen, jetzt muß man im Takt treten und vor Wonne zerschmelzen.«

»Der Walzer ist der Beitrag, den Wien zur Auflösung der alten Ordnung geleistet hat«, meint der Wiener Schriftsteller Otto Friedländer. Er habe das höfische und feudale Menuett abgelöst, in dem die einzelnen sich einordneten, die Gesellschaft

Am Sirk-Eck
auf der Ringstraße

dahinschritt, nicht ausgelassen dahintanzte. Nun dreht sich jedes Paar für sich, ohne Beziehung zur Bewegung der anderen.

Die meisten Wiener – und nicht nur sie – räsonieren nicht über den Walzer, sondern wiegen sich in ihm in Seligkeit. Sie danken es Johann Strauß, daß er den Vater in dem, was er an ihm lobte, noch übertroffen hat: »Seine Kunst hat manche Sorgen verscheucht, manche Falten geglättet, vielen den Lebensmut gehoben, die Lebensfreude zurückgegeben, sie hat getröstet, erfreut, beglückt.«

Johann Strauß Sohn war dies das halbe 19. Jahrhundert geglückt. Mit seiner Musik begleitete er erfreuliche und weniger erfreuliche Geschehnisse der Kaiserstadt. Beim Abriß der mittelalterlichen Bastionen, die Platz für die Ringstraße machen mußten, erklang seine »Demolierer-Polka«. Mit dem Walzer »Schwungräder« begrüßte er den industriellen Aufschwung. Im Dreivierteltakt brachte er die im Marschtritt nicht so geübten Österreicher darüber hinweg, daß die Preußen seit 1866 im Zweivierteltakt in Deutschland avancierten; »An der schönen blauen Donau« wurde eine inoffizielle Volkshymne der Donaumonarchie. Mit dem Marsch »Hoch Habsburg« feierte er die Dynastie und tröstete jene, denen bei dem Gedanken an den Niedergang der Habsburgermonarchie schwer ums Herz wurde, in der Operette »Die Fledermaus« mit dem Lied: »Glücklich ist, wer vergißt, was nicht mehr zu ändern ist ...«. Im »Kaiserwalzer« erweckte er die Illusion, daß es mit der Kaiserherrlichkeit immer so weitergehen könnte.

»Genau genommen regierte Franz Joseph bis zum Tode von Johann Strauß«, meinte ein Hofbeamter. Der Walzerkönig starb am 3. Juni 1899. Doch der Kaiser blieb und der Musiker hinterließ in seiner postum, am 25. Oktober 1899 im Carl-Theater uraufgeführten Operette »Wiener Blut« eine Aufforderung, wie es im neuen Jahrhundert weitergehen sollte – mit »Wiener Blut ... voller Kraft, voller Glut«.

Im Reich der Operette folgt dem Goldenen ein Silbernes Zeitalter. Jenes ging mit dem Tod seiner Meister zu Ende: 1895 starb Franz von Suppé, 1898 Carl Zeller, 1899 Karl Millöcker.

Dieses beginnt mit Franz Lehár. Am 28. Dezember 1905 wird in Wien »Die Lustige Witwe« uraufgeführt, die nach der Straußschen »Fledermaus« erfolgreichste Wiener Operette. Am 2. März 1907 hat »Ein Walzertraum« von Oscar Straus Premiere, die Operette, in der noch einmal die Märchenstadt mit Ringstraßenstolz und Praterglück, feschen Leutnants, blassen Komtessen und prallen Vorstadtmädeln beschworen und vor dem Fallen des Vorhangs ein Dacapo begehrt wird: »Einmal noch leben, eh' es vorbei, einmal noch lieben im Mai.«

Die Operette ist die Favoritin der Spätwiener. In ihr hängt der Himmel noch voller Geigen, und über die Abgründe, die sich auftun, wird heiter hinweggesungen und beschwingt hinübergetanzt.

Überhaupt ist der Wiener, wie der Schriftsteller Hermann Bahr feststellt, »ein im Theater lebendes Wesen«. Dessen Bretter bedeuten ihm die Idealwelt, in die er sich aus einer Realwelt, die immer weniger hält, was sie versprochen hat, liebend gern zurückzieht. Es gibt viele verschiedene Bühnen in Wien: Jubiläumstheater, Raimundtheater, Volkstheater, Wiener Bürgertheater, Carl-Theater, Lustspieltheater im Prater, Theater an der Wien, Theater in der Josefstadt und das Hofburgtheater und das Hofoperntheater, die weit über Wien hinaus beispielgebend sind.

Das Opernhaus wurde von den Ringstraßenarchitekten August von Siccardsburg und Eduard van der Nüll in Parallele zur Grand-Opéra von Paris erbaut: Logen für Hof und Adel, Ränge für Bürger, Galerien für Studenten, mit Treppen, auf denen die Ringstraßenpromenade in der Vertikalen fortgesetzt wird, und Wandelhallen für eine Gesellschaft, die Zuschauerin und Akteurin in einem ist.

Hofoperndirektor ist von 1897 bis 1907 Gustav Mahler. In Böhmen geboren, ein Jude auch er, kommt er von Hamburg nach Wien, wo er frischen Wind in das Haus bringt, in dem sich Staub auf den Ruhm gelegt hat. In seiner kleinen Statur – er mißt 1 Meter 60 und wiegt 60 Kilogramm – steckt eine enorme Energie, mit der er die Reform ohne Rücksicht auf das Widerstreben der am Überkommenen hängenden Wiener vorantreibt:

Die Zuspätgekommenen müssen während des ersten Aktes draußen bleiben, die Claque bleibt ausgesperrt, und der Zuschauerraum, in den so mancher öfter blickte als auf die Bühne, wird verdunkelt.

Gustav Mahler verwirklicht Richard Wagners Vorstellung eines modernen Musiktheaters mit wegweisenden Inszenierungen von Wagners »Tristan und Isolde« (1903), Beethovens »Fidelio« (1904) und Mozarts »Hochzeit des Figaro« (1906), in der er das Revolutionäre des Librettos von Beaumarchais betont.

In eigenen Kompositionen beschwört Mahler eine Traumwelt, die von Leid und Tod bedroht ist, zum Beispiel in der 1901 entstandenen 4. Sinfonie G-Dur. Der erste Satz ist noch von Heiterkeit erfüllt, im zweiten Satz spielt schon »Freund Hein« auf, im dritten Satz klingt Ergebung in Unabänderliches an, und im vierten Satz wird Hoffnung auf »himmlische Freuden« erweckt.

Wiener, die ihr Ringstraßenglück verewigen wollen, zischen Gustav Mahler aus, und Wiener, die wahrnehmen, wie die Ringstraßenillusion vom Dur der neuen Zeit zerstört wird, beginnen sie in Moll zu betrauern.

Abendglanz und Morgenröte

Nirgendwo auf der Welt erlebe sich das Ende so anschaulich wie in Österreich, bemerkt Karl Kraus, der 1899 seine Zeitschrift »Die Fackel« gründet, mit der er in eine Welt hineinleuchtet, in der nichts mehr weiterzugehen scheint: »Alles steht und wartet: Kellner, Fiaker, Regierungen. Alles wartet auf das Ende – wünsch einen schönen Weltuntergang, Euer Gnaden!«

Endzeitstimmung geht um. Am Fin-de-siècle sieht man in Wien nicht nur ein Jahrhundert, sondern fast ein Jahrtausend österreichischer Geschichte und Kultur dahinschwinden. Wie seinerzeit in Venedig, als die Serenissima in den letzten Zügen lag, wird der Verfall zugleich bedauert und ausgekostet.

Farbenvoll ist der Untergang. In der Dogenstadt bannte

ihn Tiepolo auf Leinen, in der Kaiserstadt verklärt ihn Makart. Der schmächtige Mann »mit dem venezianisch dekorativen Bart«, der Hermann Bahr wie ein »Miniatur-Doge« vorkommt, rekapituliert die Kunstgeschichte, kompiliert sie in Kolossalgemälden und interpretiert sie à la mode. Der »Triumph der Ariadne« ist ein Cancan in historischen Kostümen, auf dem »Einzug Karls V. in Antwerpen« erscheint der Kaiser wie ein Faschingsprinz auf einem Wiener Maskenball. Zum Kehraus spielt Johann Strauß auf, das Finale malt Hans Makart in venezianischen Farben, in deren Rausch das neue Venedig seinem Untergang entgegen wankt.

Je näher die Wiener dem Fin-de-siècle kommen, desto mehr wird die Dekadenz zum Kult. Als dessen Zelebranten gewahrt der deutsche Dichter Stefan George eine Jugend, die »etwas Rückgratloses bei äußerlicher Überbildung« habe, sich in einer »süßlichen Verkommenheit« gefalle und »die schwankende Schönheit Grabesmüder« kultiviere.

»Die Müdigkeit nicht abtun kann von seinen Lidern« der blutjunge Hugo von Hofmannsthal, vom bitteren wie süßen Schmerz überwältigt, »daß alles gleitet und vorüberrinnt«. »Wir sollen von einer Welt Abschied nehmen, ehe sie zusammenbricht. Viele wissen es schon und ein unnennbares Gefühl macht Dichter aus vielen«, die hypersensibel für Verfallendes und Dahinschwindendes und hellhörig für Ausklingendes und Verklingendes sind, alle Hoffnung auf eine Wiederkehr des Verlorengegangenen aufgegeben haben, daran leiden und es gleichzeitig genießen.

»Frühgereift und zart und traurig« hat Hugo von Hofmannsthal, der Sohn eines Wiener Bankdirektors, keinen Sturm und Drang gekannt, hat die Klassik übersprungen und ist sofort in einer Spätromantik angekommen. Mit Achtzehn behauptet er im »Tod des Tizian«: »Denn von den Leiden und von den Genüssen/ hab längst ich abgestreift das bunte Kleid,/ das um sie webt die Unbefangenheit,/ und einfach hab ich schon verlernt zu fühlen.« Doch er fühlt, leidet und genießt weiter, läßt sich von Stimmungen hinreißen.

Mit Neunzehn dichtet Hugo von Hofmannsthal den lyrischen Einakter »Der Tor und der Tod«. Der Jüngling Claudio, der »in müdem Hochmut« resigniert, begegnet dem Sensenmann als »großem Gott der Seele«, der ihm bedeutet:

»Wenn in der lauen Sommerabendfeier
durch goldne Luft ein Blatt herabgeschwebt,
hat dich mein Wehen angeschauert,
das traumhaft um die reifen Dinge webt,
wenn Überschwellen der Gefühle
mit warmer Flut die Seele zitternd fühlte,
wenn sich in plötzlichem Durchzucken
das Ungeheure als verwandt enthüllte,

und du, hingebend dich im großen Reigen
die Welt empfingest als dein eigen:
In jeder wahrhaft großen Stunde,
die schauern deine Erdenform gemacht,
hab' ich dich angerührt im Seelengrunde
mit heiliger geheimnisvoller Macht.«

Der Tod setzt seine Sense an, um nicht nur Claudio, der »schellenlaut und leer« vor ihm steht, sondern auch die morbide Zeit zu mähen.

Der Poet möchte sich am liebsten in einem Dornröschenschloß einschließen, in der Hoffnung, daß er dort, die Rosen bewundernd und die Dornen erduldend, das Dahinwelken der Umwelt überdauern und eines Tages von einem Prinzen wachgeküßt werden könnte. Doch er sieht sich – wie es in seiner »Elektra« von 1903 für die Szene der Ermordung der Mutter durch die Kinder vorgeschrieben ist – in einen Palasthof bei Sonnenuntergang versetzt, in den »Flecken roten Lichtes durch den Feigenbaum wie Blutlachen auf die Erde und die Wände fallen«. »Kann man denn vergehn, lebend, wie ein faules Aas«, fragt sich Klytemnästra, »zerfallen wachen Sinnes wie ein Kleid, zerfressen von den Motten?«

Dekadenz, kommentiert Hermann Bahr, sei »die letzte

Flucht der Wünsche aus einer sterbenden Kultur«. Hugo von Hofmannsthal wünscht sich das Rokoko zurück, das auch eine überfeinerte, pastellgetönte, nach Ambra und Moschus duftende Spätzeitblüte gewesen war. Sein »Rosenkavalier« von 1911, für den Richard Strauss einen letzten Walzer erklingen läßt, ist die letzte Reprise des Rokoko, die schon die verblassenden Farben des Sonnenuntergangs zeigt.

Als Rosenkavaliere der Jahrhundertwende trat eine Jugend auf, die »lebensfroh und zu Tode betrübt war, die mit dem Leben und dem Tod spielte, die rational im Denken und sentimental im Fühlen war, stets in Liebeshändel verstrickt und jede Stunde bereit, in süßer Wonne Abschied zu nehmen«. So charakterisiert sie der Wiener Arthur Schnitzler, der als einer der Ihren sie in Erzählungen und Schauspielen gleichsam autobiographisch zu schildern vermag.

»Ich fühle, wie viel mir verloren ginge, wenn ich mich eines schönen Tages stark fände«, sagt »Anatol«, der »leichtsinnige Melancholiker«, der nicht leidenschaftlich sein kann und will, für den lediglich der augenblickliche Reiz zählt und der nach dem Davor und Danach nicht fragt. »Wir spielen immer«, läßt Arthur Schnitzler seinen »Paracelsus« sagen, und in seinem »Reigen« spielt jeder mit jeder und jede mit jedem, das Karussell dreht sich von Schwindel zu Schwindel. Alle kopulieren miteinander, alle betrügen einander in diesem Ringelreihen der erotischen Abenteuer; unter dem Deckmantel bürgerlicher Dezenz treibt Libertinage ihr Wesen, das nicht mehr als Unwesen angesehen wird.

Schnitzlers »Reigen« erscheint an der Jahrhundertwende im Druck und wird sofort von der Zensur verboten. Es kommt zum Skandal. Der Staat, dessen öffentliche Moral zu wünschen übrig läßt, spielt sich als Hüter der Privatmoral auf. Die Gesellschaft, der Schnitzler einen Spiegel vorhält, erkennt sich darin nicht, wie von ihr gewünscht, als Beste und Schönste, sondern wird ihrer Falten und Blößen gewahr, die sie vertuscht sehen möchte.

Aristokratie und Bourgeoisie lassen sich nicht gern Schnitzlers Bemerkungen hinter den Spiegel stecken. In der 1909 vollendeten Komödie »Komtesse Mizzi oder der Familientag« wird der sittliche Verfall des Adels demonstriert. Eine Stütze der Gesellschaft, die keine mehr ist, wird demontiert, eine moralisch morsch gewordene Ordnung eingerissen und ihr die glitzernden und schillernden Ornamente abgerissen. Auch wenn Schnitzler mehr ironisiert als dramatisiert, so wird ihm dies höheren Orts als Sakrileg angekreidet. Als er in der Novelle »Leutnant Gustl« an dem bis zur Lächerlichkeit überzogenen Ehrenkodex des k.u.k-Offizierskorps zu deuteln wagt, wird ihm der Rang eines Leutnants der Reserve abgesprochen.

Arthur Schnitzler ist von Hause aus Nervenarzt und als Seelenanatom ein Zeitgenosse des Neurologen Sigmund Freud, der Wiener in seiner Praxis auf die Couch legt, um ihre Psyche zu analysieren und ihre Neurosen zu therapieren. Freud nennt Schnitzler in seinem Glückwunsch zu dessen 50. Geburtstag einen »Collegen« bei der Erforschung eines Gebietes, das der »törichten und frevelhaften Geringschätzung« ausgesetzt sei, »welche die Menschen heute für die Erotik bereithalten«. Der Psychoanalytiker ist geneigt, den Seelenstimmungen ergründenden und enthüllenden Schriftsteller für einen Doppelgänger, jedenfalls für einen Vorgänger zu halten, der Einsichten in das Unterbewußtsein, die der Wissenschaftler gewonnen hat, als Dichter vorweggenommen habe.

»Der Neurotiker wendet sich von der Wirklichkeit ab, weil er sie – ihr Ganzes oder Stücke derselben – unerträglich findet«, erklärt Sigmund Freud, der zu dieser Erkenntnis im Wien der Jahrhundertwende gelangt, wo es an Material für seine Forschungen nicht mangelt. Das moderne Leben stelle immer größere Anforderungen an den einzelnen, und der moderne Mensch immer höhere Ansprüche an sich selbst. Nervöse Erschöpfungen seien eine Folge der Überreizung und Überanstrengung, die Ursachen von seelischen Störungen seien in unbewältigten Triebkonflikten zu finden.

1899 erscheint mit dem Datum 1900 sein Buch »Die Traumdeutung«. »Das Meiste und Beste, was wir von den Vorgängen in den unbewußten Seelenschichten wissen«, rühre »aus der Deutung der Träume«, bemerkt Sigmund Freud, und Karl Kraus bescheinigt ihm: Dem Verfasser gebühre das Verdienst, »in die Anarchie des Traums eine Verfassung eingeführt zu haben. Aber es geht darin zu wie in Österreich.«

»Und der Wert des Traumes für die Kenntnis der Zukunft?«, fragt Freud und antwortet: »Daran ist natürlich nicht zu denken. Man möchte dafür einsetzen: für die Kenntnis der Vergangenheit. Den aus der Vergangenheit stammt der Traum in jedem Sinne. Zwar entbehrt auch der Glaube, daß der Traum uns die Zukunft zeigt, nicht völlig des Gehaltes an Wahrheit. Indem uns der Traum einen Wunsch als erfüllt vorstellt, führt er uns allerdings in die Zukunft; aber diese vom Träumer für gegenwärtig genommene Zukunft ist durch den unzerstörbaren Wunsch zum Ebenbild der Vergangenheit gestaltet.«

So ist es im alten Österreich, wie Hugo von Hofmannsthal bestätigt: »Alles, was je da war, ist immer noch da; nichts ist erledigt, nichts völlig abgetan, alles Getane ist wieder zu tun; das Gelebte tritt, leise verwandelt, wieder in den Lebenskreis herein.« Ob es dabei besser werden wird? Sigmund Freud hält einen »zukunftsfreudigen Optimismus« nicht für angebracht: Das Glück sei im Schöpfungsplan nicht vorgesehen.

Indessen träumen immer mehr Menschen davon, daß sie im neuen Jahrhundert glücklicher werden würden. Während die einen dem Abendrot ein »Verweile doch, du bist so schön« zurufen möchten, erwarten andere das Morgenrot einer neuen Zeit.

»Ver sacrum« heißt die Zeitschrift der Maler und Architekten, die 1897 das Künstlerhaus der Akademiker verlassen und die Wiener Secession bilden, sich in der Kunst wie im Leben einen »heiligen Frühling« im Jugendstil versprechen. Ihr Ausstellungsstempel trägt die Giebelinschrift: »Der Zeit ihre Kunst, der Kunst ihre Freiheit«, der sie von vorneherein mit den vergoldeten Lorbeerblättern der Kuppel einen Ruhmeskranz verleihen.

Der Jugendstil ist keine originäre Wiener Kunstform. Sie entstand aus einem in ganz Europa verspürten Bedürfnis, die ausgetretenen Pfade des Historismus und Eklektizismus zu verlassen und nach neuen Wegen in das 20. Jahrhundert zu suchen. In Paris und Brüssel wird von »Art nouveau«, in London von »Yellow Period« gesprochen und die in Mitteleuropa übliche Bezeichnung »Jugendstil« vom Titel und Programm der in München erscheinenden Zeitschrift »Jugend« abgeleitet. »Jugend ist Daseinsfreude, Genußfähigkeit, Hoffnung und Liebe, Glaube an die Menschen – Jugend ist Leben, Jugend ist Farbe, ist Form und Licht«, heißt es in der ersten Ausgabe vom 1. Januar 1896. »Darum sehen wir dem Werdenden mit voller Hoffnung entgegen...«

Dennoch, Avantgardisten, die in der Kaiserstadt so vieles verdorren und vermodern sahen, fühlten sich hier besonders bemüßigt, die neue und freie Kunst intensiv zu pflegen, sodaß in der Wienerstadt, wo man nicht nur für Kunst begeistert, sondern auch dazu befähigt war, der neue Stil prächtig gedieh.

Indessen entging kritischen Beobachtern nicht, daß Altes im Neuen weiterwirkte, im Fortschritt die Dekadenz mitgeschleppt wurde, das Progressive das Traditionelle nicht, wie erstrebt, hinter sich zu lassen vermochte – bei »einer romantischen Flucht aus der Wirklichkeit«, wie es der Graphiker Heinrich Vogeler nannte: »Nirgends war ein Horizont, nirgends ein Durchblick, nirgends eine Perspektive; das Ganze war ein schöner Vorhang, der die Wirklichkeit verhüllte.«

Traum statt Wirklichkeit – selbst im Jugendstil. Wie hätte es auch im Wien der Jahrhundertwende anders sein können, an diesem Ort, wo Sigmund Freud bemerkte, daß Zukunftsbilder eines Traums sich nicht von Vergangenheitsbildern zu lösen vermöchten, und Hugo von Hofmannsthal gewahrte, daß das Gelebte, nur ein wenig verwandelt, wieder in das Dasein eintrete?

Deutlich wird dies im Leben und Schaffen des Malers Gustav Klimt, der kein Traditionalist war, ein Secessionist wurde, ein Visionär werden wollte und ein Illusionär blieb.

Der spätere Klassiker des Wiener Jugendstils debütierte als Porträtist der Wiener Gesellschaft, deren Lebenskraft schwand und deren Wirkungskreis, wie Karl Kraus spottete, sich auf das

Premierenparkett beschränkte. Vor dem Abriß des alten Burgtheaters am Michaelerplatz hatte sich zur letzten Vorstellung, wie Stefan Zweig erzählte, »die ganze Wiener Gesellschaft wie bei einem Begräbnis feierlich und ergriffen in den Räumen versammelt« – und der junge Gustav Klimt hielt in seinem Gemälde »Der Saal des alten Burgtheaters« in mehr als hundert Einzelporträts die elitären Besucher fest. Kaum war der Vorhang gefallen, stürzten sie auf die Bühne, »um wenigstens einen Splitter von den Brettern, auf denen ihre geliebten Künstler gewirkt, als Reliquie nach Hause zu bringen«.

Schon bald hatten die Wiener im neuen Burgtheater eine neue Kunststätte gefunden, in der sie sich, nach anfänglichem Granteln und Nörgeln, noch heimischer fühlten, weil sie ihrem Ringstraßenstil entsprach: dem Kapitolspalast in Rom wie der Markusbibliothek in Venedig nachempfunden, mit Treppen versehen, auf denen sie den Ringstraßenkorso nach oben, bis zum Deckenhimmel verlängern konnten. Gustav Klimt war wieder zur Stelle, schuf Deckengemälde, Rückblicke auf die Geschichte des Schauspiels und die Verbindung von Theater und Gesellschaft.

Beim Rendezvous, zu dem sich die Ringstraßengesellschaft im Burgtheater einfand, war Gustav Klimt zugegen. Er porträtierte Damen, die von Schnitzlers Bühne und aus Freuds Praxis gekommen zu sein schienen, konterfeite Gesichter, in denen sich Lebensfreude wie Lebensernst spiegelten, »Sonja Knips« in einer Mischung aus rosa angehauchtem Biedermeier und der fragilen Eleganz des Fin-de-siècle, und »Emilie Flöge« mit wissenden, ahnenden Augen, die weit ins 20. Jahrhundert hineinzublicken schienen.

Der »Stilkünstler« begann sich darauf zu beschränken, nur noch das Antlitz und die Hände abzubilden und den Körper mit reichem Golddekor zu verdecken, ja zu erdrücken. Das Ornament, das im Rokoko eine so entscheidende Rolle gespielt hatte, feierte im Jugendstil fröhliche Urständ in Formen, die von Bewunderern als Dekorierungen einer noch unbestimmten neuen Ordnung und von Kritikern als Verformungen der noch bestehenden alten Ordnung angesehen wurden.

Im Jahre 1900 protestieren 87 Fakultätsmitglieder der Wiener Universität gegen das für den Festsaal der Alma Mater bestimmte Fakultätsbild »Philosophie« von Gustav Klimt. Im Neorenaissancebau an der Ringstraße halten die Professoren das Bild von Franz Matsch »Sieg des Lichtes über die Finsternis« für angebrachter, denn es zeigt das Ziel der in der Tradition der Aufklärung stehenden Wissenschaft im Zeitalter des Liberalismus. Deren Klarheit und Exaktheit sei es nicht angemessen, wie auf Klimts »Philosophie« als nebulöses, phantastisches Gebilde mit »dunkler und unklarer Symbolik« hingestellt zu werden.

Ist dies aber nicht ein Hoffnungsbild, daß aus der in Farben verschwimmenden Gegenwart etwas Neues, Zeitgemäßes und Zukunftsträchtiges auftauchen könnte? Eine Vision, aus der Laterna magica an den Horizont projiziert, ist Klimts »Beethoven-Fries« von 1902. Auch in ihm wird ein Wunsch der Vergangenheit aufgegriffen, Friedrich Schillers Beschwörung der Freude als schönem Götterfunken, der in den Menschen die Brüderlichkeit entzünden und sie über alle von dunklen Mächten aufgebauten Hindernisse hinweg in ein Reich der Liebe und des Friedens bringen sollte. So wurde es von Ludwig van Beethoven in seiner Neunten Symphonie in Töne gesetzt und nun von Gustav Klimt auf den Bildern seines Frieses dargestellt.

Der Wiener Barock ließ grüßen. Auch seine Kunst baute an einem Universum, das jedoch als Vorhalle der himmlischen Welt gedacht war. Der Wiener Jugendstil, der »das erste Stilphänomen mit universalen Anschauungen seit dem Barock« genannt wurde, blieb auf dem Boden einer säkularisierten Welt, gab seine Hoffnung auf einen Himmel auf Erden nicht auf und suchte sich inzwischen in der Gegenwart sinnvoller und zweckmäßiger einzurichten und begnügte sich dabei auch mit kunsthandwerklichen Kreationen.

»Solange nicht unsere Städte, unsere Häuser, unsere Räume, unsere Schränke, unsere Geräte, unsere Kleider und unser Schmuck, solange nicht unsere Sprache und unsere Gefühle in schlichter, einfacher und schöner Art den Geist unserer eigenen Zeit versinnbildlichen, sind wir unendlich weit gegen unsere

Vorfahren zurück und keine Lüge kann uns über alle diese Schwächen täuschen«, erklärt Josef Hoffmann, der 1903 die »Wiener Werkstätte« mitbegründet. Von ihr werden moderne Haushalte mit ebenso zweckmäßigen wie wunderschönen Dingen ausgestattet, mit teuren Produkten für ein elitäres Publikum. Die von Kolo Moser, einem weiteren Mitbegründer der »Wiener Werkstätte«, an der Jahrhundertwende entworfene Briefmarke mit dem Kopf des Kaisers ist für den Umlauf im ganzen Kaiserreich gedacht.

Wenn auch nicht für jeden zu bewohnen, so sind doch Jugendstilbauten für alle zu betrachten. Wie einst der Barock, so strebt der Jugendstil ein alle Lebensbereiche umfassendes Gesamtkunstwerk an und sucht es in Bauwerken unter Dach und Fach zu bringen.

Ein Arbeitszimmer
an der Jahrhundertwende

In der Architektur protestiert der Jugendstil am sichtbarsten und überzeugendsten gegen den Ringstraßenstil, dem die Fassade, die beeindrucken sollte, wichtiger erschien als das Gehäuse, in dem Menschen wohnen und arbeiten mußten. Eine »Architektur von innen heraus«, einen Nutzstil, der jedoch über der Sachlichkeit die Schönheit nicht vergißt, die rationale Ordnung mit funktionellem Ornament zu verbinden versteht, schafft Otto Wagner. Er baut außer Wohnhäusern und Stadtbahnhöfen das Postsparkassenamt in Wien, das von außen wie ein Panzerschrank anmutet, und die Landesheilanstalt am Steinhof mit geeigneten Räumen für Geisteskranke, sowie eine daran angeschlossene Kirche mit kurzen, den Wärtern ein sofortiges Eingreifen ermöglichenden Bänken, und einer vergoldeten Kuppel, die sich über allem erhob.

Auf dem Weg zum modernen Bauen geht Adolf Loos einen Schritt weiter als Otto Wagner. In seinem puritanischen Streben nach Materialtreue und Werkgerechtigkeit konstruiert er das Geschäftshaus für die Herrenmodefirma Goldman & Salatsch am Michaelerplatz in bloßer Funktionalität ohne jegliche Ornamentik. Das »Haus ohne Augenbrauen« nennen es Wiener, die seinen Abbruch verlangen. Der Kaiser in der Hofburg, dem

Stadtbahnhaltestelle von Otto Wagner
in der Währingerstraße

dieses Gegenüber ebenfalls mißfällt, gibt sich mit der Auflage zufrieden, daß Blumenkästen vor den Fenstern in etwa die fehlenden Augenbrauen, die vermißten Barockornamente ersetzen sollen.

Alles modern Geschaffene müsse den Anforderungen der Gegenwart entsprechen, wenn es für die moderne Menschheit passen solle, erklärt Otto Wagner. »Merkwürdig, wie gut hier die Menschen hineinpassen«, wundert sich Franz Joseph I. Es sind neue Menschen, die neue Gehäuse suchen, die ihnen angemessen sind.

Die Wohnungen seien schlecht geworden, weil sie sich nach der Fassade bequemen mußten, bemerkte Hermann Bahr. »Aber die Fassade hatte keinen Sinn mehr, weil im Haus nicht gehalten wurde, was sie versprach. Man fing an, den Fassaden nicht mehr zu trauen« – den Fassaden der Adelsschlösser wie der Bürgerpaläste. Wien hatte den Weg zu Volksheimen und Arbeiterkasernen beschritten.

»Versuchsstation für den Weltuntergang«

Mit dem Walzer »Groß-Wien« feierte Johann Strauß 1891 das Anwachsen der Kaiserstadt zur Millionenstadt, in der Erwartung, daß alle ihre Bewohner im Dreivierteltakt einer glücklichen Zukunft entgegentanzen würden. Doch »vorüber sind die Tage, wo bei eines Walzers Klang / sich dein Volk in bunten Reigen froh und unbekümmert schwang«, fand der Dichter Ferdinand von Saar:

> »Nicht mehr weichliches Genießen, nur den Kampf
> um Licht und Recht,
> um des Daseins höchste Güter kennt das wandelnde
> Geschlecht;
> schlaff und wankelmütig nimmer, horcht es nicht
> auf halben Rat –
> mit gebieterischem Rufe fordert es nunmehr die Tat.«

Der Poet sieht den einst strahlend blauen Himmel »längst umdünstet« und die »schimmerndste der Städte« von »Sorge leis' umgraut«. In der Prosa der Sozialkritik klingt es nüchterner und alarmierender: Viele Handwerker fristen mühsam, die meisten Arbeiter elend ihr Leben. »Sie dürfen nur Zeichen tun, als lebten sie, dürfen nicht leben«, findet der Dichter Anton Wildgans.

Der Arbeitstag ist bis zu sechzehn Stunden lang, die Entlohnung kümmerlich, und dürftig die Verpflegung. In der Schlaraffenstadt des Tafelspitzes und der üppigen Mehlspeisen sind viele Menschen unterernährt, frühstücken am Werktag zum Ersatzkaffee eine Semmel, jausen, wenn es hochkommt, ein Butterbrot, essen zu Mittag Suppe und Gemüse, zu Abend Brot und Bier; Wurst oder Fleisch – oft vom Pferd – gibt es gewöhnlich nur sonntags, auch mal am Zahltag.

Viktor Adler gründet und führt die sozialdemokratische Arbeiterpartei in Österreich. »Sie erstrebt für das ganze Volk ohne Unterschied der Nation, der Rasse und des Geschlechts die Befreiung aus den Fesseln der ökonomischen Abhängigkeit und die Erhebung aus der geistigen Verkümmerung«, heißt es in ihrem Programm. »Das Proletariat politisch zu organisieren, es mit dem Bewußtsein seiner Lage und seiner Aufgabe zu erfüllen, es geistig und physisch kampffähig zu machen und zu erhalten, ist das eigentliche Ziel der Sozialdemokratischen Partei in Österreich, zu dessen Durchführung sie sich aller zweckdienlichen und dem natürlichen Rechtsbewußtsein des Volkes entsprechenden Mittel bedienen wird.«

Der österreichische Sozialist Viktor Adler wird »Hofrat der Revolution« genannt, weil er in der »kleinen Internationale« der nationalen Arbeiterparteien der Habsburgermonarchie das Vielvölkerreich als Staatswesen wie als Wirtschaftsraum erhalten, aber sozialistisch, demokratisch und föderalistisch umgestalten will – mit rechtlichen und gesetzlichen Mitteln. Ein gemäßigter Sozialist ist Franz Schuhmeier, von dem behauptet wird, er habe Karl Marx nie gelesen. Der Wiener Parteiführer betreibt im Gemeinderat praktische Sozialpolitik. Der »Wiener Volkstribun« baut in Ottakring das »Volksheim« auf; zwischen

1895 und 1905 sind rund 100000 Wiener, davon ein Drittel Arbeiter, in dieser Volkshochschule eingeschrieben.

Wiener Sozialdemokraten, die in Sonntagsanzügen zu den Maifeiern antreten, marschieren unter den roten Fahnen vom Reformismus in Richtung Revolution, ohne in das Tempo anderer europäischer Sozialisten zu verfallen. Der aus Sibirien entflohene russische Revolutionär Leo Trotzki, der von 1907 bis 1914 in Wien lebt und die »Prawda« herausgibt, versucht die österreichischen Genossen voranzutreiben. Doch diese diskutieren im Kaffeehaus, wo sich auch Leo Trotzki einfindet und im roten Plüschsessel nicht unwohl fühlt. Im Café Central spielt er mit Sozialdemokraten Schach, ist mit Viktor Adler befreundet, der den Emigranten unterstützt, ohne dessen Revolutionstheorie zu teilen. Der Österreicher will »die Befreiung der Arbeiterklasse« mit den Stimmzetteln erreichen, und seit dem Erfolg bei den Reichsratswahlen im Jahre 1907 scheint die österreichische Sektion der internationalen Arbeiterbewegung diesem Ziel ein Stück näher gekommen zu sein.

Ein »Stadtsozialismus« ist vom christlich-sozialen Wiener Bürgermeister Karl Lueger anvisiert: »Die Gesamtheit der Bürger, die Gemeinde hat für ihre Kinder und Alten, Kranken und Toten zu sorgen, in erster Linie für die arbeitende Bevölkerung, die auf der Schattenseite geblieben ist.«

Luegers liberale Vorgänger im Rathaus hatten auf Privatisierung gesetzt. Der neue Bürgermeister betreibt Kommunalisierung, »verstadtlicht« die Wasser- und Energieversorgung, schafft ein Nutzwassernetz und eine zweite Hochquellenleitung, elektrifiziert die städtische Straßenbahn, gründet das Städtische Wohnungsamt, das Arbeits- und Dienstverwaltungsamt, die Städtische Lebens- und Rentenversicherungsanstalt sowie die Zentralsparkasse der Gemeinde Wien, verbessert das Erziehungswesen durch Neubau oder Vergrößerung von über hundert Schulen, sorgt für Grünflächen und Schwimmbäder, baut Waisenhäuser, Spitäler und Altersheime sowie auf dem erweiterten Zentralfriedhof eine Auferstehungskirche im Jugendstil.

Die Stadt Wien wird – nach dem Staat – der zweitgrößte Unternehmer des Habsburgerreiches. Der »Stadtsozialist« läßt, wie der Monarch an Staatsbauten, seinen Namen an Kommunalgebäuden auf Marmortafeln eingravieren. In den Hauptbüchern der Gemeinde sind auch Verluste ausgewiesen. Während private Brauereien florieren, ist das städtische Brauhaus defizitär. Am Gewinn der Kommunalisierung sind nicht zuletzt Parteigenossen des Bürgermeisters beteiligt, die bei der Postenvergabe bevorzugt werden.

Die Christlich-Sozialen, die eine weiße Nelke und ein rotes Tuch mit eingewobenem weißen Kreuz als Parteiabzeichen tragen, sind auf ihren Parteiführer eingeschworen und auf ihn ausgerichtet. Es gibt einen Lueger-Marsch, Lueger-Büsten, Lueger-Medaillen. Weniger ein Volkstribun alten als ein Demagoge neuen Schlages, agitiert er auf Volksversammlungen. Dem »schönen Karl« mit seiner imponierenden Figur und seiner sonoren Stimme folgen viele Wiener und vor allem Wienerinnen wie dem Rattenfänger von Hameln. Seine Rhetorik ist hinreißend; wer jedoch genauer hinhört, wird gewahr, daß er oft gegen und selten für etwas spricht, Kübel voll Hohn und Spott über die Gegner ausgießt, Volksstimmungen in Schlagworte ummünzt, die im Umlauf immer simpler, gemeiner und gefährlicher werden.

Seine Schilderhebung verdankt Karl Lueger nicht allein seinen kommunalpolitischen Leistungen, sondern auch und nicht zuletzt der Aufputschung kleiner Leute gegen »Die da oben«, die Großkopfeten und Großverdiener, und als solche gelten in Wien primär die Juden. Der christlich-soziale Parteiführer appelliert an Handwerker und Krämer, an Kleinbürger, die sich von der vom Kapitalismus vorangetriebenen Wirtschaftsentwicklung an den Rand gedrängt und in ihrer Existenz gefährdet sehen. Auch angesprochen fühlen sich Katholiken, die sich gegen den liberalen Freisinn wie gegen das liberale Profitstreben wenden und an eine Sozialreform in christlichem Geiste und mit kirchlicher Hilfe denken, indessen mehr durch die im Volke wirkenden Kapläne als durch die auf ihren Thronen sitzenden Fürstbischöfe.

Auch deutsch-nationale Töne, von denen er sich ein Echo bei den zunehmend auf Berlin schauenden Deutsch-Österreichern erwartet, sind von Lueger zu vernehmen. Aber sie bleiben moderat, denn der Bürgermeister braucht auch die Stimmen der Hausmeister, Schneider und Kutscher unter den hunderttausend Tschechen und Slowaken in Wien. »Laßt mir meine Böhm' in Ruh!« ruft er Alldeutschen zu.

Antisemitisches ertönt bereits forte und bald fortissimo. Für Lueger ist der Antisemitismus keine rassistische Ideologie, sondern ein Instrument zur Entfachung kleinbürgerlicher Affekte gegen die »Judoliberalen«, die jüdischen Großkapitalisten und Pressezaren. Antisemitismus gibt es vielerorts in Europa, doch in Wien findet er ein Klima, in dem er zu wuchern beginnt.

Obgleich er mit Moriz Szeps, dem jüdischen Gründer und Chefredakteur des »Neuen Wiener Tagblatts« befreundet war und Artikel für die liberale Zeitung schrieb, bedauerte es Kronprinz Rudolf, daß das »alles zersetzende Volk der Israeliten bei uns einen so gewaltigen Einfluß hat und die Zeitung und durch sie die öffentliche Meinung beeinflußt«. Das wichtigste Medium ist die Wiener »Neue Freie Presse«, das Zentralorgan des Liberalismus für Politik, Wirtschaft und Kultur, in dem in erster Linie jüdische Journalisten wirken.

Diese Presse nennt Karl Kraus »eine Preßgenossenschaft, welche feil bis auf die Knochen«, die »auch was sich nicht ereigne« in geschäftstüchtiger Aufmachung bringe, »wenn's nur fürs Blatt geeignet« sei. In den von unmoralischen Moralisten gemachten Zeitungen offenbare sich die Unmoral der Zeit, in einer »Welt, die auf die Presse kam«.

Nicht allein Juden, doch weitgehend und maßgeblich sie, prägen das geistige Leben Wiens und damit Österreichs, der Dichter Arthur Schnitzler, der Schriftsteller Stefan Zweig, der Publizist Karl Kraus, der Komponist Gustav Mahler, der Psychoanalytiker Sigmund Freud und viele andere. Als geistige Bevormundung wird dies von mehr und mehr Deutsch-Österreichern empfunden und ebenso wie die angeprangerte Vorherrschaft der Juden in der Großwirtschaft publizistisch und politisch bekämpft. Die antisemitische Kampagne wird zunehmend mit einer Rassentheorie unterbaut.

In Wien lebt jahrelang Houston Stewart Chamberlain. Der englische Schwiegersohn Richard Wagners verstärkt die antisemitischen Töne des Bayreuthers, sucht sie zu einer Rassenlehre zu komponieren, kommt zu dem Schluß: Das Arische und das Jüdische seien nicht miteinander zu vereinbaren, eine germanische Herrenrasse sei – wie ein edles Rennpferd – nur durch »Ausscheidung alles Minderwertigen« zu züchten. Chamberlains in Wien geschriebenes und 1899 in München erschienenes Buch »Die Grundlagen des 19. Jahrhunderts« wird ein Grundbuch des judenfeindlichen Rassismus und dann des judenvernichtenden Nationalsozialismus.

Im Jahre 1900 tritt der im Vorjahr zum Priester geweihte Joseph Adolf Lanz aus dem Zisterzienserorden aus und gründet den heidnischen »Neutempler-Orden« für Herrenmenschen. Der Sohn eines Wiener Lehrers legt sich einen falschen Doktortitel zu, behauptet adeligen Geschlechts zu sein, erfindet einen Stammbaum, in dem seine Mutter, die jüdischer Abstammung ist, nicht vorkommt. Baron Dr. Adolf Georg Lanz von Liebenfels, wie er sich nun nennt, wird Herausgeber der »Ostera«, die er als »die erste und einzige Zeitschrift zur Erforschung und Pflege des heroischen Rassentums und Mannesrechts« anpreist, welche »die Ergebnisse der Rassenkunde tatsächlich in Anwendung bringen will«.

Der entlaufene Mönch greift die römisch-katholische Kirche an: den »erbittersten Feind der Germanen«, der den minderwertigen Rassen im Kampf gegen die einzig hochwertige Rasse beistehe. Lanz wird ein Propagandist des Ritters Georg von Schönerer. Dieser führt eine Bewegung an, in der sich Völkisch-Nationales mit Antirömischem und Antisemitischem in einer unheiligen Allianz vereint.

»Ohne Juda, ohne Rom wird gebaut Germaniens Dom«, lautet der Kampfruf der Alldeutschen, die inbrünstig an die »Religion des Deutschtums« glauben: »Uns Deutschen muß zweifellos der germanische Heldenglaube höher stehen als der jüdischen Erzväter Weltanschauung.« Fanatisch folgen sie ihrem Messias, der sie nach Walhall zu führen verspricht. Sie singen Schönerer-Lieder, rufen »Heil dem Führer!« und huldigen ihm: »Wir lieben, wir verehren, wir bewundern Dich und preisen Dich als den besten Mann, der unserem Volk nach Bismarck entstanden ist.«

Georg Ritter von Schönerer, der Sohn eines reichen, geadelten Eisenbahnunternehmers, der sich vom Liberalen zum Nationalliberalen und zum Deutschnationalen entwickelt, verehrt nicht Franz Joseph I., sondern Wilhelm I. als »seinen« Kaiser. Die Lieblingsblume des Hohenzollern, die blaue Kornblume, macht er zu seinem Parteiabzeichen. »Sein« Reichskanzler ist Otto von Bismarck, in dessen Nähe er sich im Sachsenwald begraben lassen wird, als sich der Tote nicht mehr dagegen wehren kann, der als Reichskanzler erklärt hat: Er würde Krieg gegen die Deutsch-Österreicher führen, wenn sie Miene machen sollten, sich dem von ihm gegründeten Deutschen Reich anzuschließen.

Dies ist und bleibt das Ziel Georg von Schönerers, den sein Anhänger Lanz von Liebenfels höher schätzt als Bismarck: Dieser habe zwar durch die Erweckung des »völkischen Bewußtseins« das deutsche Volk »in den Sattel gehoben«, aber reiten lehren werde es jener mit Unterstützung der »jungen Rassewissenschaft«. Schönerer fordert »die Beseitigung des jüdischen Einflusses auf allen Gebieten des öffentlichen Lebens«, bezeichnet den Antisemitismus als den »Grundpfeiler des nationalen Gedankens, der größten Errungenschaft des 19. Jahrhunderts«. Während Bismarck die Erhaltung des habsburgischen Vielvölkerreiches für unabdingbar zur Bewahrung des Friedens in Europa gehalten hat, möchte es Schönerer lieber heute als morgen aufgelöst sehen, damit die deutschen Österreicher in das Deutsche Reich heimgeführt werden könnten.

»Nicht liberal, nicht klerikal«, »gegen die schwarzen und roten Feinde«, gegen die Habsburger, die Schönerer Todfeinde des deutschen Volkes nennt, »gegen Rom und Juda« kämpfen die Alldeutschen für eine »germanische Welt- und Lebensanschauung«. Völkischer Nationalismus, Antiliberalismus, Antisemitismus und Antichristentum sind die vier apokalyptischen Reiter, die zu ihrem Unheilzug in das 20. Jahrhundert aufbrechen.

Im Jahre 1907 kommt der 1889 im österreichischen Braunau am Inn geborene Adolf Hitler nach Wien. Bis 1913 bleibt er in der Stadt, »die so vielen als Inbegriff harmloser Fröhlichkeit gilt, als festlicher Raum vergnügter Menschen«, die jedoch für ihn »nur die lebendige Erinnerung an die traurigste Zeit meines Lebens« bleibt, wie er in »Mein Kampf« schreiben wird. Er schlägt sich als Gelegenheitsarbeiter durch, zieht in das Männerheim in Brigittenau und lebt dürftig vom kärglichen Ertrag seiner zweitklassigen Malerei. Die Highlights von Wien – vom Stephansdom über die Karlskirche bis zum Rathaus und Parlament –, die er hauptsächlich als Souvenirs für Touristen abbildet, decken sich nicht mit den Ansichten, die er selber in der Kaiserstadt erwirbt und von ihr mitnimmt.

Im Dunkeln stehend, sah er die Schattenseiten der Lichterstadt. »Das Wohnungselend des Wiener Hilfsarbeiters war ein entsetzliches. Mich schaudert noch heute, wenn ich an diese jammervollen Wohnhöhlen denke, an Herberge und Massenquartier, an die düsteren Bilder von Unrat, widerlichem Schmutz und Ärgerem.« Im Zerrspiegel meinte er die Verantwortlichen für die physische wie psychische Not erkannt zu haben: Die Liberalen, die nur an ihren Profit dächten, die Kleriker, die Ungleichheit und Ungerechtigkeit ihren Segen gäben, die Sozialisten, die nichts verbessern, nur verschlechtern würden, und die Juden, die primär an allem Unglück schuld wären.

»Nichts hatte mich in kurzer Zeit so nachdenklich gestimmt als die langsam aufsteigende Einsicht in die Art der Betätigung der Juden auf gewissen Gebieten. Gab es denn da einen Verrat, eine Schamlosigkeit in irgendeiner Form, vor allem des kulturellen Lebens, an der nicht wenigstens ein Jude beteiligt gewesen wäre?«, erinnerte sich Adolf Hitler. »In dieser Zeit sollte mir auch das Auge geöffnet werden für zwei Gefahren, die ich beide vordem kaum dem Namen nach kannte, auf keinen

Fall aber in ihrer entsetzlichen Bedeutung für die Existenz des deutschen Volkes begriff: Marxismus und Judentum.«

Was dem deutschen Volke schadete und was ihm nützte, glaubte der Braunauer in der Metropole des Vielvölkerreiches erkannt zu haben, in dem auch die Deutschen im Völkerkäfig gehalten und von einer Vereinigung mit den Deutschen im »Zweiten Reich« abgehalten würden.

Dies sei das Verbrechen der Habsburger gewesen, »der erbärmlichsten Dynastie, die jemals über deutsche Lande herrschte«, aber auch ein Versagen der deutschen Reichsführung, die nicht eine »sofortige Hereinnahme der zehn Millionen Deutsch-Österreicher in das Reich und Absetzung der Habsburger« betrieben hätte – das wurde und blieb die Anschauung Hitlers. »Als ich nach Wien kam, standen meine Sympathien voll und ganz auf der Seite der alldeutschen Richtung«, bekannte er in »Mein Kampf«. Er setzte auf den Ritter Georg von Schönerer, der die für Deutschtum und Ariertum eintretenden Österreicher in das preußisch-deutsche Reich zu führen und dieses zu einem »Germanischen Reich deutscher Nation« zu erheben versprach.

Elemente seiner »völkischen Weltanschauung«, die sich zur nationalsozialistischen Ideologie auswuchs, entnahm Hitler in Wien dem Arsenal der Alldeutschen: Verdammung von Liberalismus, Parlamentarismus, Sozialismus und Katholizismus, Bekenntnis zu Antisemitismus und Pangermanismus, zu einer Rassenlehre, welche die Reinhaltung des »deutschen Edelvolkes« von Fremdvölkischem verlangte. Von Alldeutschen übernahm er die Anschauung, daß in einem Volksstaat das Individuum im Volksganzen aufzugehen habe: »Du bist nichts, dein Volk ist alles!«

Nicht allein Inhalte, auch Formen einer völkischen Bewegung lernte Hitler in Wien kennen und schätzen. Schönerer nannte sich »Führer«, wollte seine Bewegung einzig und allein führen, forderte von seiner Gefolgschaft, die ihn mit »Heil« grüßte, kultische Verehrung und absoluten Gehorsam. Auch beim Volkstribunen Lueger war einiges abzuschauen: wie ein Massenführer ein Massenpublikum zu fanatisieren und zu manipulieren vermag, durch »die Brandfackel des in die Masse geschleuderten Wortes«. Luegers Partei »erkannte den Wert einer großzügigen Propaganda und war Virtuosin im Einwirken auf die seelischen Instinkte der breiten Masse ihrer Anhänger«.

Was viele Wiener und auch Hitler beeindruckt, beunruhigt Zeitgenossen, die Unheil wittern. »Politik ist Magie. Welcher die Massen aufzurufen weiß, dem gehorchen sie«, bemerkt Hugo von Hofmannsthal, den Hermann Bahr für den Salto mortale vom Rationalen zum Irrationalen, für die Absage an den Intellekt und den Appell an den Instinkt mitverantwortlich macht: »Der romantische Idealismus wirft die Vernunft hinaus, hängt das Gefühl an die Steigbügel der durchgehenden Sinne.« An »in die Tiefe versenkten Triebe«, die Explosionsstoff anhäuften, denkt Hermann Bahr, und Sigmund Freud sieht in der Zivilisation des beginnenden 20. Jahrhunderts nur eine dünne Schicht, die jeden Augenblick von den destruktiven Kräften der Unterwelt durchstoßen werden könnte.

Die Metropole Wien, die etlichen als Laboratorium eines neuen Weltgeistes gilt, erscheint Karl Kraus als »Versuchsstation für den Weltuntergang«. Als der Weltkrieg entbrennt, sieht er »Die letzten Tage der Menschheit« anbrechen, erkennt er den Weltkrieg als Weltgericht, das mit dem Todesurteil für das alte Österreich wie für das alte Europa enden wird.

SANKT PETERSBURG

»Kaiser aller Slawen«

Am Dreikönigstag 1894 wird, wie jedes Jahr, das Fest der Wasserweihe gefeiert. Vor dem Winterpalast des Kaisers von Rußland, zum Andenken an Jesu Taufe im Jordan, taucht der russisch-orthodoxe Metropolit ein Kruzifix in die Newa. Am gegenüberliegenden Ufer läuten die Glocken der Peter-Paulskathedrale und donnern die Kanonen der Peter-Paulsfestung, ertönt der in Byzanz angeschlagene Zweiklang von weltlicher und geistlicher Macht, der in Sankt Petersburg fortklingt. Mit dem geweihten Wasser werden Herrscher und Volk besprengt, und mit dem »Podal Gospodi – Gib das, Herr!« Gottes Segen auf sie herab gefleht.

Notwendiger denn je scheint er am Ende des 19. Jahrhunderts zu sein. Das Russische Reich, das ein Sechstel alles festen Bodens auf der Erde einnimmt, beginnt einem Koloß auf tönernen Füßen zu gleichen.

Die Tore Rußlands sind dem wissenschaftlichen und technischen Fortschritt verspätet und zögernd geöffnet worden. Langsam kommt die Industrialisierung voran, schneller die mit ihr einhergehende soziale Problematik. Die Probleme der Bauern, der Masse der Bevölkerung, sind immer noch nicht gelöst. Der Feudaladel will den gesellschaftlichen Wandel nicht wahrhaben, beharrt auf seinen Vorrechten und Vorurteilen. Die Bürokratie verwaltet Überkommenes und Überholtes, behindert eine Weiterentwicklung und beeinträchtigt das alte Regime durch Intoleranz und Korruption.

Während sich in Frankreich die Republik, in England die parlamentarische und in Deutschland wie in Österreich-Ungarn die konstitutionelle Monarchie durchgesetzt hat, ist Rußland immer noch eine absolutistische Monarchie. Der Zar regiert als unbeschränkter Selbstherrscher, vereinigt in seiner Person die gesetzgebende, ausübende und richterliche Gewalt, pocht auf das erste monarchische Gebot: »Dem Herrscher über alle Reußen gehört die einzige und uneingeschränkte Macht«, die ihm von Gott verliehen sei, weshalb ihm alle Gottesfürchtigen Verehrung und Gehorsam schuldeten.

Die Autokratie erhält von der Orthodoxie den kirchlichen Segen. Weihwasser und Weihrauch werden der Dynastie der Romanows seit dreihundert Jahren gespendet. Das hat ihr oft Heil gebracht, aber nicht immer Unheil abgewendet. Von einem sich von Generation zu Generation im Herrscherhaus fortpflanzenden Fluch spricht der 1865 in Sankt Petersburg geborene Schriftsteller Dimitri Mereschkowski: »Peter I. ermordet seinen Sohn; Alexander I. tötet seinen Vater; Katharina II. tötet ihren Gatten.« Sie brachten um und wurden umgebracht, erst vor kurzem, am 13. März 1888, Alexander II. Auf dem Weg von der Michaelmanege zum Winterpalast wurde er am Katharinenkanal von einer Dynamitbombe tödlich verwundet, die einer der Verschwörer, die sich »Volksfreunde« nannten, gegen den Zaren geschleudert hatte.

Sein Sohn und Nachfolger Alexander III. schien der Meinung gewesen zu sein, daß der Ermordete dieses Schicksal herausgefordert habe, weil er bei Untertanen, denen er einen Finger entgegengestreckt, das Verlangen nach der ganzen Hand erweckt habe. Da er sie als Zar nicht geben konnte, habe ihm das Volk die geballte Faust gezeigt. Jedenfalls ging Alexander III. daran, die Schrauben des Absolutismus und Feudalismus, die sein Vorgänger gelockert hatte, wieder anzuziehen. Das bewahrte ihn nicht vor Attentaten, denen er körperlich unversehrt und ungebrochen in seinem Glauben entging, daß er sich durch die Rückwendung zu Autokratie und Orthodoxie die schützende Hand Gottes verdient habe. Sie blieb ihm nicht erhalten. Der noch nicht Fünfzigjährige erkrankte an einem Nierenleiden, dem er am 20. Oktober 1894 erlag.

An das Totenbett Alexanders II. war ein zwölfjähriger Bub

im Matrosenanzug geführt worden: Nikolai Alexandrowitsch, der Enkel des Verstorbenen und Sohn Alexanders III. An dessen Sterbelager stand nun der Sechsundzwanzigjährige in Livadia, dem Sommersitz auf der Krim. Doch der Zarewitsch, den nur noch die letzten Atemzüge des Vaters vom Throne trennten, benahm sich beinahe noch so wie der Bub von damals. Scheu und schüchtern, beklommen und unsicher hielt er sich zurück, ließ verständnisvoll seiner Mutter den Vortritt, unverständlicherweise aber auch seinen Onkeln, den Großfürsten, die sich wie immer anmaßend benahmen.

Sie hielten noch weniger von ihrem Neffen als die Mutter von ihrem Sohn. »Sie wollen sagen, daß er nicht den Charakter eines Zaren hat?«, wurde sie vom Minister Sergei Witte gefragt. »Das ist richtig«, antwortete die Zarinwitwe Maria Feodorowna, eine geborene Prinzessin von Dänemark; im Notfall müsse man ihn durch ihren anderen Sohn Michael ersetzen, »aber der hat noch weniger Willen und Charakter.«

Der Braut des Thronfolgers war diese Geringschätzung ihres Verlobten nicht verborgen geblieben. Sie mußte sich eingestehen, daß sie nicht aus der Luft gegriffen war. Prinzessin Alix von Hessen-Darmstadt nahm sich vor, ihren Nikolai zu einem Zaren, der den Namen Nikolaus II. verdiente, zu erziehen, und begann mit der Ermahnung: »Laß nicht zu, daß die anderen sich vordrängen und Dich übergehen… Du mußt alles wissen und wegen allem gefragt werden. Äußere Deine Meinung und laß die anderen nicht vergessen, wer Du bist.« Sie wollte an der Seite eines Zaren stehen, der seine Herrschaft so ausübte, daß ihr die Mitherrschaft ermöglicht würde.

Alix war zwar vier Jahre jünger als Nikolaus, aber sie war ihm an geistiger Reife und charakterlicher Stärke weit überlegen. Die Herrschsucht war ihr angeboren: der Enkelin eines Coburgers, dessen Dynastie sich als heimliches Herrscherhaus Europas gerierte, und der Queen Viktoria, die über ein Weltreich gebot. In England, wo sie erzogen wurde, hatte sie freilich erfahren, daß die Macht der Königin durch das Parlament eingeschränkt war. In Rußland, das noch autokratisch regiert wurde, bot sich ihr die Chance, als Zarin neben dem Zaren, der lenkbar war, die Zügel in die Hand zu nehmen.

Am liebsten hätte Alix mit Nikolaus II., kaum hatte Alexander III. die Augen für immer geschlossen, noch in Livadia Hochzeit gehalten. Doch zuerst mußte der Tote unter die Erde respektive in die Gruft der Peter-Paulskathedrale in Sankt Pe-

Das russische
Kaiserpaar auf der Jagd
in Livadia 1903

tersburg gebracht werden. Die Hochzeit fand am 26. November 1894 statt. »Zehn Minuten nach Zwölf gingen wir in die Große Kathedrale, aus der ich als verheirateter Mann herauskam«, notierte Nikolaus II. in sein Tagebuch. Es war ein anstrengender Tag. »Wir hauten uns früh aufs Ohr, denn sie hatte Kopfweh«, bemerkte der Gatte, und die Gattin schrieb in ihr Tagebuch: »Ist dieses Leben zu Ende, so treffen wir uns in der anderen Welt wieder und bleiben für immer zusammen.«

Fast ein Vierteljahrhundert lang sollten sie in dieser Welt zusammenbleiben: der Zar, der seiner Herrschaftsaufgabe immer weniger gewachsen war, und die Zarin, die ihre Ermahnungen mit schwindender Aussicht auf Beherzigung überspitzte: »Sei Peter der Große, Iwan der Schreckliche, sei Zar Paul – zertrete alle unter Deinen Füßen!« Nach der großen Revolution in Rußland sollte dem irdischen Leben von Nikolaus und Alix samt ihren fünf Kindern am 17. Juli 1918 von Bolschewisten ein Ende gesetzt werden.

»Meine Hochzeit war die Fortsetzung der Beerdigung Alexanders III., nur daß ich weiß gekleidet war«, erklärte Alix, die als Zarin mit dem orthodoxen Glauben den Namen Alexandra Feodorowna angenommen hatte. Am 17. Januar 1895 erschien sie an der Seite des Zaren im Anitschkow-Palais in Sankt Petersburg zum erstenmal vor Vertretern des Staates und der Stände.

Ein Minister tritt, ohne den monarchischen Boden zu verlassen, für unumgängliche Reformen ein. Sergei Witte, ein Mittvierziger, der als Chef des Eisenbahnwesens und Minister der Verkehrswege begann, fühlt sich als Lokomotivführer, der den Staatszug von Station zu Station voranzubringen hat. Als Finanz- und Wirtschaftsminister baut er den Rubel auf Gold, gleicht den Haushalt aus und erhöht die Staatseinnahmen – bis 1906 – um 114 Prozent. Die Industrieproduktion kommt Zug um Zug voran; die jährlichen Zuwachsraten sind höher als in den anderen Industriestaaten, ohne freilich deren Größenordnungen zu erreichen. Noch weiter bleibt die von Witte im Gefolge der Industrialisierung angestrebte Liberalisierung zurück.

Auf Halt sind die Signale von dem auf die Siebzig zugehenden Konstantin Pobedonoszew gestellt. Als Oberprokuror des Heiligen Synods ist er der ständige Vertreter des Kaisers, der nicht nur als Caesar, sondern auch als Papst gilt, in der Zentralbehörde der russischen Staatskirche. Der Erzieher und Ratgeber Alexanders III. brachte diesen vom Reformkurs Alexanders II. ab und lenkte ihn in Richtung der reaktionären Ziele »Orthodoxie, Autokratie und Nationalismus«. Dies bedeutete eine Rückwendung zur überlieferten Rechtgläubigkeit und Staatsallmacht, Abkehr von modernen Ideen und Institutionen sowie Unterdrückung der anderen Konfessionen und Nationalitäten im großrussischen Reich.

Was er unter Alexander III. erreicht hat – zum Beispiel die Einschränkung der Selbstverwaltung der Semstwo (Landschaft) – will Pobedonoszew unter Nikolaus II. nicht preisgeben. Deshalb setzt er die erste politische Erklärung auf, die der neue Zar am 17. Januar 1895 im Anitschkow-Palais abzugeben hat, in der Residenz des verstorbenen Zaren, in dem der reaktionäre Geist umging und weiterhin umgehen soll.

Nikolaus II. holt das Manuskript aus seiner Kosakenmütze und beginnt das ihm Aufgeschriebene mit Fistelstimme vorzulesen: »Wie ich höre, haben sich kürzlich in mehreren Semstwo-Versammlungen Leute zu Wort gemeldet, die sich von sinnlosen Träumereien über die Beteiligung von Semstwo-Abgeordneten an innenpolitischen Entscheidungen leiten ließen; hiermit sei es allen gesagt, daß ich, der ich meine ganze Kraft dem Wohle des Volkes widme, an dem Grundsatz der Alleinherrschaft so fest und unerschütterlich wie mein verstorbener unvergeßlicher Vater festhalten werde.«

Dabei fixiert der junge Herrscher – weniger aus Ärger als aus Verlegenheit – einen alten Herrn, den Vertreter des Twerer Adels, der irritiert die goldene Schale mit Brot und Salz, die er anschließend dem Zaren darbieten sollte, fallen läßt. Sie rollt über den Boden, das Salzfäßchen hinterher, und das Brot bleibt auseinandergebrochen liegen.

Dieser Vorfall wird als ein böses Omen gedeutet, und die

Rede »hat einen äußerst bedrückenden Eindruck hinterlassen«, bemerkt ein Zeitzeuge. »Und der jungen Zarin wirft man vor, daß sie sich so steif hielt, als hätte sie ein Lineal verschluckt, daß sie sich nicht vor den Abgeordneten verneigte.«

Das alles scheint vergeben, jedenfalls vergessen zu sein, als im Mai 1896 Nikolaus II. in Moskau gekrönt wird. Obgleich der Kaiser in dem nach Westen vorgeschobenen, vom Westler Peter dem Großen gegründeten und geprägten Sankt Petersburg residiert, wird Moskau immer noch als die erste Hauptstadt des Russischen Reiches bezeichnet.

Im Kreml ist die Geschichte Rußlands konzentriert. Die Burgfestung der Zaren, an dessen Kirchen und Palästen jahrhundertelang gebaut wurde, gilt gläubigen und patriotischen Russen als Nationalheiligtum. Wenn sie ihn durch das Erlösertor betreten, entblößen sie ihr Haupt. Mittelpunkt des Kreml ist die Mariae-Himmelfahrtskathedrale. In ihrer Mischung aus byzantinischem und tatarischem Stil versinnbildlicht sie das Mixtum compositum des alten Reiches. Von Anfang an war sie die Krönungskirche der Zaren, die von Moskau aus mit der »Sammlung des russischen Landes« begannen, durch die das Großfürstentum zu einem Großreich wurde.

Noch im 17. Jahrhundert war die Westgrenze Rußlands zwischen Peipus-See, Smolensk, Kiew und der Ostspitze des Asowschen Meeres verlaufen. Im 18. Jahrhundert war sie an die Ostgrenze Ostpreußens, bis Brest-Litowsk und Odessa vorgeschoben. Zu Beginn des 19. Jahrhunderts, als Napoleon I. bis in das Herz Rußlands vorstieß und dann von den Russen unter Alexander I. bis in das Herz Frankreichs zurückgeworfen wurde, kamen im Westen Finnland, Bessarabien und das polnische Kernland um Warschau, und im Osten Kasachstan sowie Gebiete am Kaukasus hinzu.

Die Idee von Moskau als »Drittem Rom« verband sich mit der Ideologie des Panslawismus. Rußland müsse alle Slawen zusammenführen und über den »slawischen Bund« hinaus in Europa bis Griechenland, Ungarn und Siebenbürgen sowie in Asien über Anatolien und Persien bis Tibet und China greifen, verlangte der Historiker Michael Pogodin. Der Dichter Fedor Tschutschew zog die Grenzen des von den russischen Metropolen Moskau, Sankt Petersburg und Konstantinopel aus regierten Russischen Reiches »vom Nil zur Newa, von der Elbe bis nach China, vom Euphrat bis zur Wolga, vom Ganges bis zur Donau«.

Eine solche Ausdehnung sei möglich, meint der Imperialist. Denn »der Westen fault, der Westen stirbt. Alles geht im allgemeinen Zusammenbruch zugrunde und löst sich auf, das Europa Karls des Großen, das Europa von 1815, die Herrschaft des römischen Papstes, alle Throne des Westens, Katholizismus, Protestantismus, der längst verlorene Glaube an die Vernunft werden zum Wirrwarr verzerrt. Es wird ein riesiger Schiffbruch sein – aber über ihm wird schwimmen, groß wie die Bundeslade, das Russische Reich, größer denn je.«

Hinter den slawophilen Ideologen stünde eine imperialistische Potenz, und daher müßten die Panslawisten ernst genommen werden, meinte Karl Marx, der es für unwahrscheinlich hielt, »daß diese riesenhaft angewachsene Macht, nachdem sie schon derartig weit fortgeschritten ist auf dem Wege zum Weltreich« in ihrem Lauf einhalten würde. »Die unregelmäßige und in Wellenlinien verlaufende Westgrenze des Reiches wird Begradigung verlangen; und es wird darauf hinauskommen, daß die als natürlich erscheinende Grenze Rußlands von Danzig oder vielleicht Stettin bis nach Triest verläuft.« Der Panslawist Iwan Aksakow geht davon aus, daß nicht nur Österreich-Ungarn, sondern auch das Deutsche Reich der Expansion entgegenstehen und zieht die Konsequenz: Der Weg nach Kontantinopel führe durch das Brandenburger Tor in Berlin.

Schon wird der russische Zar »Kaiser aller Slawen« genannt und erwartet, daß bald »alle slawischen Bäche« und auch europäische Flüsse und asiatische Ströme »ins russische Meer fließen«. Unter Alexander II. sind die Kurilen, die nördliche Mandschurei, Wladiwostok, Taschkent, Samarkand, Buchara, Chiwa, Nordsachalin, Kokand sowie Teile Armeniens dazugekommen. Turkmenien mit der Oase und Stadt Merw sind es unter Alexander III. Nikolaus II. wird von seinem Minister Witte, der mit der Transsibirischen Eisenbahn, der längsten Bahnstrecke der Welt, die westlichen mit den östlichen Reichsteilen verbunden hat, bedeutet werden: »Rußland wird von den Ufern des Stillen Ozeans und den Gipfeln des Himalajas nicht nur die asiatischen, sondern auch die europäischen Angelegenheiten beherrschen.«

Die russischen Imperialisten scheinen zu übersehen, daß mit jeder Vergrößerung des Reiches dessen Beherrschung schwieriger wird. Schon jetzt, an der Jahrhundertwende, umfaßt es 22429996 Quadratkilometer mit 128313221 Einwohnern. Im europäischen Rußland werden 1897 55 Millionen Großrussen,

Transsibirische Eisenbahn: Brücke über den Ob 1902

22 Millionen von ihnen als Kleinrussen bezeichnete Ukrainer und sechs Millionen Weißrussen gezählt. Die Großrussen verstehen sich als Staatsvolk und benehmen sich als Herrenvolk. Ihr Nationalismus steigert sich nicht nur nach außen, sondern auch im Innern zum Imperialismus. Die anderen Nationalitäten im Vielvölkerreich sollen im Großrussentum aufgehen und dem autokratischen und bürokratischen Zentralismus unterworfen werden.

Im Visier sind in erster Linie die acht Millionen Polen, deren Patriotismus den Petersburgern und deren Katholizismus den Orthodoxen widerstrebt. Im Jahre 1892 wird auch im katholischen Religionsunterricht die polnische Sprache verboten. Die Personalunion zwischen dem Kaiser von Rußland und dem Großherzog von Finnland soll in eine Realunion umgewandelt werden; 1899 wird die bisherige finnländische Autonomie aufgehoben. Die Russifizierung der Litauer, Letten, Esten und Baltendeutschen ist im Gange. 1893 wird die deutsche Universität in Dorpat aufgelöst und die Stadt in Jurjew umbenannt.

Die Juden – an der Jahrhundertwende werden im europäischen Rußland fünf Millionen gezählt – sind Verfolgungen ausgesetzt. »Die Lösung der Frage besteht darin, daß ein Drittel der Juden auswandert, ein Drittel sich assimiliert und ein Drittel untergeht«, meint Konstantin Pobedonoszew, der Oberprokuror des Heiligen Synods. Etliche Juden passen sich an, viele – bis zum Ersten Weltkrieg eine Million – wandern aus und Tausende fallen Pogromen zum Opfer. In Kischinew, der Hauptstadt des russischen Gouvernements Bessarabien, in der es neben 23 orthodoxen Kirchen 33 Synagogen gibt, werden im April 1903 zwei Tage lang Juden mißhandelt, ihre Häuser angezündet und 400 Menschen umgebracht.

In Sibirien ist der Zar weit, aber seine Knute bekommen auch die eingeborenen Völkerschaften wie Jakuten, Burjäten und Tungusen sowie die eingewanderten russischen Bauern – über eine Million – und vor allem die »Verschickten«, Zwangskolonisten und Sträflinge zu spüren. 19000 Personen müssen jährlich in die Verbannung gehen.

»Die Arrestanten marschierten zu Fuß von Tomsk bis in die Gefängnisse Transbaikaliens, das sind reichlich 3 000 Kilometer. Sie marschierten in Ketten, die ein Gewicht von zirka sieben Pfund hatten«, erzählte der baltische Graf Alfred Keyserling. »Es ist kaum möglich, sich eine Vorstellung von dem Elend und den Demütigungen zu machen, die für den Verbannten mit dem Leben auf der Heerstraße verbunden sind«, berichtete der amerikanische Journalist George Kennan. »Im Ergebnis meiner Forschungen gelangte ich zu der Überzeugung, daß den Leiden, welche die gegenwärtige Methode, Verbrecher nach Sibirien zu transportieren, mit sich bringt, in der ganzen zivilisierten Welt außerhalb des Russischen Reiches nichts gleichkommt.«

Dessen Zustände finden die Untertanen des Zaren immer unerträglicher, auch Angehörige des russischen Staatsvolkes und vor allem die von ihm unterdrückten Minderheiten. Juden schließen sich Vereinigungen an, die die Revolution predigen und Bomben werfen. Polen verknüpfen nationale und sozialistische Bestrebungen. Ukrainer gewinnen aus ihrer Geschichte und Literatur ein verstärktes Nationalgefühl. Esten und Letten erproben ihren Nationalismus in einem Zweifrontenkrieg gegen Russifizierer und »baltische Barone«. Die Finnen, deren von 500 000 Menschen unterschriebene Petition um Autonomie vom Zaren verworfen wird, gehen zum passiven, einzelne bald zum aktiven Widerstand über; der diktatorisch regierende Generalgouverneur Bobrikow wird 1904 von einem Studenten getötet.

In Armenien agitiert seit 1890 die »Revolutionäre Föderation«. In Georgien fordern die »Sozialistischen Föderalisten« Selbständigkeit im russischen Staatenverband. In Bachtschissarai, der alten Residenz der Tataren-Khane der Krim, gründet Ismail Bey Gasprinski die Zeitung »Tercüman« (»Der Dolmetscher«), die sich zum Fürsprecher aller von Russifizierung bedrohten Moslems macht und ein Anwalt ihrer Emanzipation wird.

Von all dem scheinen die Russen nichts zu bemerken, die im Mai 1896, geblendet vom Glanz der überlieferten Zeremonien, in Moskau die Krönung Nikolaus' II. erleben. Es sollte, wie sich herausstellen wird, die letzte sein.

Ein Vorzeichen gibt einigen zu denken. Als Nikolaus und Alexandra Feodorowna zum Dreieinigkeitskloster des heiligen Sergius kommen, um wie die jährlich zweihunderttausend Pilger den Segen dieses Nationalheiligen zu erbitten, werden sie von der Geistlichkeit nicht in seinem Namen empfangen. Das Versäumnis des Protokolls wird für ein Anzeichen gehalten, daß Zar und Zarin nicht unbedingt auf Sergius als Schutzpatron zählen könnten.

In der Mariae-Himmelfahrtskathedrale im Kreml nimmt Nikolaus II. aus den Händen des Metropoliten die Krone entgegen und setzt sie sich auf das Haupt, setzt sie ab, berührt damit das Haupt der vor ihm knieenden Gemahlin und setzt sie sich wieder auf.

»14. Mai 1896. Ein großer und feierlicher, aber in moralischer Hinsicht schwerer Tag für Alix, Mama und mich«, notiert der Gekrönte in sein Tagebuch. »Seit acht Uhr waren wir auf den Beinen. Zum Glück hatten wir wunderschönes Wetter. Die Rote Treppe bot ein strahlendes Bild. Was in der Himmelfahrts-Kathedrale geschah, kommt mir zwar wie ein Traum vor, aber ich werde es mein Leben lang nicht vergessen.«

Der Traum von der Macht und Herrlichkeit des Zarentums schien wiederum wahr geworden, das großrussische Credo erneuert und gefestigt worden zu sein. »Ja, wir glauben, daß die russische Nation eine außergewöhnliche Erscheinung in der Geschichte der ganzen Menschheit ist«, hat der Dichter Fedor Dostojewski vorgebetet. Jedes große Volk glaube und müsse glauben, »daß in ihm, und nur in ihm allein, die Rettung der Welt liegt, daß es bloß lebt, um an die Spitze aller Völker zu treten, sie alle in das eigene Volk aufzunehmen und sie, in harmonischem Chor, zum endgültigen, ihnen allen vorbestimmten Ziele zu führen«.

Das Krönungsfest soll mit einem Volksfest abgeschlossen werden. Vor den Toren Moskaus, auf das Chodynkafeld strömen Hunderttausende, um Freikost zu bekommen und mit Freibier in Krönungsbechern auf »Väterchen Zar« anzustoßen. Der große Exerzierplatz ist kreuz und quer von Schützengräben durchzogen, die der Menge zum Verhängnis werden. In sie fallen Männer, Frauen und Kinder, als sie, auf das Gerücht hin, das Gespendete ginge aus, zu den Ausgabestellen stürzen.

»18. Mai 1896. Bis jetzt lief alles glatt, aber heute hat sich ein großes Unglück ereignet: Die Menge, die in Erwartung des Essens und der Becher auf dem Chodynkafeld übernachtet hatte, rückte gegen die Gebäude vor, und es kam zu einem schrecklichen Gedränge, bei dem etwa 1300 Menschen totgetrampelt wurden«, notiert Nikolaus II. in sein Tagebuch. »Diese Nachricht hat einen ekelhaften Eindruck hinterlassen.« Er wird dadurch verstärkt, daß der Zar das Fest nicht abbricht, sondern sich zum Ball beim französischen Botschafter begibt, um das Einvernehmen zwischen Rußland und Frankreich zu feiern und den Tanz auf dem Vulkan fortzusetzen.

An ein ähnliches Vorkommnis bei der Vermählung des Bourbonen Ludwig XVI. mit der Habsburgerin Marie Antoinette im Jahre 1770 scheinen sich Nikolaus II. und Alexandra Feodorowna nicht erinnert zu haben. Als aus diesem Anlaß in Paris ein Feuerwerk abgebrannt wurde, kamen 132 Schaulustige im Gedränge um. Dreiundzwanzig Jahre später wurden König und Königin von Frankreich in Paris enthauptet, zweiundzwanzig Jahre nach ihrer Krönung in Moskau, die mit einem bösen Omen geendet hatte, Zar und Zarin in Jekaterinburg erschossen.

Zwischen West und Ost

In Sankt Petersburg steht das Reiterdenkmal Peters des Großen. Der Zar, der am Anfang des 18. Jahrhunderts sein Reich zur europäischen Großmacht erhob und den Titel »allrussischer Kaiser« annahm, streckt seine Hand über das von ihm eroberte Land, deutet auf die Mündung der Newa in die Ostsee, die ihm als imperialistisches Ausfalltor nach Westen wie als Einfalltor für Errungenschaften des Westens in das rückständige Rußland galt, zeigt hinüber zur Festung, der Urzelle der von ihm aus dem

Morast gestampften neuen, seinen Namen tragenden Reichshauptstadt.

Der Denkmalkaiser ist einen fünfeinhalb Meter hohen Granitblock in vollem Galopp hinaufgesprengt – als soll angedeutet werden, daß er über einen gewaltigen Berg, die in Jahrhunderten aufgetürmte russische Tradition kommen will. Oben angekommen, pariert er sein Pferd, dessen Vorderfüße in der Luft hängen, sodaß der erzene Koloß, um nicht aus dem Gleichgewicht zu geraten, nicht allein von den am Boden bleibenden Hinterfüßen, sondern auch von der unter den Hufen zertretenen Schlange gestützt werden muß.

Um ganz sicher zu gehen, wurde das Hinterteil des Denkmalsrosses mit Blei ausgegossen. Der französiche Bildhauer Étienne-Maurice Falconet war besorgt um die Statik seiner Schöpfung, die genauso gefährdet war wie das Gleichgewicht der neuen und alten Kräfte in Rußland. Jedenfalls kehrte der zum Realismus neigende Künstler von Sankt Petersburg nach Paris zurück, bevor noch das Reiterstandbild, an dem er zwölf Jahre lang gearbeitet hatte, 1782 enthüllt wurde. Die Auftraggeberin, Kaiserin Katharina II., hatte am Granitblock in goldenen Lettern die Inschrift »Petro Primo Catherina Secunda« anbringen lassen, als Hinweis darauf, daß sie sich kaum weniger groß als der Vorgänger fühlte und seinen Westkurs fortzusetzen gedachte.

»Hat Rußland wohlgetan, das Eindringen fremder Sitten zu begünstigen?«, fragte sich am Anfang des 19. Jahrhunderts der Freiherr von Stein in Sankt Petersburg. »Alle Theorien der repräsentativen Verfassung sind in Rußland barer Unsinn«, meinte später Helmuth von Moltke, der voraussah, daß durch die Verknüpfung überlieferter Autokratie mit modernem westlichen Know-how »Rußland eine große Zukunft vor sich hat«.

»Archimedes suchte einen Stützpunkt außerhalb der Erde, um die Erde aus ihrer Bahn zu heben, Peter der Große fand ihn für seine Reformen außerhalb des Reiches in den erst von ihm eroberten schwedischen Provinzen. Dort baute er seine europäische Stadt«, bemerkte Moltke. »Eine der prachtvollsten Haupt-

Besuch des französischen Präsidenten Faure bei
Zar Nikolaus II. in Sankt Petersburg 1897

Wasserspiele
in Peterhof

städte erhebt sich über dem Sumpf der Newa, obwohl die Fluten derselben sie zu ertränken drohen.«

Wie aufmerksame Beobachter vor und nach ihm erkannte er, daß die neue Reichshauptstadt Sankt Petersburg, die sich über die alte Reichshauptstadt Moskau erhaben dünkte, das Alte nicht abgestreift und das Neue nur übergezogen hatte.

Das Musterbeispiel einer unausgeglichenen Mischung aus Östlichem und Westlichem ist die 1858 vollendete Isaakskathedrale. Die Perystile sind denen des Pantheon in Rom nachgebildet, die Kuppel, eine Kopie des Petersdomes, kann durch Vergoldung ihre Schmächtigkeit nicht wettmachen. Das Innere ist nicht von Licht durchflutet, das Erleuchtung verspricht, sondern nach orthodoxem Brauch in mystisches Halbdunkel getaucht. Die herrlichen Mosaikbilder werden nicht unbedingt als Ersatz für den verwehrten Blick in das Sanktuarium angesehen.

Der Winterpalast, in der Mitte des 18. Jahrhunderts vom Italiener Rastrelli erbaut und nach dem Brand von 1857 wieder aufgebaut, gleicht weniger einem Schloß als einer Kaserne. Im Alexandersaal hängen Gemälde von Schlachten, in denen sich Rußland zur Großmacht emporkämpfte, im Feldherrensaal Porträts der siegreichen Heerführer, und in einem einfenstrigen Zimmer steht noch das Feldbett, auf dem Kaiser Nikolaus I. schlief, und der Telegraph, mit dem er seine Ukasse in das Reich hinausschickte. Nikolaus II., der nur bei offiziellen Anlässen ein martialisches Gesicht aufsetzt, residiert im Sommer lieber in Peterhof, wo ihm mehr als die Versailles-Imitation der englische Garten gefällt, und im Winter in Zarskoje Selo, wo er sich in den von Alix im viktorianischen Stil eingerichteten Wohnzimmern heimisch fühlt. Mit seiner Frau sitzt er am Kaminfeuer und liest ihr aus englischen Romanen vor.

In der neben dem Petersburger Winterpalast gelegenen Eremitage sind Bilder niederländischer, deutscher, italienischer und französischer Maler zu einer Kunstsammlung von europäischem Rang zusammengetragen. In der Bibliothek, deren Grundstock Kaiserin Katharina II. vom französischen Aufklärer Diderot vermittelte Bücher bilden, sind an der Wende vom 19. zum

20. Jahrhundert eineinhalb Millionen Bände und fünfzigtausend Manuskripte zu finden, darunter Briefe Maria Stuarts, Katharinas von Medici und Ludwig XIV. Die Akademie der Wissenschaften, die auf Pläne des deutschen Philosophen Leibniz zurückgeht, widmet sich auch der Erforschung asiatischer Sprachen.

Die Universität zählt 3836 Studenten, 103 Privatdozenten und Lektoren sowie 80 Professoren. Der Chemiker Dimitri Mendelejew stellt das Periodensystem der Elemente auf, welches das Aufbauprinzip der Atome spiegelt, findet eine Theorie über die Bildung des Erdöls und trägt durch seine Untersuchungen zum Aufstieg der russischen Naphtaindustrie bei. Er ist Mitglied der Royal Society in London, Ehrendoktor von Oxford, Cambridge, Berlin und Paris. Der Physiologe Iwan Pawlow stellt die Lehre von den bedingten Reflexen auf; er erhält 1904 den Nobelpreis für Medizin. An der Marineingenieurschule in Kronstadt lehrt der Physiker Alexander Popow, der die Antenne für drahtlose Funkanlagen erfindet.

Unweit von Sankt Petersburg, auf der Insel Kotlin im Finnischen Meerbusen, liegt Kronstadt, die Rußlands Hauptstadt deckende Seefestung, der bedeutendste Kriegshafen des Reiches und die Station der Ostseeflotte, die 1907 drei Linienschiffe, zwei Panzerkanonenboote, drei Panzerkreuzer, fünf große und zwei kleine Kreuzer, 62 Torpedoboote und an die 30 Unterseeboote zählt. Seit dem 1885 eröffneten Seekanal können größere Schiffe, die früher ihre Fracht in Kronstadt löschen mußten, bis Sankt Petersburg weiterdampfen.

Es entspricht dem Genius loci der vom Westler Peter dem Großen gegründeten Metropole, daß sie der wichtigste Einfuhrhafen Rußlands ist, während sie als Ausfuhrplatz von Odessa und Riga übertroffen wird. Importiert werden vor allem Rohbaumwolle, Steinkohle, Chemikalien und Maschinen, die auf den von Sankt Petersburg ausgehenden sechs Eisenbahnlinien in das Land weiterbefördert werden oder in der auch zu einer Industriestadt gewordenen Hauptstadt verbleiben.

Im Jahr 1894 gibt es hier bereits 503 Fabriken, wozu auch staatliche Unternehmen wie die Baltische Werft, die Obuchow-

Stahlgießerei und die Newski Mechanische Fabrik zu zählen sind. An der Spitze steht die Baumwollindustrie, gefolgt von der Maschinen- und Metallindustrie. Im ersten Jahrzehnt des 20. Jahrhunderts wird mit der Anzahl der Fabriken die der Fabrikarbeiter auf rund 200000 zunehmen. In ganz Rußland ist ihre Zahl zwischen 1890 und 1900 von 1,425 Millionen auf 2,373 Millionen gestiegen. Die wichtigsten Industriezentren sind Sankt Petersburg, Moskau und das Donezbecken. Zwischen 1877 und 1900 wächst die Steinkohlenförderung von 110 auf 985 und die Roheisenerzeugung von 23 auf 176 Millionen Pud (ein Pud ist gleich 16 Kilogramm). Von 13 auf 600 Millionen Pud steigt die Erdölgewinnung vor allem in Baku am Kaspischen Meer.

In Sankt Petersburg liegen die meisten Fabriken in den Vororten im Südwesten, Süden und Südosten, in die sich der Strom der vom Land in die Stadt drängenden Menschen ergießt. Von 1869 bis 1897 steigt die Einwohnerzahl der Stadt von 668 000 auf 1,26 Millionen; am Ende der Monarchie werden es 2,42 Millionen sein. Im Narwasche-, Roschdestwenski- wie im Alexander-Newski-Stadtteil hausen Arbeiter, die zur Prosperität der Stadt und des Landes beitragen, wovon sie selbst das Wenigste abbekommen.

Selbst in der Hochkonjunktur der neunziger Jahre bleiben die Löhne niedrig, werden unregelmäßig ausbezahlt, hinken den steigenden Lebenshaltungskosten hinterher. Eine Sozialgesetzgebung läuft nur langsam an und bleibt unzulänglich. 1897 wird die tägliche Arbeitszeit von 12 auf 11,5 Stunden herabgesetzt. Frauen werden weiterhin zu Schwerarbeit, auch bei Nacht, herangezogen. Kinderarbeit ist gang und gäbe; im Gouvernement Moskau sind 24 bis 28 Prozent aller Fabrikarbeiter unter 15 Jahren.

Streiks sind verboten, kommen aber immer häufiger spontan zustande. 1896 – im Krönungsjahr Nikolaus' II. – treten in Sankt Petersburger Baumwollfabriken 35000 Arbeiter in den Ausstand, und erneut 1897, nachdem die Unternehmer ihnen abgetrotzte Zusagen nicht eingehalten haben.

In der russischen Gründerzeit haben, wie auch anderswo, Industriemagnaten und Handelsherren das Sagen und den Gewinn, aber die Unterschiede zwischen den Kapitänen auf der Kommandobrücke und den Mannschaften im Maschinenraum sind krasser als in Westeuropa. Indessen bleiben Großbürger die Ausnahme und Kleinbürger eine Minderheit. Im Jahre 1897 werden lediglich 1,2 Prozent der Bevölkerung Rußlands als Unternehmer in Handel, Industrie und Handwerk bezeichnet. In der Hauptstadt wurde 1890 ihre Zahl mit 16,6 Prozent angegeben, die staatlichen und ausländischen Manager eingerechnet.

Sankt Petersburg bleibt Eingangspforte für Innovationen und Investitionen, auf die mit der Hauptstadt das ganze Reich angewiesen ist. An der Jahrhundertwende werden in Rußland 269 ausländische Aktiengesellschaften gezählt; der Fremdanteil am Gesamtkapital – vor allem von französischen und belgischen, aber auch deutschen und englischen Geldgebern – beträgt im Bergbau 70 und in der Metallindustrie 42 Prozent.

Der erste Rang als Bankenzentrum und Finanzplatz ist Sankt Petersburg nicht streitig zu machen. Der durch Handel und Gewerbe erzielte Wohlstand präsentiert sich in den Kaufhöfen der Sadowaja wie den Luxusgeschäften am Newski-Prospekt, die Besucher aus Paris, London oder Berlin nicht so anziehend finden wie die ansässigen Damen und Herren, die auf den breiten Trottoirs promenieren und die in den schmalen Schaufenstern ausgestellten Waren für das Nonplusultra halten.

Hinter der westlichen Fassade ist Östliches geblieben. Nach wie vor geben Adelige den Ton an, russische Aristokraten, in deren zivilisiertem Habitus der alte Geist der Bojaren steckt. In ihren Palästen, wo im Parterre die Kutscher schnarchen, werden in der Bel étage die notorischen Petersburger Nächte in rauschenden und berauschenden Festen gefeiert.

Gardeoffiziere wollen ihren Vorfahren, »die den Schnaps aus Kellen tranken«, nicht nachstehen. Sie zelebrieren das »Ellenbogentrinken«, wobei die auf die Ellenbogen gestellten Gläser auf Kommando mit einem Schwupp in einem Zug geleert werden, oder das »Treppentrinken«, bei dem auf jeder Stufe

Der Newskij-Prospekt
in Sankt Petersburg

gefüllte Gläser stehen, die beim Hinaufgehen eines nach dem anderen geleert werden. Höhepunkt so manchen Trinkgelages ist das »Wolfstrinken«: Die Herren entledigen sich ihrer Uniformen und springen nackt, auch bei Frost, ins Freie, saufen Sekt aus Kübeln und heulen wie die Wölfe.

»Gestern leerten wir 125 Flaschen Champagner«, notierte ein Gardeoffizier, der spätere Zar Nikolaus II., in sein Tagebuch. »Als ich aufwachte, war mir, als hätte in meinem Mund eine Schwadron übernachtet.« In den Sommermonaten zieht das Gardekorps zu Manövern nach Krasnoje Selo. Aus dem nahen Sankt Petersburg kommt das Ballett herüber. Auch der Zarewitsch hat eine Affäre mit einer Balletteuse, Mathilda Kschessinskaja, die bei der Krönung des Zaren und der Zarin in Moskau als »Gelbe Perle« der Star der Ballettaufführung »Die Perle« sein wird.

In Sankt Petersburg steht als Paradeplatz das Marsfeld zur Verfügung, auf dem bis zu 40000 Mann die militärische Macht demonstrieren können, die das Russische Reich geschaffen hat und zusammenhält. In Kasernen gleichenden Gebäuden amtiert die Bürokratie, die das Imperium nach westeuropäischen Vorbildern mit altrussischen Methoden zentralistisch verwaltet. Vom Turm der Admiralität sieht man auf die Stadt, die sich nach Westen öffnet, und darüber hinaus auf das Land, das sich eintönig und unendlich nach Osten und Süden ausdehnt.

In den Weiten Rußlands sind 90 Millionen Bauern daheim. Es wären noch mehr, wenn sich nicht schon viele in die Stadt abgesetzt hätten, um Mißständen auf dem flachen Land zu entrinnen. Sie kommen vom Regen in die Traufe.

Leibeigene, das heißt persönlich vom Grundherrn abhängige und seiner Verfügungsgewalt ausgelieferte Bauern gibt es nicht mehr. Im Jahre 1863, in dem Präsident Abraham Lincoln »allen in Sklaverei gehaltenen Personen« die in den Vereinigten Staaten von Amerika hochgehaltene Freiheit zuerkannte, hob Zar Alexander II. die Leibeigenschaft von 47 Millionen Angehörigen der Bauernschaft auf. Der »Zar-Befreier« entließ sie in eine Freiheit, die so beschränkt war, daß sie diesen Namen kaum verdiente. Politische Rechte wurden ihnen, wie allen Russen, vorenthalten, wirtschaftlich ging es ihnen nicht viel besser, oft sogar schlechter, und sozial blieben sie auf der untersten Stufe der gesellschaftlichen Pyramide stehen.

Mit der ihnen gewährten Freiheit vermögen zahlreiche Bauern wenig anzufangen. Das im Eigentum der Grundbesitzer verbleibende Land kann zwar genutzt und auch erworben werden, doch die Bedingungen sind hart, sind entweder überhaupt nicht erfüllbar oder führen zu einer drückenden Verschuldung der Käufer. Erst ab 1881 werden den de jure Befreiten tatsächlich Dienstleistungen und Abgaben erlassen. Die Landausstattung der Bauern ist ungenügend. Die Bindung an die Scholle bleibt durch Einbindung in die Bauerngemeinde (Mir) bestehen,

Barrikade
ín Moskau 1901

das für Rußland typische Kollektiv, das seinen Angehörigen eine gewisse Sicherheit bietet, aber die Entwicklung eines ökonomisch aktiven und sozial arrivierten Bauernstandes hemmt.

Überdies ist den Bauern eine nicht unbeträchtliche Steuerlast aufgebürdet. 1897 zahlen sie an direkten Steuern 122 Millionen Rubel, während die Geschäftsleute 61 Millionen Rubel entrichten. Grundherren dürfen ihre Grundsteuer selbst festsetzen; 1896 wird sie um die Hälfte verringert. Besonders betroffen sind die Bauern wie auch die Arbeiter von den indirekten Steuern. Seit 1895 verdient der Fiskus am Branntweinmonopol. 1902 schenkt er 7614930 Hektoliter aus und nimmt 475,4 Millionen Rubel ein. Der Pro-Kopf-Verbrauch wird für dieses Jahr mit 6,89 Liter angegeben. Wodka ist und bleibt ein Genuß der Reichen und ein Trost der Armen.

Im Jahre 1900 sind in den 60 Gouvernements des europäischen Rußlands vom steuerbaren Grund und Boden 102,8 Millionen Hektar staatliches Domänen- und dynastisches Apanagenland, 122,4 Millionen Hektar bäuerliches Anteilland der Bauerngemeinden und 111,2 Millionen Hektar privater Grundbesitz. Zahlreiche Höfe verfügen nur über zwei bis drei Hektar Land, die weiterhin mit primitiven Methoden bebaut werden, sodaß der Hektarertrag weit hinter dem in Westeuropa zurückbleibt. Mit der wachsenden Bevölkerung müssen immer mehr Menschen von unzureichenden Ackerböden und mit unzulänglicher Agrartechnik ernährt werden. In den Jahren 1891 und 1892 sowie 1897 und 1902 gibt es Mißernten und Hungersnöte.

Im Frühjahr 1902 brechen in den Gouvernements Charkow und Poltawa Bauernunruhen aus. Herrenhäuser und dazu gehörende Ställe und Scheunen sowie staatliche Musterhöfe und Zuchtanstalten werden niedergebrannt. Regierende erinnern sich an einen Ausspruch Alexanders II.: Es sei besser, daß die Bauernfrage reformerisch von oben als revolutionär von unten gelöst werde. Zunächst bekommen geschädigte Grundbesitzer 600000 Rubel, aber auch verarmten Bauern wird mit Geldzuschüssen und Steuernachlässen geholfen. Aber eine grundlegende Reform findet nicht statt. So nehmen nicht nur in der Stadt, sondern auch auf dem Land die sozialen Spannungen zu. An der Jahrhundertwende schürzt sich der Knoten, der nicht mehr von oben aufzuknüpfen ist und bald schon von unten durchhauen werden wird.

Sucher und Versucher

Weit weg von Sankt Petersburg, näher an Moskau liegt Jasnaja Poljana, das Adelsgut des Grafen Tolstoi: Felder und Wiesen, Weiher und Birkenwäldchen, Katen der Muschiks, die seit vielen Generationen immer gleiche Arbeiten für den Gutsherrn verrichten, das lang gestreckte, weiß getünchte Herrenhaus, eine Holzterrasse, auf der Tee getrunken wird, im ersten Stock der Familientisch und ein mit Leder bezogenes, mit Kupfernägeln beschlagenes Sofa, auf dem die Tolstois zur Welt kommen, am 9. September 1828 auch Graf Leo Nikolajewitsch Tolstoi, der ein Großer der Weltliteratur werden und dabei ganz und gar Russe bleiben wird.

»Ohne mein Jasnaja Poljana kann ich mir Rußland und meine Beziehung dazu kaum vorstellen«, erklärt der Dichter. »Vielleicht würde ich ohne Jasnaja Poljana die allgemeinen Grundsätze, die für mein Vaterland wichtig sind, besser verstehen, aber ich könnte es nicht mit solch zärtlicher Parteilichkeit lieben.« Eine Hymne auf sein Rußland ist der Roman »Krieg und Frieden«, das Epos der nationalen Behauptung gegen den napoleonischen Imperialismus, in dem der Russe ein patriotisches Credo verkündet, durch das Russen zu sich selbst finden. Aus der Geschichte in die Gegenwart geht Tolstoi in seinem Roman »Anna Karenina«, stößt auf menschliche und gesellschaftliche Probleme und macht sich auf, sie nach »allgemeinen Grundsätzen« zu lösen. Er sucht und findet sie nicht in vom Westen entlehnten modernen Theorien, sondern in der Wirklichkeit des russischen Lebens und im Grunde der russischen Seele.

Bereits in den beiden Romanen treten Propheten einer »neuen Religion« auf, die zu gründen sich schon der Sechsundzwanzigjährige vorgenommen hat, »eine praktische Religion, die nicht jenseitigen Segen verheißt, sondern ihren Segen auf der Erde gibt«. In »Krieg und Frieden« ist es Graf Peter Besuchow, der zur Brüderlichkeit mit dem Volke findet, in »Anna Karenina« deren Schwager Lewin, der einer städtischen Lebewelt das schlichte, das wahre Leben auf dem Lande entgegenhält. Im 1895 in Sankt Petersburg erstaufgeführten Drama »Die Macht der Finsternis« wird angeprangert, wie die Gier nach Reichwerden und Sichausleben auch in der bäuerlichen Gesellschaft moralische Mißstände zeitigt, und aufgezeigt, wie sie aus der Welt zu schaffen wären: Indem alle so würden wie der »unansehnliche, gottesfürchtige« Bauer Akim, der durch die Macht seiner Gläubigkeit die Macht der Finsternis bannt.

Der Beichte des Übeltäters in jenem Drama ging die Beichte des Dichters voraus: »Ich tötete Menschen im Kriege; ich forderte sie zum Duell, um sie zu töten; ich verlor im Spiel und vergeudete den Erlös der Arbeiten der Landleute.« Graf Leo Tolstoi, der Offizier des Zaren gewesen und Gutsherr von Jasnaja Poljana geblieben ist, läßt in seinem 1900 geschriebenen Drama »Und das Licht scheint in der Finsternis« eine Figur, mit der er sich identifiziert, zu Seinesgleichen sprechen: »Ihr habt bis zehn Uhr geschlafen, habt getrunken und gegessen und eßt noch immer, ihr musiziert und philosophiert über die Musik – und dort, wo ich soeben gewesen bin, im Dorf, sind sie um drei Uhr morgens aufgestanden, oder haben, wenn sie Nachtwache bei dem Vieh halten, überhaupt nicht geschlafen, und alle miteinander, ob auch krank und schwach, ob Greise oder Kinder, ob Frauen mit Säuglingen an der Brust oder in schwangerem Zustand sind an die Arbeit gegangen und arbeiten bis zur Erschöpfung, damit wir hier die Früchte ihrer Arbeit verzehren.«

Wer Aufwendungen für eine Sache gemacht habe, wer sie instandhalte, der habe auch ein Recht, sie zu benutzen, wird ihm erwidert, und man fragt ihn, ob er denn meine, daß man überhaupt nichts besitzen dürfe. »Jedenfalls darf man nicht so leben, wie wir jetzt leben«, mehr noch, man solle und müsse alles hingeben, antwortet der Interpret der Auffassung Tolstois: »Nicht nur den Wald, den man nicht benutzt, den man nie gesehen hat, soll man hingeben – sondern auch seine Freiheit und sein Stückchen Brot... Und nicht nur sein Brot, sondern überhaupt sein ganzes Ich.«

Leo Tolstoi predigt die Abwendung von der feudalen Gesellschaft, deren Wohlstand zu Lasten derjenigen gehe, die ihn erarbeiteten, und die Abkehr vom monarchischen Staat, der die Besitzenden beschütze und das Volk niederhalte, Kriege beginne, um von inneren Schwierigkeiten abzulenken und für seine Machtgelüste die Untertanen bluten lasse.

Abhilfe verspricht er sich nicht vom »wissenschaftlichen« Sozialismus. Denn dessen Realisierung könne nur mit Gewalt erfolgen und dessen Regime nur »durch die gleichen Mittel« wie das monarchische Regiment aufrechterhalten werden. Tolstoi sagt voraus, daß eine sozialistische Regierung »unweigerlich Gesetze zur Zwangsarbeit einführen muß – das heißt, sie muß die Sklaverei in ihrer ursprünglichen Form wiederherstellen«. Der intellektuelle Revolutionär sei »ein Mörder aus Pedanterie, eine hochmütige, stumpfe Seele, der nicht die Menschen liebt, sondern nur seine eigenen Ideen«.

Und diese Ideen, meint der Russe, seien Sumpfblüten des Westens, der zwar äußerlich wachse, aber innerlich verfaule. Fortschritte in der Technik zeitigten Rückschritte im Humanen, zum Beispiel die Eisenbahn. »Sie ist für das Reisen, was das Bordell für die Liebe ist – ebenso bequem, aber auch ebenso unmenschlich mechanistisch und von tödlicher Gleichförmigkeit.« Die modernen Wissenschaften vermögen nur Antworten auf sekundäre Fragen wie die Gesetze des Lichtes oder der chemischen Verbindungen zu geben, aber nicht auf die primäre Frage: Wozu lebe ich, was ist der Sinn des Lebens, was setzt mich in Beziehung zum Unendlichen?

Befriedigende Antworten vermag dem Russen seine orthodoxe Kirche nicht zu geben. Tolstoi gelangt zu der Überzeugung, daß der Anspruch aller etablierten Religionsgemeinschaften, allein im Besitze der seligmachenden Wahrheit zu sein, die Menschheit auseinanderbringe und nicht in Brüderlichkeit zusammenführe. Die Kirchen segneten auch die Alleinherrscher und Kriegführenden, sanktionierten die Gewalt und nähmen Ungerechtigkeiten in Staat und Gesellschaft hin. In der russischen Kirche würden durch die Ikonenwand nicht nur die Laien von den Priestern getrennt, sondern auch die Gläubigen von Gott abgehalten.

Was in dem 1899 erschienenen Roman »Auferstehung« anklingt, wird von der Orthodoxie als Ketzerei verdammt und Tolstoi als Ketzer exkommuniziert, weil er, wie der Heilige Synod 1901 befindet, »sich öffentlich von seiner Mutter, der rechtgläubigen Kirche, die ihn genährt und erzogen hat, losgesagt, und sein literarisches Schaffen und das gottgegebene Talent dafür verwendet, im Volke Lehren zu verbreiten, die Christus wie der Kirche widrig sind, und in den Hirnen und Herzen der Menschen den väterlichen Glauben, den orthodoxen Glauben, zu tilgen«. Den Dichter zu verbannen, lehnt Zar Nikolaus II. ab: »Ich will seinem Ruhm nicht auch noch den Heiligenschein des Märtyrers hinzufügen.«

Der von der Kirche Ausgeschlossene ist nicht davon abzubringen, daß ein Leben ohne Glauben nicht möglich sei. Aber was sollte man glauben, wie sollte man seinen Glauben praktizieren? Leo Tolstoi vertieft sich in die Bibel, übersetzt die Evangelien aus dem Urtext, konzentriert sich auf die Bergpredigt, resümiert in der »Auferstehung«: »Das ganze Werk des Herrn zu verstehen, liegt nicht in meiner Macht. Aber seinen Willen tun, der in meinem Gewissen geschrieben steht – das liegt in meiner Macht, das weiß ich gewiß.«

Seiner Schrift »Das Reich Gottes ist inwendig in Euch« gibt er den Untertitel »Das Christentum als eine neue Lebensauffassung, nicht als eine mystische Lehre«. Wie aber vermöge man in Gott zu leben? Die Antwort könne nur sein: Weg mit allem, was – wie Besitz und Bildung – Menschen von Menschen trenne, und hin zu jenem, was – wie Streben nach eigener Besserung und Werke der Barmherzigkeit für andere – allein zur

Rettung des Menschen in diesem Dasein führe: »Nicht für sich selbst leben, sondern für andere.«

Das höchste sei die Liebe. Sie »ist gleichsam die Wiederherstellung der gestörten Einheit aller Wesen. Man geht aus sich heraus und geht in einen anderen hinein. Man kann in alles hineingehen. In alles. Das heißt sich mit Gott vereinigen, mit allem«, betont Tolstoi. »Man kann ohne Liebe Holz hacken, Ziegel formen, Eisen schmieden. Aber man kann nicht ohne Liebe mit Menschen umgehen.«

Der Herr will, im Dienste des Nächsten wie der eigenen Vervollkommnung, zum Knecht werden. Der Gutsbesitzer kleidet sich wie ein Bauer, versucht als Muschik unter Muschiks zu leben, flickt Schuhe, räumt Schnee weg, geht hinter dem Pflug, greift zur Sense und bringt Geerntetes in eine Scheuer, die allen offen steht. In Jasnaja Poljana, was »Helle Lichtung« heißt, setzt und heizt er Öfen für Alte, besucht Kranke und gründet eine Schule für Kinder.

Doch die Idealität deckt sich nicht ganz und immer weniger mit der Realität. Der Salon im Gutshaus ist wie eine Dorfstube eingerichtet, aber zwei befrackte Diener empfangen die Gäste. Der Herr Graf möchte als Bauer begrüßt und geschätzt werden, als ein Mensch, der keinen Wert auf Besitz legt, den er jedoch von seiner Gemahlin verwalten läßt. Er gibt an, die ganze Welt umarmen zu wollen, doch er vernachlässigt seine Familie, streitet sich mit seiner Frau, verläßt sie nach achtundvierzigjähriger Ehe, läuft nicht nur ihr, sondern auch sich selbst davon.

Im Kloster von Schamardino findet er keine Ruhe. Er hastet weiter, verschmäht nicht die verabscheute Eisenbahn, unterbricht die Reise in einem Nest namens Astapowo und legt sich im Häuschen des Stationsvorstehers zum Sterben nieder. Seine Frau eilt mit einem Sonderzug herbei, wird aber bei ihrem Mann nicht vorgelassen, ebenso wie die Kameraleute, welche die letzten Augenblicke eines für unsterblich gehaltenen Sterblichen festhalten wollen. Am 20. November 1910 verläßt der Zweiundachtzigjährige die Welt, in der er nicht fand, was er suchte. Eines seiner letzten Worte war: »Sucht ... sucht weiter.«

Viele sind auf der Suche, geraten wie Leo Tolstoi in Versuchung, sie in einem verklärten Russentum oder – wie der 1900 gestorbene Philosoph Wladimir Solowjew – in einem idealisierten Europäertum finden zu können.

Der Sohn des liberalen Historikers Sergei Solowjew, der sich zunächst dem westeuropäischen Freisinn öffnete und der russischen Orthodoxie verschloß, kehrte schon bald zur überlieferten Religiosität zurück. Mit seiner Schrift »Die Krise der westlichen Philosophie« wurde er in Moskau promoviert, las dort als Privatdozent über »Die Verteidigung der Metaphysik« und hielt anschließend in Sankt Petersburg »Zwölf Vorlesungen über das Gottmenschentum«.

Nach der Ermordung des Zaren Alexander II. erregte er Aufsehen mit seinem Kolleg »Kritik an den Prinzipien der Revolution«, die auch eine Kritik der autokratischen »Vergeltungs- und Abschreckungstaktik« enthielt. Anstoß erregte er auch mit einem Brief an den Zaren Alexander III., in dem er um Begnadigung der Attentäter bat. Die Reaktion schlug zurück: Solowjew mußte seine Lehrtätigkeit einstellen und seine Schriften, auf die er sich konzentrierte, der Zensur vorlegen.

Sein Hinweis, daß eine Revolution durch die Erziehung des Volkes im Geiste des wahren Christentums zu vermeiden sei, hätte den Herrschenden gefallen können, wenn er nicht von seiner ursprünglichen Anschauung abgerückt wäre, daß dieser Geist einzig in der russischen Kirche wehe und allein im »Gott tragenden« russischen Volke und in seinem Zaren von Gottes Gnaden wirke.

Solowjew wendet sich gegen den nationalen Messianismus wie den imperialistischen Panslawismus und deren Steigerungsformen: »Anbetung des eigenen Volkes als Träger der universalen Wahrheit«, dann »Anbetung des Volkes als eine grundlegende Kraft ohne Rücksicht auf die universale Wahrheit« und schließlich »Anbetung der nationalen Einseitigkeit und historischen Abnormität, die das Volk von der gebildeten Menschheit trennen – das heißt, Anbetung des eigenen Volkes mit einer direkten Verneinung auch nur der Idee der universalen Wahrheit«.

Die Fundamentalwahrheit, »die spezifische Idee des Christentums, das ist die vollkommene Vereinigung des Göttlichen und des Menschlichen; individuell erfüllt in Christus und sozial sich erfüllend in der menschlichen Gesellschaft«, erklärt Solowjew und stellt fest, daß sich im Laufe der Geschichte das Menschliche vom Göttlichen gelöst habe. So sei »das seltsame Phänomen einer Gesellschaft« entstanden, »die sich zum Christentum als ihrer Religion bekennt, und die heidnisch bleibt – nicht bloß, was ihre Lebensführung betrifft, sondern ihre grundsätzliche Einstellung zum Leben«.

Wie aber könne die rechte Ordnung, das ganze Universum als Reich Christi wiederhergestellt werden? Es gelte, den Egoismus zu bekämpfen und die Spaltung in der Welt zu überwinden. »Jedes Einzelsein – Nation, Klasse, Individuum – insofern es sich auf sich allein stellt und sich herauslöst aus der gottmenschlichen Ganzheit, handelt gegen die Wahrheit; die Wahrheit aber, wenn sie wirklich in uns lebt, muß sich zur Wehr setzen und sich offenbaren als Gerechtigkeit.« Auf solche Weise werde »eine erneuerte Menschheit, wenn sie einmal die universale Solidarität (die Einheit in der Ganzheit) als Wahrheit erkannt hat und nachdem sie einmal diese Wahrheit als Gerechtigkeit in die Tat umgesetzt hat«, sich ihrer in vollkommener Weise erfreuen – »im Geiste der Freiheit und der Liebe«.

Wladimir Solowjew – den der Tscheche Thomas Masaryk den »einflußreichsten Lehrer der jüngsten Gottsucher und den wichtigsten Vertreter der russischen Religionsphilosophie« nennt – bezeichnet als Voraussetzung der Wiederfindung der universalen Wahrheit die Wiedervereinigung der russischen und der römischen Kirche – in Katholizität im Sinne des griechischen Wortes: das Ganze betreffend, sich auf das Ganze erstreckend, alles umfassend und von jedem anerkannt. »Vor allem«, ruft der Russe seine Landsleute und Glaubensgenossen auf, »müssen wir uns als das erkennen, was wir in Wirklichkeit sind: ein organischer Teil der großen Christenheit. Wir müssen unsere innerliche Solidarität mit den Brüdern im Abendland bejahen, die das Zentralorgan besitzen, das uns mangelt« – die römische Kurie.

Dieses Ziel einer west-östlichen »Einheit in der Ganzheit« ist – wie Solowjew erkennt – zu hoch gesteckt, als daß es in einer Zeit, in der sich Individuen, Klassen, Nationen und Konfessionen immer mehr im Egoismus verstricken, erreicht werden könnte: Er sieht den Antichrist kommen, der Gott lästert und leugnet, als Pseudoprophet Menschen verführt und – zur Herrschaft gelangt – sich anbeten läßt und jeden vernichtet, der ihm widersteht.

Der russische Philosoph Wladimir Solowjew verliert den Glauben an die nahe Gründung des Gottesreiches in dieser Welt. Der russische Schriftsteller Maxim Gorki setzt seine Hoffnung auf ein Menschenreich, in dem die irdische Hölle in einen Himmel auf Erden verwandelt wäre.

Das Jammertal hat der 1868 in Nischni-Nowgorod geborene, früh verwaiste Sohn eines Tapezierers kreuz und quer durchschritten. Vom Großvater, einem Färber, wird er unterdrückt und vom Lehrherrn in einem Schuhgeschäft ausgenützt. Er entflieht der Kleinbürgerei, versucht sich in verschiedenen Berufen, wandert ruhelos durch Rußland, ohne zu finden, was er sucht. Schließlich greift Alexei Maximowitsch Peschkow zur Feder, um unter dem Namen Maxim Gorki (»Gorki« heißt »Bitter«) sich das, was er erlebt und erlitten, von der Seele zu schreiben, die bestehende Gesellschaft anzuklagen und auf deren radikale Veränderung hinzuarbeiten.

Kritik an den russischen Verhältnissen üben auch andere Schriftsteller. Anton Tschechow, von Hause aus Arzt, diagnostiziert, in Novellen und Schauspielen, Mißstände im aufgestiegenen Bürgertum, das Erworbenes bis zur Neige zu genießen trachtet, auch wenn die Erkenntnis zunimmt, daß es von Zug zu Zug schaler wird. Auch humorvolle Schilderungen des Bourgeois und seines Milieus können nicht darüber hinwegtäuschen, daß hinter der Fassade die Leere gähnt und die Verzweiflung lauert.

In Tschechows 1896 in Sankt Petersburg uraufgeführter

Komödie »Die Möwe«, die eine Tragikomödie ist, redet der Mensch am Menschen vorbei, richtet den anderen »bloß so, aus Langeweile« zugrunde. Im Schauspiel »Drei Schwestern«, das 1901 in Moskau Premiere hat, leben drei Frauen, ohne richtig zu leben, nebeneinander her, können die Wirklichkeit nicht erkennen und sich einen Wechsel nicht vorstellen.

»Der Kirschgarten« heißt das wiederum an der Jahrhundertwende spielende und von Tschechow ebenfalls mit bitterer Ironie »Komödie« genannte Drama, das 1904 in Moskau uraufgeführt wird. Der Garten, das Symbol von Werden und Vergehen, versinnbildlicht das Absterben einer Gesellschaft, die sich als unfähig erwiesen hat, das Vorhandene zu meistern, geschweige denn das Überkommene zukunftsträchtig zu verändern. Noch im selben Jahr stirbt, an Schwindsucht, Anton Tschechow, der die Morbidität des Patienten zu diagnostizieren, doch kein Therapierezept zu finden vermochte.

Die Krankheit erkennt und eine Behandlung versucht Maxim Gorki. Der Schriftsteller distanziert sich von den Symbolisten, die sich im Ästhetizismus, und von den Impressionisten, die sich in Stimmungen verlieren, auch von den Naturalisten, die zwar soziale Mißstände geißeln, aber als gegeben hinnehmen, jene Übelstände, die der Homo politicus nicht nur anprangern, sondern auch abschaffen will.

Maxim Gorki beginnt mit Schilderungen von Landstreichern, wie er selber einer ist und als der er beschrieben wird: »Ein alter dunkler Radmantel, darunter ein russisches Blusenhemd, ein schmaler kaukasischer Gürtel um die Hüften, kleinrussische blaue Baumwollhosen, weiche tatarische Stiefel, in der Hand ein dicker Knotenstock, auf dem Kopf ein Schlapphut mit breiten, vom Regen niedergedrückten Krempen; unter dem Hut hingen in langen Strähnen die Haare herab.«

Zwei Bände seiner Novellen, die er zuerst in Zeitungen veröffentlicht hat, erscheinen 1898 in Sankt Petersburg, ein dritter Band folgt 1900, ein vierter 1901. Die Erzählungen spielen da und dort in Rußland, dessen Natur Maxim Gorki liebt, und handeln von Elend und Gewalt in den Städten, aber auch vom

Traum nach einem besseren und schöneren Leben, der revolutionäre Visionen heraufbeschwört – zum Beispiel in der Novelle »Sechsundzwanzig und eine« (1899), die von vielen für seine aufrüttelndste gehalten wird.

Einen ersten Erfolg als Dramatiker bringt ihm das 1901 in Moskau uraufgeführte Schauspiel »Die Kleinbürger«. Neben adeligen Feudalisten und großbürgerlichen Kapitalisten erscheinen nun auch die untersten Vertreter der Bourgeoisie als Feinde der Arbeiterschaft. Deren Sprecher kündigt eine neue Epoche an, in der sich das Proletariat das ihm vorenthaltene Recht holen wird.

Das Theater ist nun nicht mehr nur eine »moralische Anstalt«, sondern auch eine Studiobühne der Revolution. Im Schauspiel »Nachtasyl«, das 1902 in Moskau uraufgeführt wird, schockiert Gorki mit »Szenen aus der Tiefe« einer Ar-

Szene aus »Nachtasyl« von Maxim Gorki

menherberge in einer russischen Stadt an der Jahrhundertwende und drängt dem Zuschauer den Schluß auf, daß nur eine Umwälzung die Wendung zum Besseren bringen könnte. Als Wegbereiter eines neuen Rußlands wird nicht der »Pilger« Luka zitiert, der wie Leo Tolstoi für Nächstenliebe und gegen Gewaltanwendung predigt, sondern der »Philosoph« Satin, der Menschenwürde und Menschenrecht durch revolutionäre Taten einzufordern gedenkt.

Maxim Gorkis »Nachtasyl« wird im zaristischen Rußland einige hundertmal aufgeführt, erobert die westeuropäischen Bühnen und macht den Autor weltberühmt. Das bewahrt ihn zunächst vor Verfolgungen im eigenen Land, obgleich den Behörden nicht verborgen geblieben ist, daß er den Sozialisten nicht nur auf der Bühne sekundiert. Der »Bittere«, der zum Marxisten geworden ist, unterstützt die vom Sozialrevolutionär Lenin geleitete, im Ausland herausgegebene Zeitung »Iskra« mit 4000 Rubel. Mit Sozialkritik wohlhabend geworden, kann er es sich leisten, der Revolution nicht nur als Agitator, sondern auch als Finanzier zu dienen.

Funken und Flammen

Am 29. Januar 1900 kehrt Wladimir Iljitsch Uljanow, der sich ein Jahr später Lenin nennen wird, aus der Verbannung in Sibirien zurück. Der Dreißigjährige ist – wie die Polizei signalisiert – »ein Mann von mittlerer Größe, mit rötlichem Haar, Augenbrauen und Bart, rundgeformtem Kopf mit hoher Stirn, normaler Nase, einem runden Gesicht«. Revolutionäre hielten ihn »für einen ernsthaften und tüchtigen Mann, den sie ins Ausland schickten«, damit er dort weiter agitiere. Am 16. Juli 1900 fährt er mit der Eisenbahn Richtung Schweiz, in eine Zwischenstation auf dem Wege zur Endstation: der sozialistischen Revolution in Rußland.

Dieses Ziel verfolgte der Sohn eines geadelten Schulrates und Staatsrates seit seiner Studienzeit. Das Schlüsselerlebnis war

1887 die Hinrichtung seines älteren Bruders Alexander gewesen, der sich den Terroristen, die sich Narodniki, Volksfreunde, nannten, angeschlossen und sich an einem Attentatsversuch gegen Alexander III. beteiligt hatte. Wladimir nahm sich vor, in die Fußstapfen Alexanders zu treten, aber »einen anderen Weg« einzuschlagen: nicht Bomben zu basteln, sondern ein Programm zu entwerfen und eine Organisation zu schaffen, den Hebel in die Hand zu bekommen, mit dem Zarismus und Kapitalismus aus den Angeln gehoben werden könnten.

Ein Wegweiser wurde ihm Georgi Plechanow, der sich an Karl Marx ausrichtete und den Marxismus in Rußland einführte. Vor Verfolgung in die Schweiz geflüchtet, gründete er 1883 in Genf die marxistische Organisation »Befreiung der Arbeit«, wobei er – im Gegensatz zu den Narodniki – nicht auf das ländliche, sondern auf das städtische Proletariat als Sturmspitze setzte.

Wladimir Iljitsch Uljanow, der als Lenin über Plechanow hinausgehen und ihn auf dem Weg zur Revolution hinter sich

Lenin an der Jahrhundertwende

lassen wird, war bereits als Student aufgebrochen, mußte die Universität Kasan verlassen, durfte aber sein juristisches Examen in Sankt Petersburg ablegen, wo er sich 1893 als Rechtsanwalt niederließ und seine Karriere als Berufsrevolutionär begann. Nach einer Auslandsreise, auf der er in Genf Georgi Plechanow und in Berlin Karl Kautsky begegnete, beteiligte er sich an der Vereinigung verschiedener marxistischer Gruppen in Sankt Petersburg. Bei der Konstituierung des »Kampfbundes zur Befreiung der Arbeiterklasse« am 15. Dezember 1895 konnte Uljanow nicht anwesend sein; er war am 8. Dezember verhaftet worden. Auch an der Teilnahme am ersten Kongreß der russischen Sozialdemokraten, 1898 in Minsk, war er gehindert.

Aber in der Zelle 193 des Petersburger Gefängnisses verfaßte er Flugblätter für Streikende, die auch zu ihnen gelangten, begann er mit der Arbeit an einem wissenschaftlichen Werk »Die Entwicklung des Kapitalismus in Rußland«, wofür ihm seine Wärter Bücher besorgten und die Bleistifte spitzten. Auch in Sibirien, wohin er 1897 deportiert wurde, stellte er fest, daß ein Delinquent – jedenfalls er – besser behandelt wurde, als es in ihrer Propaganda die Sozialisten hinstellten, die später im »real existierenden Sozialismus« mit ihren Gefangenen ganz anders umspringen sollten.

Lenin mußte nicht, wie andere Verbannte, in einem Viehwaggon, durfte – auf eigene Kosten – in einem Personenwagen reisen, und konnte sich einen klimatisch günstigen Ort aussuchen. Acht Rubel im Monat zahlte ihm die Regierung für Unterkunft und Verpflegung, die er im Dorf Schuschenskoje im Bezirk Minussinsk fand, in einer Gegend, die »Sibirisches Italien« genannt wurde und über die der Deportierte berichtete: »Mir geht es hier wahrscheinlich kaum schlechter als in der Schweiz.«

»Faktisch bestand gar keine Aufsicht«, konstatierte Nadja Konstantinowna Krupskaja, eine deportierte Sozialistin, die 1898 in der Verbannung seine Frau, Assistentin und Sekretärin wurde. Als Mitgift hatte sie Bücher und Dokumente mitgebracht, die es ihm erleichterten, sich in seiner Ideologie weiterzuentwickeln und sich auf die Revolution vorzubereiten. Uljanow vollendete sein Werk »Die Entwicklung des Kapitalismus in Rußland«, für das er 1500 Rubel erhielt, schrieb und veröffentlichte zwei Broschüren, fünfundzwanzig Artikel und neun Rezensionen, hielt Kontakt mit der sozialistischen Bewegung und organisierte in Jermakowsk, 32 Kilometer von Schuschenskoje entfernt, ein Treffen von siebzehn Genossen.

In Sibirien legte Lenin, in der Auseinandersetzung mit anderen Theoretikern des Sozialismus, den Grund für den Leninismus. »Wir betrachten die Theorie von Marx nicht als abgeschlossen und unantastbar«, erklärte er im Jahre 1900. »Ganz im Gegenteil sind wir der Überzeugung, daß er nur die Grundlage gelegt hat. Wenn die russischen Sozialisten von der Entwicklung nicht überholt werden wollen, müssen sie diese Wissenschaft in aller Unabhängigkeit weiter ausloten.« Dabei stoße man auf einen wesentlichen Unterschied zwischen Westeuropa und Rußland. Während dort mit der Industrialisierung das Industrieproletariat gewachsen sei, stecke beides in einem Land mit 80 Prozent Bauern erst in den Anfängen. Deshalb könne mit den Arbeitern allein nicht eine Revolution gemacht werden; man müsse in erster Linie das Landproletariat zum Marsch gegen Feudalismus und Kapitalismus bewegen.

Ein Zusammengehen mit bürgerlichen Reformern, selbst Revolutionären, sei abzulehnen, erklärte Lenin, da es »das Bewußtsein der Massen nur abstumpfe«. Obgleich es neben den kleinen auch mittlere und größere Bauern gebe, so seien sie doch insgesamt an der Enteignung des Grundbesitzerbodens interessiert; daher sei »die Bauernschaft fähig, zum völligen und radikalsten Anhänger der Revolution zu werden«. Führer der Massenbewegung aus den zahlreichen Bauern und der zunehmenden Arbeiterschaft wie Exekutoren der anvisierten »Diktatur des Proletariats« sollten die sozialistischen Ideologen und Funktionäre sein, an deren Spitze sich Lenin zu stellen gedachte.

Zunächst nahm er sich vor, die sozialdemokratische Spreu vom sozialistischen Weizen zu trennen. Mit Gesinnungsgenossen war er der Meinung, daß dieser Ausleseprozeß durch ein

Zentralorgan vom Ausland her befördert werden sollte. Die zaristischen Behörden stellten dem soeben aus Sibirien Zurückgekehrten einen Reisepaß aus, vielleicht in der Hoffnung, ihn für immer loszuwerden.

Im August 1900 kommt der designierte Chefredakteur nach Genf, wo er sich mit Plechanow nicht versteht, der im geplanten Zentralorgan den Ton angeben will. Dieser gedenkt keinem anderen, und schon gar nicht dem um vierzehn Jahre Jüngeren und viel später zur Bewegung gestoßenen Uljanow die Federführung zu überlassen. Nur über den Titel der Zeitung verständigen sie sich: Sie soll »Iskra« (»Der Funke«) heißen, nach einem Zitat des Dichters Odojewski, der als Teilnehmer des Dekabristen-Aufstandes von 1825 ausrief: »Aus dem Funken wird die Flamme schlagen!«

Im September 1900 reist Uljanow nach München, um die Herausgabe der Zeitung vorzubereiten, die in Deutschland gedruckt und nach Rußland geschmuggelt werden soll. Der bayerische Winter – er hat keinen Mantel, muß zwei Anzüge übereinander tragen – kann seine Begeisterung nicht dämpfen. Am 24. Dezember 1900 erscheint die erste Nummer der »Iskra«. Im Leitartikel »Die wichtigsten Aufgaben unserer Bewegung« ruft der Chefredakteur die Sozialisten seiner Couleur auf, sich von anderen, in Rot changierenden Gruppen »entschlossen und unwiderruflich« zu trennen und eine straff organisierte und disziplinierte Partei unter tatkräftiger Führung zu bilden, die der Revolution »nicht nur einen freien Abend, sondern ihr ganzes Leben« widmet.

Uljanow, der im Dezember 1901 zum erstenmal unter dem Namen Lenin schreibt, baut den Leninismus, sein Revolutionsprogramm und seinen Führungsanspruch weiter aus. Im Jahre 1902 erscheint im Stuttgarter Dietz-Verlag in russischer Sprache seine Broschüre »Was tun?«. Darin betont er, »daß 1. keine einzige revolutionäre Bewegung ohne eine stabile und die Kontinuität wahrende Führerorganisation Bestand haben kann; daß 2. eine solche Organisation um so dringlicher ist und um so solider sein muß, je größer die Massen werden, die im Kampf spontan angezogen werden; daß 3. sich eine solche Organisation hauptsächlich aus Berufsrevolutionären zusammenzusetzen hat«.

Dieses Elitekorps, so Lenin, müsse zentralistisch organisiert und autoritär geführt werden; Demokratie, dieses Produkt des Bürgertums, und Freiheit, dieses bourgeoise Vorurteil, dürften nicht einreißen. Dann könne die sozialistische Bewegung nicht nur »Rußland aus den Angeln heben«, sondern auch »das russische Proletariat zur Avantgarde des internationalen revolutionären Proletariats machen«.

Die Nachhut der »Opportunisten« werde »durch den wahren Vortrupp der revolutionären Klasse abgelöst werden«, sagt Lenin voraus. Im August 1903 kommt er diesem Ziel näher: Auf dem Zweiten Parteikongreß der russischen Sozialdemokraten in London beginnt die Spaltung der Bewegung in die radikalen »Bolschewisten«, die von ihm geführten »Mehrheitler«, und in die gemäßigteren »Menschewisten« (»Minderheitler«), die erst dominiert hatten und dann zunehmend ins Hintertreffen geraten. Lenins »Was tun?« setzt Leo Trotzki 1904 die Schrift »Unsere politische Aufgabe« entgegen: Die Konsequenz der Leninschen Auffassung von Parteiorganisation und Parteiführung werde die Ersetzung der »Diktatur des Proletariats« durch die Diktatur eines Einzelnen zeitigen.

Lenin entgegnet mit der Schrift »Ein Schritt vor, zwei Schritte zurück«, überwirft sich mit Plechanow, der ihm in der »Iskra«, aus der Lenin verdrängt wurde, im Artikel »Was man nicht machen darf« die Leviten liest. Im Herbst 1904 versammelt Lenin, der weiß, was man machen muß, führende Bolschewisten in Genf, an seinem Wohnsitz. Als ihr Organ erscheint am 4. Januar 1905 die erste Nummer des »Vorwärts«, die auf Bibelpapier in der Offizin eines Genfer Bürgers gedruckt wurde. Noch finden die Auseinandersetzungen in Zeitungsspalten statt, geführt von Intellektuellen, die dazu neigen, in der Formulierung eines Problems bereits dessen Lösung zu sehen.

Am 23. Januar 1905, einem Montag, gehen Lenin und seine Frau Nadja wie so oft zur »Société de Lecture«. Unterwegs begegnen sie Frau Lunatscharskaja, die schon von weitem mit dem Taschentuch winkt. Der Grund ihrer Erregung wird ersichtlich, als ihr Mann dem Paar die neueste Ausgabe der Zeitung »La Suisse« entgegenhält: Auf der ersten Seite verkündet die Schlagzeile: »Revolution in Rußland«.

Das Ereignis des Vortages erschüttert Rußland und beunruhigt Europa. In Sankt Petersburg ziehen über 100000 Menschen in fünf Kolonnen zum Winterpalast. Dem Zaren soll ein Bittgesuch um Verbesserung der Lage der Arbeiter, Landzuteilung an Bauern und Einberufung einer verfassunggebenden Versammlung überreicht werden. Organisiert ist die Massenkundgebung vom Popen Gregori Gapon, der eine von den Behörden geduldete und beaufsichtigte Arbeiterorganisation leitet. Im Priestergewand, ein Bild des Erlösers tragend, schreitet er den Demonstranten, Männern, Frauen und Kindern voran. Die Hymne »Gott schütze den Zaren« wird gesungen. In einem Augenblick, da sich über Rußland dunkle Wolken zusammengezogen haben, es bereits blitzt und donnert, erhoffen sie sich vom »Väterchen Zar«, daß er ihnen die Hand reiche und allen Russen aus wirtschaftlicher Krise, sozialer Not und politischem Ungemach helfe.

Mit den Mißständen ist das Mißbehagen gewachsen, genug Stoff für eine Entladung angehäuft worden. Die Industrialisierung hat ein Industrieproletariat und die Bauernbefreiung mehr Abhängige als Selbständige gezeitigt. Die bürgerliche Intelligenz verlangt Freiheiten, die bürgerliche Gesellschaft eine Verfassung nach westlichen Vorbildern, Sozialisten haben die »Diktatur des Proletariats« anvisiert, und grundbesitzende Adelige, die sich durch die vom Staat vorangetriebene Industrialisierung und gegenüber der vorankommenden Bourgeoisie benachteiligt fühlen, üben sich in Opposition. Anläufe zu den geforderten grundlegenden Reformen sind im Morast der Autokratie stecken geblieben. Das Faß, bis zum Rand mit inneren Problemen gefüllt, bringen die Folgen eines äußeren Ereignisses zum Überlaufen: des Russisch-Japanischen Krieges. Dessen Kosten – die Regierung beziffert sie auf 1873 Millionen Rubel – überfordern die Staatskasse und verschärfen die wirtschaftliche

Krise. Die Niederlage, mit der er endet, ramponiert mit dem Ansehen der russischen Streitkräfte das Prestige des zaristischen Regimes.

Auch der russische Imperialismus war nicht nur eine Steigerung des Nationalismus und eine Triebkraft wirtschaftlicher Expansion, sondern auch ein außenpolitisches Unterfangen zur Ablenkung von innenpolitischen Schwierigkeiten. Das Ausgreifen nach Fernost wurde auch missionarisch motiviert. Zar Nikolaus II. stimmte Kaiser Wilhelm II. zu, der ihm – auch um ihn von Europa abzulenken – ins Gewissen redete: »Die große Zukunftsaufgabe Rußlands besteht darin, den asiatischen Kontinent zu zivilisieren und Europa vor dem Einbruch der gelben Rasse zu schützen.«

Nachdem Rußland durch Deutschland eine Ausdehnung in Mitteleuropa und durch England in Zentralasien versperrt worden war, verlegte es sich auf Ostasien, das ihm als Vorfeld Sibiriens erschien und strategische Positionen am Pazifik versprach. Das Kaiserreich China glich einem waidwunden Mammut, über das Raubtiere herfielen, um die besten Stücke an sich zu reißen. Die Russen begehrten die chinesische Halbinsel Liautung mit dem Hafen Port Arthur, die sie 1898 bekamen. Zwei Jahre später begannen sie mit der Besetzung der ganzen Mandschurei und griffen nach Korea, das Japan für sich beanspruchte. Als Sankt Petersburg auf Tokios Angebot einer Abgrenzung der Interessensphären nicht einging, eröffneten die Japaner am 9. Februar 1904 den Krieg mit einem Überraschungsangriff von Torpedobooten auf russische Kriegsschiffe im Hafen von Port Arthur. Sie waren bei weitem nicht so erfolgreich wie siebenunddreißig Jahre später die japanischen Kampfflieger in Pearl Harbour. Immerhin wurden zwei Schlachtschiffe und ein Kreuzer schwer beschädigt.

Russen waren schockiert, daß die »japanischen Affen«, wie sie Nikolaus II. nannte, Vertreter der weißen Herrenrasse auf eine so unzivilisierte Weise herauszufordern wagten. Nach einem Theaterbesuch – »es wurde ›Russalka‹ gegeben, sehr schön« – erhielt der Zar ein Telegramm mit der Nachricht vom japanischen Angriff auf Port Arthur – »und das ohne Kriegserklärung. Gott stehe uns bei!«

Die Hiobspost riß nicht mehr ab. Am 2. Januar 1905 fiel Port Arthur. Im März 1905 siegten die Japaner in der Schlacht bei Mukden (heute Shenjang) in der Mandschurei, der bis dahin gewaltigsten Schlacht der Geschichte. Zwei Wochen lang kämpften 600 000 Soldaten; die Russen verloren 90 000, die Japaner 70 000 Mann. Am 27. und 28. Mai 1905, in der Seeschlacht bei der zwischen Korea und Japan gelegenen Insel Tsuschima, gingen den Russen 35 ihrer 38 Schiffe verloren.

Bereits nach den ersten Unglücksnachrichten begann sich Nikolaus II., dem auch die Uniform keine militärische Haltung zu verleihen vermochte, wie Hiob zu fühlen, dem Gott nichts ersparte. Persönlich getroffen hätte es ihn beinahe am 6. Januar 1905, nach dem russischen Kalender, der hinter dem westlichen dreizehn Tage zurück war. Bei der traditionellen Wasserweihe, als er unter dem blauen Baldachin mit den goldenen Sternen am Ufer der Newa stand und die Kanonen der gegenüberliegenden Peter-Pauls-Festung Salut schossen, explodierte über ihm eine Granate, die statt mit Blindmunition mit Schrapnell geladen war. Der Zar blieb unverletzt, aber ein Polizist namens Romanow wurde getötet. Dies mochte der Kaiser aus dem Hause Romanow für ein böses Omen gehalten haben; jedenfalls zog er sich aus Sankt Petersburg nach Zarskoje Selo zurück.

Das wissen die vom Popen Gapon angeführten Demonstranten nicht, die ihm drei Tage später im Winterpalast ihre Bittschrift überbringen wollen. Sie bekommen »Väterchen Zar« nicht zu Gesicht, sehen sich unerwartet Soldaten gegenüber.

»In voller Sicht des Winterpalastes, dessen Frontmauern von der Farbe geronnenen Blutes waren, knieten der Priester, seine unmittelbare Umgebung und die vordersten Reihen der Menge im Schnee nieder. Der Zug kam langsam zum Stillstand«, berichtete Leon Weber-Bauler. »Plötzlich bog eine Infanteriekompanie im Laufschritt auf den Platz ein. Sie trat vor der knienden Menge an. Ein Kommando ertönte: ›Legt an! Feuer!‹ Dann das Krachen einer Gewehrsalve und sofort ein schreckliches Chaos.« Der Augenzeuge entkam, »fortgeschwemmt von der Menge«, in einer Seitengasse, sah als letztes »Kosaken in der Attacke, Peitschen auf den Rücken der Menge, sich bäumende Pferde«.

An die zweihundert Tote und Hunderte von Verletzten werden gezählt. In Zarskoje Selo notiert Zar Nikolaus II. »Ein schwerer Tag! In Petersburg kam es zu ernsten Unruhen, weil die Arbeiter zum Winterpalast vordringen wollten. Die Truppen waren in verschiedenen Stadtteilen gezwungen zu schießen, es gab viele Tote und Verwundete. Mein Gott, wie schmerzlich und schwer!«

Seit dem »Blutsonntag« wird der Zar »Blutiger Nikolaus« genannt. »Jede Kindermütze, jeder Kinderhandschuh, jedes Frauentuch, das an diesem Tag in Petersburg in den Schnee fiel, ist ein Merkzeichen dafür, daß der Zar sterben muß, daß der Zar sterben wird«, bemerkt der symbolistische Dichter Osip Mandelstam, und der Pope Gregori Gapon erklärt: »Die Kugeln der Zarensoldaten haben die Zarenbilder zerschossen und unseren Glauben an den Zaren getötet. Wir werden unsere Brüder rächen. Nieder mit dem vom Volk verfluchten Zaren und seiner Schlangenbrut, den Ministern und allen Räubern der unglücklichen russischen Erde! Tod ihnen allen!«

»Terror muß man mit Terror begegnen«, findet Nikolaus II., als er die Nachricht erhält, daß sein Onkel, Großfürst Sergius Alexandrowitsch, in Moskau von einer Bombe, die ein Student gegen ihn geschleudert hatte, in Srücke gerissen wurde. Der »Blutsonntag« hat eine Welle von Attentaten, Streiks und Unruhen ausgelöst. Fabrikarbeiter, Eisenbahner und Telegraphisten treten in den Ausstand, Bauern setzen Herrenhäusern den roten Hahn aufs Dach; allein in den Ostseeprovinzen werden 184 angezündet. In mehreren Städten, angefangen von Moskau und Sankt Petersburg, kommt es zu Zusammenstößen und Straßenkämpfen. In Sebastopol zerstören Matrosen das Marinedepot, in Odessa meutert die Mannschaft des Panzerkreuzers »Potemkin«, in Lodz und Wladiwostok schließen sich Soldaten den Aufrührern an. Der Terror wird mit Gegenterror beantwortet; 15 000 Opfer werden gezählt, 70 000 Verhaftungen vorgenommen.

Nikolaus II. sieht sich noch im Jahre 1905 genötigt, das »Oktobermanifest« zu erlassen, die Gewährung bürgerlicher Freiheiten und die Wahl einer Reichsduma mit gesetzgebenden Vollmachten zu versprechen. Damit kann er nur einen Teil des liberalen Bürgertums wie des opponierenden Adels zufriedenstellen, doch weder die Bauern, die Zusagen für eine grundlegende Agrarreform vermissen, noch die Nationalitäten, die kulturelle und politische Autonomie verlangen, und schon gar nicht die Arbeiter und deren sozialrevolutionäre Führer.

»Das Proletariat weiß, was es will und was es nicht will«, erklärt Leo Trotzki. Es wolle weder den »Polizei-Schurken Trepow«, den zum Generalgouverneur von Sankt Petersburg ernannten Reaktionär, noch den »liberalen Finanzhai Witte«, einen Reformer, der zum ersten konstitutionellen Ministerpräsidenten berufen wurde. »Das Volk weist den mit einer Verfassungsurkunde umwickelten Polizeiknüppel zurück.« Trotzki ist der führende Kopf des Arbeiterrats, Sowjet genannt, der Delegiertenversammlung der Petersburger Fabrikarbeiter, deren Exekutivrat soziale wie politische Forderungen erhebt.

Nach dem Erlaß des »Oktobermanifestes« verliert der erste Sowjet an Elan und Einfluß. Nach einem neuen, erfolglos gebliebenen Aufruf zum Generalstreik wird er aufgelöst. »Im Leben Rußlands war die Revolution von 1905 die Generalprobe für die Revolution von 1917«, resümiert Trotzki nach Errichtung der Sowjetunion. »An die Ereignisse von 1917 ging ich entschlossen und sicher heran, weil sie für mich nur die Fortsetzung und die Weiterentwicklung jener revolutionären Arbeit war, die die Verhaftung des Petersburger Sowjets am 3. Dezember 1905 unterbrochen hat.«

»Was brauchen wir, um zu gewinnen? Wir brauchen drei Dinge: erstens Waffen, zweitens Waffen, drittens Waffen und wieder Waffen!«, erklärt 1905 in Tiflis ein Revolutionär namens Josef Wissarionowitsch Dschugaschwili, ein Bolschewist, der unter dem Decknamen Koba (georgisch: der Unbeugsame) weniger rhetorisch agitiert als konspirativ agiert und mit spektakulären Aktionen von sich reden macht. Stalin, wie er sich nennen wird, ist 1904 an der Organisation eines Streiks im Erdölgebiet von Baku beteiligt, 1907 an einem Raubüberfall, bei dem in Tiflis 250000 Rubel für die Revolutionskasse erbeutet werden.

Eine Revolution könne man »nicht mit Handschuhen und manikürten Fingernägeln machen«, wird menschewistischen Kritikern von Lenin erwidert, der an der Person wie an den Methoden Stalins Gefallen findet. Im Dezember 1905 ist er ihm auf der bolschewistischen Konferenz im finnischen Tammersfors zum erstenmal begegnet.

Lenin, der sich zum Führer der Revolution berufen fühlt, hatte es in Genf, weit vom Schuß, nicht mehr ausgehalten, war am 20. November 1905 nach Sankt Petersburg gekommen, zu einem Zeitpunkt, da die Revolution zu verebben begann. In der vom Schriftsteller Maxim Gorki mitfinanzierten Zeitung »Neues Leben« ruft er zum allgemeinen Aufstand auf. Am 22. Dezember werden Barrikaden in Moskau errichtet; tagelang toben Straßenkämpfe, bis auf der Nikolai-Bahn aus Sankt Petersburg herantransportierte Gardetruppen das letzte Aufflammen der Revolution ausgetreten haben. Lenin, der Öl ins Feuer gegossen hatte, verbrannte sich dabei nicht die Finger: Er konferierte zu dieser Zeit mit Gesinnungsgenossen im sicheren Tammersfors. Später gesteht er ein: Im Dezember 1905 habe er einem General geglichen, »der seine Armee auf so dumme Weise einsetzte, daß die Truppen zum größten Teil gar nicht zum Einsatz kamen. Die Arbeiter suchten nach Direktiven für eine Massenaktion und fanden sie nicht.«

Die Strategie zielt weiterhin auf die »Diktatur des Proletariats«, doch die Taktik muß überdacht werden. Lenin hat theoretische Vorarbeit geleistet: Die Revolution werde erst richtig in Schwung kommen, »wenn sich die Bourgeoisie zurückzieht und die bäuerlichen Massen zusammen mit dem Proletariat an der revolutionären Aktivität teilnehmen«. Es sei davon auszugehen, daß es zunächst zu einer »demokratischen Revolution« kommen werde, von der »wir sogleich zur sozialistischen Revolution übergehen werden«.

Rasputin
mit der Zarin
beim Tee

Die erste Phase scheint in der 1906 anhebenden konstitutionellen Epoche in greifbare Nähe gerückt zu sein. Doch das zaristische Regime versucht das Rad, das es unter Druck in Bewegung gesetzt hat, wieder zurückzudrehen. Die erste Reichsduma, 1906 eröffnet, wird noch im selben Jahr wieder aufgelöst, ebenso die zweite 1907. In der dritten Reichsduma, die noch im selben Jahr zusammentritt, sind die konstitutionellen Demokraten und die Sozialdemokraten in die Minderheit gedrängt.

Von »Scheinkonstitutionalismus« spricht der deutsche Sozialwissenschaftler Max Weber. Immerhin scheint die in Sankt Petersburg im Taurischen Palais, das Katharina II. für Potemkin erbauen ließ, tagende Reichsduma mehr zu sein als ein Potemkinisches Dorf, ein Trugbild, das Negatives vertuschen und Positives vortäuschen soll. Trotz der Widrigkeiten üben sich die Vertreter des Volkes unter dessen zunehmender Anteilnahme in Konstitutionalismus.

Oder ist diese Duma doch nur ein Scheinparlament? Der neue Ministerpräsident Peter Stolypin hat die Notwendigkeit von Reformen erkannt, aber er will sie von oben, mit überkommenen Machtmitteln anordnen und durchsetzen. Öfters als zum Zuckerbrot greift er zur Peitsche. Der Großrusse unterdrückt die nationalen Minderheiten, der Autokrat läßt Abgeordnete verhaften und nach Sibirien verschicken. Während seiner Regierungszeit – die 1911 mit seiner Ermordung endet – werden 4500 Menschen hingerichtet.

Iwan der Schreckliche läßt grüßen. Auch Nikolaus II. will das von seinen Vorgängern begonnene Werk, die »Sammlung russischen Landes« und die Erhaltung des Gesammelten fortführen. Und er versucht es mit Methoden, die im 20. Jahrhundert anachronistisch und obsolet geworden sind und sich als kontraproduktiv erweisen.

Je mehr er sich vom Boden seiner Zeit entfernt, desto mehr verliert er sich in jenen mystischen Gefilden, nach denen die russische Seele sucht. Er erliegt – und noch mehr seine Frau Alexandra, die Konvertitin – der Mystifikation durch den angeblich mit Wunderkräften ausgestatteten »Gottesmann« Rasputin, von dem sie sich nicht nur eine Heilung des an der Bluterkrankheit leidenden Thronfolgers Alexei, sondern auch eine Genesung der dahinsiechenden Monarchie erwarten. Aber der Staretz ist nicht, wie der russiche Titel eines Mönchranges besagt, ein »ehrwürdiger Greis«, sondern ein Scharlatan, der in seiner Verkommenheit das Zugrundegehen der Monarchie der Romanows verkörpert.

Nomen est Omen. Das russische Wort »Rasputiza« bezeichnet die auf den russischen Winter folgende Schlammperiode und die mit ihr eintretende Wegelosigkeit. Einen Ausweg für das zaristische Rußland bietet auch die Ermordung Rasputins durch Reaktionäre am 18. Dezember 1916 in Sankt Petersburg nicht. Einen Ausweg scheint ein Jahr später die Revolution zu eröffnen, die mit der Ermordung des Zaren und seiner Familie am 17. Juli 1918 in Jekaterinburg die letzten Hindernisse der Vergangenheit aus dem Weg geräumt zu haben glaubt.

Auch Sankt Petersburg wird entthront. Hauptstadt der Sowjetunion wird Moskau, die alte Metropole und der ideelle Mittelpunkt Rußlands. Dem Genius loci können und wollen sich auch Kommunisten nicht entziehen. »An Stelle des Dritten Roms hat das russische Volk die Dritte Internationale realisiert«, resümiert der russische Philosoph Nikolai Berdjajew. »In dieser Dritten Internationale vollzog sich die verhängnisvolle Vermählung der russisch-nationalen messianischen Idee mit dem internationalen proletarischen Messianismus«. Das Ziel hat der »rote Zar« Lenin markiert: Sieg des Weltkommunismus durch die vom Kreml aus geführte Weltrevolution.

EPILOG

Aufbruch zum Niedergang

Sankt Petersburg, 24. August 1898. Graf Michael Murawjew, Minister des Äußeren, übermittelt den Diplomaten, die ihre Monarchen und Staaten in der Hauptstadt des Russischen Reiches vertreten, einen Aufruf des Zaren Nikolaus II., der die Welt aufhorchen läßt.

»Die Erhaltung des Friedens ist als Ziel der internationalen Politik aufgestellt worden«, heißt es im Manifest. »Im Namen des Friedens haben die großen Staaten mächtige Bündnisse miteinander geschlossen. Um den Frieden besser zu sichern, haben sie in bisher unbekanntem Grade ihre Militärmacht entwickelt und fahren fort, sie noch zu verstärken, ohne vor irgendeinem Opfer zurückzuschrecken.« Dieser »bewaffnete Frieden« sei aber nicht der wahre Frieden, erklärt der Kaiser von Rußland, der über die größte Streitmacht, Friedensstärke 1,2 Millionen, Kriegsstärke 3 Millionen Mann, als Oberbefehlshaber verfügt. Die zunehmende Aufrüstung gefährde mit dem Frieden den Fortschritt der Menschheit im neuen Jahrhundert, dem sie so hoffnungsvoll entgegensehe.

»Die finanziellen Lasten, die eine steigende Tendenz verfolgen, treffen die örtliche Wohlfahrt an ihrer Quelle; die geistigen und physischen Kräfte der Völker, die Arbeit und das Kapital werden zum größeren Teile von ihrer natürlichen Bestimmung abgelenkt und in unproduktiver Weise aufgezehrt. Man wendet Hunderte von Millionen auf, um furchtbare Zerstörungsmaschinen zu beschaffen, die heute als das letzte Wort der Wissenschaft betrachtet werden und morgen dazu verurteilt sind, infolge irgendeiner neuen Entdeckung auf diesem Gebiet jeden Wert zu verlieren.«

Der Zar, dessen Land in der Industrialisierung und damit in der Waffenproduktion zurückgeblieben ist, und der sich sorgt, im Rüstungswettlauf nicht mithalten zu können, plädiert für »eine mächtige Herabsetzung der übermäßigen Rüstungen« und für die Einberufung einer internationalen Konferenz, »die sich mit dieser ernsten Frage zu beschäftigen hätte«. Diese Konferenz »wäre mit Gottes Hilfe ein günstiges Vorzeichen des demnächst kommenden Jahrhunderts. Sie würde in einer mächtigen Verbindung die Bestrebungen aller Staaten vereinigen, die sich aufrichtig darum bemühen, den großen Gedanken des Weltfriedens über alle Elemente der Unordnung und der Zwietracht triumphieren zu lassen.«

Die internationale Friedensbewegung ist überrascht, was den Vorgeschlagenen betrifft, und begeistert über den Vorschlag. »Es ist dies ein riesengroßer Schritt«, bemerkt der Schweizer Henri Dunant, der Initiator des Roten Kreuzes und der Genfer Konvention. »Der Zar hat etwas Großartiges getan. Was auch daraus werde – von heute ab schwirrt die Luft von Friedensgedanken, selbst da, wo sie gestern nie hingekommen wären«, erklärt der norwegische Dichter Björnstjerne Björnson.

»Es leuchtet der Stern der Friedenssache so hell wie noch nie«, die Chance bestünde, »in diesem Abschlußjahr des schwindenden Säkulums mit dem schlimmsten Reste alter Barbarei aufzuräumen (wenigstens mit dieser Aufräumung energisch zu beginnen)«, damit das »kommende Jahrhundert ganz der Ausgestaltung beglückender Kulturaufgaben gewidmet werden könnte«, meint Bertha von Suttner. Die Österreicherin hofft, daß das 20. Jahrhundert nicht zu Ende gehen werde, ohne daß die Menschheit die größte Geißel, den Krieg, als legale Institution abgeschafft haben wird.

Die Autorin des Romans »Die Waffen nieder!« neigt zu der Annahme, daß der Zar die Knute mit dem Palmwedel vertauscht habe, aus dem Gewaltherrscher ein Friedensbringer geworden sei, und ist enttäuscht, daß andere, die wie sie an den Fortschritt der Menschheit glauben, ihre Ansicht nicht zu teilen vermögen, zum Beispiel deutsche Sozialdemokraten. Rußland »vermummt sich als Friedensengel, als Vertreter der Abrüstung. So hofft es, Verwirrung in das Lager seiner Gegner zu tragen oder mindestens Zeit zu gewinnen, bis es gerüstet ist«, meint Karl Kautsky, und August Bebel lehnt die Aufforderung Bertha von Suttners ab, sich an einem »Komitee zur Förderung von öffentlichen Kundgebungen zugunsten der Friedenskonferenz« zu beteiligen; denn die Sozialdemokratie könne nicht »durch ein Hand-in-Hand-Gehen mit dieser Agitation die Verantwortung übernehmen für das, was zur Zustimmung und Verherrlichung des kaiserlichen Manifestes getan und gesagt wird«.

Skeptiker vermuten, daß die Urheber des Friedensmanifestes der russische Kriegsminister und der russische Finanzminister seien, der erste, der ein Zurückbleiben in moderner Bewaffnung konstatiert, und der zweite, der nicht genug Geld für ein Aufholen im Rüstungswettlauf zur Verfügung hat. In Österreich-Ungarn, das sich unmittelbar vom russischen Panslawismus und Imperialismus bedroht sieht, meint die »Linzer Montagspost«, das sogenannte Friedensmanifest sei lediglich ein »schlau angelegter Schachzug einer echt slawisch hinterlistigen Politik«. In England, das die russische Autokratie kritisiert und mit dem russischen Imperialismus in Asien konkurriert, warnt Rudyard Kipling in seinem Gedicht »The Bear that Walks like a Man« vor dem russischen Bären: Ein Jäger zögert abzudrücken, weil sich vor seiner Flinte der Bär »wie ein Mensch« aufgerichtet hat, Gnade heischen zu scheint – und schon wird das Gesicht des Jägers durch einen Hieb der »stählernen Tatze« zerschmettert:

> »Wenn er sich erhebt, schwankend, scheinbar Mensch
>   in tierischem Gewand,
> Wenn Haß und Arglist er in seinen schweinischen Augen
>   verschleiert,
> Wenn scheinbar er Pardon erfleht, die Pranken wie zum
>   Gebet erhebt,
> Dann droht Gefahr – das ist des Bären Waffenstillstand!«

Im Deutschen Reich, das sich durch das Einvernehmen zwischen dem expansionistischen Rußland und dem revisionistischen

Frankreich bedroht fühlt, erklärt Kaiser Wilhelm II.: »Der Frieden wird nie besser gewährleistet sein, als durch ein schlagfertiges, kampfbereites deutsches Herr.« Aus Paris berichtet der deutsche Botschafter Graf Münster, der französische Außenminister Delcassé habe ihm gesagt, hinsichtlich der vom russischen Zaren vorgeschlagenen Friedenskonferenz stimmten die Interessen Frankreichs und Deutschlands überein: »Sie wollen ihre Wehrkraft in diesem Augenblick nicht einschränken, wollen auf Abrüstungsvorschläge nicht eingehen; wir sind in ganz derselben Lage. Wir wollen beiderseits den Zaren schonen und wollen eine Formel suchen, um dieses Problem zu umgehen, uns aber auf nichts einlassen, was unsere beiderseitige Wehrkraft schwächen könnte.« Auch müsse man Rücksicht auf »die öffentliche Meinung Europas« nehmen, die durch das Friedensmanifest »in Aufregung geraten« sei.

Aus Ehrerbietung gegenüber Nikolaus II. tritt die von ihm vorgeschlagene Friedenskonferenz an dessen Geburtstag, am 18. Mai 1899, im Haag, der Hauptstadt der neutralen Niederlande zusammen. Als Geste gegenüber der Friedensbewegung ist Bertha von Suttner zur feierlichen Eröffnung eingeladen, was ihr unauslöschlich in Erinnerung bleiben wird: »Stets werde ich für diese Ausnahmsgunst dankbar sein, denn der Eindruck, den ich hier empfunden, war wie die Krönung langjährigen, heißen Mühens, die Erfüllung eines hochfliegenden Traums.«

Im Huis ten Bosch, der Sommerresidenz der Königin, wo die Parklandschaft holländische Ruhe atmet und die Windmühlen an Don Quijote erinnern, im achteckigen Oraniersaal versammeln sich 108 Delegierte – Diplomaten, Militärs, Wissenschaftler – aus 26 Staaten, außer den europäischen auch aus den USA, Mexiko, China, Japan und Siam. Sie sollen das Problem einer Rüstungsbeschränkung, das der Quadratur des Kreises gleicht, einer Lösung näherbringen. Die Amerikaner veranstalten eine Gedenkfeier am Grabe von Hugo Grotius, der das Völkerrecht als eine verbindliche Ordnung zwischen den Staaten aus dem Naturrecht als der Grundordnung der Menschheit herleitete und die »wilde, rechtlose Wut der Kriegsführung«

durch allgemein verbindliche kriegsrechtliche Regelungen einzuschränken vorschlug.

Mehr als nur eine Übereinkunft, wie Kriege unter Zivilisierten zu führen seien – die Ächtung aller Versuche, Meinungsverschiedenheiten und Interessengegensätze zwischen den Staaten und Völkern des beginnenden 20. Jahrhunderts in Kriegen auszutragen, verlangen die im Haag zusammengekommenen Vertreter der Friedensbewegung: Der Russe Iwan Bloch der in seinem Werk »Der Zukunftskrieg« vor einem Krieg mit modernen Waffen warnt, in dem es nur noch Besiegte gäbe, und durch den die Zivilisation zerstört werden könnte. Der Engländer William Thomas Stead, der für die Errichtung eines ständigen internationalen Gerichtshofes plädiert, der Streitfragen durch verbindliche Entscheidungen friedlich lösen soll. Die Österreicherin Bertha von Suttner, deren Roman »Die Waffen nieder!« in Rußland verboten worden ist und die dennoch die Hoffnung nicht aufgeben will, daß das vom Zaren gegebene Friedenssignal von allen Nationen nicht nur gehört, sondern auch beherzigt werden würde.

Bei den Sitzungen im Huis ten Bosch ist der »politische Plebs«, wie ihn der deutsche Delegationschef Graf Münster nennt, nicht zugelassen. Die Friedenskämpfer schlagen ihr Hauptquartier in einem Haager Hotel auf. Bertha von Suttner lädt zum Tee und fordert ihre Mitstreiter auf, ihre Hoffnungen zu formulieren und mittels eines Phonographen für die Mit- und Nachwelt festzuhalten. Doch der zur Aufzeichnung und Wiedergabe von Lauten erfundene Apparat funktioniert nicht. Dies wird als ungutes Vorzeichen empfunden. In der Tat bleiben die Ergebnisse der Friedenskonferenz weit hinter den Erwartungen der Friedensbewegung zurück.

In den sechs Wochen – vom 18. Mai bis zum 29. Juni 1899 – dauernden Verhandlungen kommt keine Abrüstungsvereinbarung zustande. Keine der europäischen Mächte zeigt sich bereit, auf die Vermehrung ihrer Waffenarsenale zu verzichten, geschweige denn eine Verminderung ihres Kriegspotentials hinzunehmen.

Immerhin sind drei Konventionen verabschiedet worden. Die erste bezieht sich auf die »Friedliche Beilegung der internationalen Konflikte«. Sie ist aber so vage gehalten, daß der deutsche Reichskanzler seinen Kaiser beruhigen kann: »Das Projekt über Schiedsgerichte und Vermittlung« sei »der Gefährlichkeit entkleidet worden«, weshalb »die Bewegungsfreiheit von Eurer Majestät Politik« nicht beeinträchtigt sei, meldet Bernhard von Bülow an Wilhelm II., der die Konferenzresultate kommentiert: »In der Praxis werde ich jedoch auf Gott und die Schärfe meines Schwertes vertrauen und mich einen Scheißdreck um all ihre Beschlüsse kehren.«

Die zweite Konvention enthält Regeln und Vorschriften für den Landkrieg, durch die dritte werden die Grundsätze der Genfer Rot-Kreuz-Konvention von 1864 auch auf den Seekrieg bezogen. »Verboten sollen künftig sein: Erstens, die Geschosse und Sprengkörper aus Luftballons oder aus anderen, ähnlich neuen Arten zu schleudern; zweitens, Geschosse zu verwenden, deren alleiniger Zweck die Verbreitung von erstickenden oder betäubenden Gasen ist; drittens, Geschosse zu verwenden, die sich im menschlichen Körper leicht ausdehnen oder abplatten, wie Dumdumgeschosse«, heißt es in einer Deklaration, und in einer Resolution: Die Herabsetzung der Kriegsbudgets und die Beschränkung der Land- und Seestreitkräfte sei »für das moralische und materielle Wohlergehen der Menschen in höchstem Maße wünschenswert« und solle »weiterhin geprüft« werden.

Schöne Worte kaschieren die wahre Meinung der Mächtigen, nicht allein des Deutschen Kaisers. Der englische Delegierte Sir John Fisher nimmt kein Blatt vor den Mund: »Wenn es das Wohl Englands gebietet, wird es sich den Teufel um völkerrechtliche Abmachungen scheren.« In das Autogrammbuch des englischen Friedensfreundes Stead schreibt der Admiral: »Die Überlegenheit der britischen Marine ist der beste Garant für den Frieden der Welt«, und für den Gefechtsfall gibt Fisher die Parole aus: »Keinen Pardon geben, keine Gefangenen machen, alles versenken, keine Zeit für Gnade!«

Drei Monate nach Beendigung der Haager Konferenz beginnt der Burenkrieg, in dem die Engländer wenig dazu neigen, den Besiegten Pardon zu geben. Im Jahr darauf benützen die Großmächte die Niederschlagung des Boxeraufstandes zu einer Erweiterung ihrer Machtpositionen in China und einer Verbesserung der Ausgangsstellungen in ihren Machtrivalitäten. 1904 und 1905 tobt der Krieg zwischen Japan und Rußland, die beide auf der Haager Konferenz von Frieden gesprochen und zu Hause zum Kampf gerüstet haben. Die »Einkreisung Deutschlands« wird durch die 1892 abgeschlossene und 1899 bekräftigte Militärkonvention zwischen Frankreich und Rußland, die »Entente cordiale« von 1904 zwischen Frankreich und England und das Abkommen zwischen England und Rußland von 1907 vollzogen. Das Deutsche Reich bleibt mit Österreich-Ungarn allein auf der europäischen Flur.

Noch einmal trifft man sich am grünen Tisch. Am 15. Juni 1907 versammeln sich 250 Delegierte aus 44 Staaten zur zweiten Haager Friedenskonferenz. Das »erste Weltparlament«, wie es euphorisch genannt wird, findet im Huis ten Bosch keinen Platz mehr, tagt im Ridderzaal im Zentrum der Stadt. Auch die Pazifisten sind wieder da: William Thomas Stead, der in seinem Blatt »Courrier de la Conférence de la Paix« Friedensparolen ausgibt, und Bertha von Suttner, die Friedensnobelpreisträgerin von 1905, die nach der Eröffnungszeremonie bemerkt: »Zwei Reden mit Phrasen und leider friedensleugnenden Phrasen und dann ist's aus.«

Vier Monate, bis zum 18. Oktober 1907, kreißt der Berg und gebiert eine Maus, wie Friedensfreunde klagen. Wiederum wird keine Vereinbarung über Rüstungsbeschränkung erzielt. Vierzehn Konventionen enthalten Regeln für den Seekrieg oder für die Eröffnung von Feindseligkeiten. Wie Kriege geführt werden sollen, wird abgesprochen, aber nicht, wie sie vermieden werden könnten.

In der zentralen Frage einer friedlichen Beilegung von Streitigkeiten mittels Schiedsspruchs und Zwangsschlichtung durch einen ständigen Weltgerichtshof wird keine Lösung gefunden. Eine obligatorische Schiedsgerichtsbarkeit hat vor allem der deutsche Delegationschef Adolf Marschall von Bieberstein hintertrieben. Mit Friedensworten, mit denen er auf der Haager Konferenz nicht geizt, versucht er die Berliner Großmachtpolitik zu verschleiern. Der Diplomat hält sich an die Direktive des Reichskanzlers: »Im Frieden kein Mißtrauen wecken, im Kriege rücksichtslos verfahren.« Alle internationalen Verpflichtungen würden im »Ernstfall eines großen Krieges doch nur bis zu einem gewissen Grad binden, dann heißt es: ›Not bricht Eisen‹ und ›Salus publica unica lex‹«, erklärt Bernhard von Bülow.

Mimikry ist im Haag auch in der Frage des Verhaltens der Kriegführenden gegenüber neutralen Staaten angesagt. Im Entwurf der fünften Konvention lautet der erste Artikel: »Das Territorium der neutralen Mächte ist unverletzlich.« Für eine Annahme »wegen der allgemeinen Konferenzstimmung« plädiert der deutsche Delegationschef in einer Rückfrage beim Reichskanzler, der damit einverstanden ist: »Jeder deutsche Schritt würde sehr gefährlich sein, der so ausgelegt werden könnte, als ob wir die Neutralität von Belgien eintretendenfalls nicht respektieren wollten.« Dabei gedenkt die Reichsführung im Kriegsfall nach dem Operationsplan des Generalstabschefs Alfred von Schlieffen zu verfahren, der eine Offensive gegen das feindliche Frankreich durch das neutrale Belgien vorsieht.

Das alles weiß Bertha von Suttner nicht, aber sie ahnt, was vorgeht. Auch während und nach der Zweiten Haager Konferenz sieht sie keine Friedensmacher, sondern potentielle Kriegsgegner am Werk, die »unter Aufwand von List und Tücke sich gegenseitig Fallen legen, allerhand Allianzen schließen, beziehungsweise verschieben oder zerstören werden – alles im Hinblick auf eigene größere Machtvorteile für den allgemein gegenwärtigen Fall künftiger Kriege«.

Dennoch strebt die Pazifistin weiter nach dem Traumziel eines »Ewigen Friedens«, das bereits Kant anvisierte. »Nie las ein Blick, von Tränen übermannt, ein Wort wie dieses von Immanuel Kant«, wird Karl Kraus konstatieren, als sich die im 18. Jahrhundert getroffene Feststellung des Philosophen, daß die bisherigen Friedensschlüsse eigentlich nur Waffenstillstände

Der französische
Sozialistenführer
Jean Jaurès

gewesen seien, auch im 20. Jahrhundert als zutreffend erwiesen hat. Die von Kant genannten Voraussetzungen eines »Ewigen Friedens« waren nicht erreicht worden: Die bürgerliche Verfassung solle in jedem Staate »republikanisch«, also demokratisch sein, und »das Völkerrecht soll auf einem Föderalismus freier Staaten gegründet sein«.

War denn die fortgeschrittene Menschheit am Beginn des neuen Säkulums diesem Ziel nicht näher gekommen? Immerhin haben Staatenvertreter auf zwei Friedenskonferenzen wenn schon nicht zufriedenstellende, so doch nicht unwichtige Ergebnisse erzielt. Indessen herrscht in Osteuropa immer noch die Autokratie und gibt es in Mitteleuropa nur eine beschränkte Demokratie. Aber selbst in Rußland meldet sich das Volk zu Wort, in Deutschland und Österreich-Ungarn spricht es immer gewichtiger mit, und in Westeuropa und Nordamerika regiert es bereits.

Auf »die große, kollektive Kraft, die große, kollektive Leidenschaft der organisierten Völker« baut der französische Sozialistenführer Jean Jaurès: »Die Völker geben kund, daß sie der erdrückenden Herrschaft des bewaffneten Friedens müde sind. Überall wollen sie die Führung der internationalen Angelegenheiten selbst in die Hand nehmen... Es gibt keinen Souverän, keine Kaste, keine Klasse mehr in irgendeinem Lande Europas, die ohne Gefahr mit dem Feuer des Krieges spielen dürfte.«

Jean Jaurès täuscht sich und bezahlt dafür mit dem Leben. Der auf Internationalismus und Pazifismus eingeschworene französische Sozialist wird am 31. Juli 1914, bei Ausbruch des Ersten Weltkrieges, von einem französischen Nationalisten erschossen. Nicht zuletzt die »kollektive Kraft« und die »kollektive Leidenschaft« der Völker haben den großen Krieg heraufbeschworen, der nicht nur als Staatenkonflikt, sondern auch als Völkerringen aufgefaßt und durchgekämpft wird.

»Der Krieg ist unsere ganze Geschichte, unser ganzes Leben, unsere ganze Seele; die Gesetzgebung, die Politik, die soziale Hierarchie, das Völkerrecht, die Poesie, die Theologie, mit einem Wort, er ist alles«, meinte der 1865 gestorbene franzöische Sozialist Pierre-Joseph Proudhon. »Der Krieg ist der Orgasmus des universellen Lebens, der das Chaos, das Präludium für alle Schöpfungen, befruchtet und bewegt, und der, wie Christus der Erlöser, über den Tod durch den Tod selbst triumphiert.« Diese Worte zitiert an der Jahrhundertwende der französische Sozialist Georges Sorel und bekräftigt damit seine Auffassung, daß nur ein Krieg die Menschheit aus der entsetzlichen Mittelmäßigkeit und dem Erlahmen aller höheren Kräfte befreien könne. Der Schriftsteller Romain Rolland stimmt zu: Ihm wäre ein »Dasein im Kampf liebenswerter als die tödliche Ruhe und traurige Erinnerung der letzten Jahre«.

In Deutschland, wo sich romantische Emotionen mit preußischen Energien paaren, bemerkt der Bildhauer und Schriftsteller Ernst Barlach ein »Vorwärtsstürmen in einer heulenden Unfaßlichkeit«. Zitiert wird der römische Historiker Tacitus, ein Lobredner der Germanen, der im Kriege den Zuchtmeister der Völker erblickte, und der preußisch-deutsche Staatsphilosoph Hegel, der vor einem »Versumpfen des Menschengeschlechts« durch allzu langen Frieden warnte. Dem Militär Helmuth von Moltke, der den Krieg »ein Element der von Gott eingesetzten Weltordnung« nannte, in dem sich »die edelsten Tugenden des Menschen entfalten«, sekundiert der Philosoph Friedrich Nietzsche: »Eine solche hochkultivierte und daher notwendig matte Menschheit wie die der jetzigen Europäer« bedürfe »nicht nur der Kriege, sondern der größten und furchtbarsten Kriege, also der zeitweiligen Rückfälle in die Barbarei«, um »nicht an den Mitteln der Kultur ihre Kultur und ihr Dasein selber einzubüßen«.

Als »Jungbrunnen der Völker« wird der Krieg herbeigesehnt, während die Streitkräfte verstärkt und auf das »Stahlbad des Krieges« vorbereitet werden. Millionen Soldaten stehen in Europa bereits unter Waffen, weitere Millionen können im Ernstfall zu den Waffen gerufen werden, deren Technik immer perfekter und deren Schlagkraft immer furchtbarer wird.

Zwischen der ersten und der zweiten Haager Friedenskonferenz sind die Rüstungen um fünfzig Prozent gestiegen, und das

Wettrüsten geht weiter – nicht nur, wie bisher, zu Lande und zu Wasser, sondern nun auch in der Luft. Die Folgen malt der englische Schriftsteller H. G. Wells aus: »Noch bis zum Vorabend des Luftkrieges nichts als ein einziges Bild des Fortschrittes, weltenweite Sicherheit, ungeheure Schauplätze großartig organisierter Industrie und wohlgeordneter Bevölkerungen, Riesenstädte, die sich ins Ungeheuerliche dehnten. Meere und Ozeane mit Schiffen übersät, das Land mit Netzen von Eisenbahnen und Verkehrsstraßen bedeckt. Und dann auf einmal, unerwartet fegen die Luftflotten über die Szene, und wir stehen am Anfang des Endes.«

Viele sehen in einem solchen Ende den Anfang eines neuen, freieren, besseren Lebens, das Versinken des monarchischen und bürgerlichen Zeitalters und den Anbruch einer von Sozialismus und Internationalismus geprägten Ära, zum Beispiel Jakob van Hoddis in seinem Gedicht »Weltende«:

> »Dem Bürger fliegt vom spitzen Kopf der Hut,
> In allen Lüften hallt es wie Geschrei,
> Dachdecker stürzen ab und gehn entzwei
> Und an den Küsten – liest man – steigt die Flut.
>
> Der Sturm ist da, die wilden Meere hupfen
> An Land, um dicke Dämme zu zerdrücken.
> Die meisten Menschen haben einen Schnupfen.
> Die Eisenbahnen fallen von den Brücken.«

Diese Strophen, so der den Weg zum Sozialismus einschlagende Schriftsteller Johannes R. Becher, »schienen uns in andere Menschen verwandelt zu haben, uns emporgehoben zu haben aus einer Welt stumpfer Bürgerlichkeit, die wir verachtet und von der wir nicht wußten, wie wir sie verlassen sollten. Diese acht Zeilen entführten uns... Wir fühlten uns wie neue Menschen.«

Wie Phönix aus der Asche werde aus einem Krieg die Menschheit verjüngt und verbessert emporsteigen, meinen viele in Europa. Lenin bereitet seine Anhänger darauf vor, »die durch den Krieg geschaffene Krise zur Beschleunigung des Untergangs des kapitalistischen Systems« und zur Herbeiführung der »Diktatur des Proletariats« zu nützen. Nationalisten aller Landesfarben rechnen damit, daß ihre und nur ihre Nation als Sieger aus einem Völkerringen hervorgehen werde, und stellen sich, in ihrer Überlegenheit bestätigt und in ihrer Kraft gestärkt, darauf ein, an ihrem Wesen die Welt genesen zu lassen. Militärs aller Flaggen und Uniformen erwarten, daß das von ihnen geschmiedete und geführte Schwert das Zepter von Europa würde. Staatsmänner erhoffen die Entwicklung ihrer Großmacht zur Hegemonialmacht in Europa.

Wie Lemminge drängen sich Völker und Staaten nach Neuem und Anderem, Besserem und Größerem und nähern sich Abgründen, in die sie sich gegenseitig stoßen werden.

Bertha von Suttner, die es vorausgesehen hat, muß dies nicht mehr erleben. Die Pazifistin stirbt am 21. Juni 1914 in Wien. Eines ihrer letzten Worte war: »Die Waffen nieder, sagt es allen!« Wenig später greifen alle zu den Waffen. Am 31. Juli 1914, bei Ausbruch des Ersten Weltkrieges, notiert Sigmund Freud in Wien: »Ich fühle mich vielleicht zum ersten Mal seit dreißig Jahren als Österreicher und möchte es noch einmal mit diesem wenig hoffnungsvollen Reich versuchen. Die Stimmung ist überall eine ausgezeichnete. Das Befreiende der mutigen Tat, der sichere Rückhalt an Deutschland tut auch viel dazu.«

»Nun danket alle Gott!«, singen sie in Berlin, als am 1. August 1914 der Würfel gefallen ist, der Krieg beginnt. Kaiser Wilhelm II. kennt keine Parteien mehr, nur noch Deutsche, und Reichskanzler Bethmann Hollweg ist sich sicher, »daß alle jungen deutschen Männer bereit sind, ihr Blut zu verspritzen für den Ruhm und die Größe Deutschlands«. In einem der im August 1914 entstehenden eineinhalb Millionen Kriegsgedichte, in jenem von Gerhart Hauptmann heißt es: »Komm, wir wollen sterben gehn«, und Ludwig Thoma reimt: »Auf springt ein Volk, es reckt die Glieder, / Und keine Sorge drückt uns nieder...«

In München ist Adolf Hitler bei der Verkündung der Kriegserklärung am 1. August 1914 auf dem Odeonsplatz dabei. »Die damaligen Stunden«, bekennt er in »Mein Kampf«, kamen ihm »wie eine Erlösung aus den ärgerlichen Empfindungen der Jugend vor. Ich schäme mich auch heute nicht, zu sagen, daß ich, überwältigt von stürmischer Begeisterung, in die Knie gesunken war und dem Himmel aus übervollem Herzen dankte, daß er mir das Glück geschenkt, in dieser Zeit leben zu dürfen.« Am 16. August 1914 tritt der Österreicher Hitler als Freiwilliger in das 6. Rekruten-Ersatz-Bataillon des 2. bayerischen Infanterie-Regiments Nr. 16 ein. Zwei Monate später kommt er, auf der Fahrt an die Westfront, an den Rhein, »den deutschen Strom der Ströme«, den er »vor der Habgier des alten Feindes«, des Franzosen, schützen helfen will.

In Paris wird, als die Nachricht vom Kriegsausbruch in ein Nobellokal am Bois de Boulogne platzt, der Tanztee unterbrochen und die Marseillaise angestimmt. In Kabaretts wird der Chanson »Vive le son des canons – Es lebe der Klang der Kanonen« gesungen. Auf der Place de la Concorde wird der 1871 angebrachte Trauerflor von der Statue der Stadt Straßburg abgenommen, läßt man das Elsaß hochleben, das man wiedergewinnen will. Unter dem Jubel der Frauen und Mädchen marschieren Reservisten zur Gare de l'Est. Der Präsident der Nationalversammlung erklärt: »Hier gibt es keine Gegner mehr. Es gibt nur noch Franzosen«, und von einem Gewerkschaftsführer ist zu hören: »Im Namen aller Arbeiter, die zu ihren Regimentern geeilt sind, und jener, die wie ich morgen ausrücken werden, verkünde ich, daß wir bereitwillig auf das Schlachtfeld ziehen …«

Der Krieg schmiede ein neues Band um Herrscher und Volk, berichtet der englische Botschafter aus Sankt Petersburg. »Die Arbeiter schworen allen Streiks ab, und die verschiedensten politischen Parteien ließen ihre Zänkereien beiseite. In der Duma, die der Zar zu einer außerordentlichen Sitzung einberufen hatte, überboten sich die Führer der verschiedenen Parteien darin, die Regierung zu unterstützen, die sie einige Wochen vorher angeklagt hatten.« Die Voraussage des deutschen Botschafters, eine Kriegserklärung würde eine Revolution hervorrufen, ist nicht eingetroffen. Der Kriegsverlauf jedoch wird die Erwartung Lenins bestätigen, daß jeder Kriegstag das Zarenreich der Revolution näher bringen werde.

In London wird das »Rule Britannia« in der Zuversicht gesungen, daß die Meereswellen England noch höher emportragen und den Rivalen Deutschland für immer verschlingen würden. Der Erste Lord der Admiralität, Winston Churchill, der sich, wie Premierminister Herbert Henry Asquith bemerkt, »sehr kriegslustig« zeigt, läßt am 4. August 1914, 11 Uhr abends, »an alle Schiffe Seiner Majestät« funken: »Eröffnet Feindseligkeiten gegen Deutschland«. Als die Uhr von Big Ben elfmal schlug, klang dies »wie der Hammer des Weltgerichts« für den Schatzkanzler David Lloyd George: »Ich kam mir vor, als bewegte ich mich auf einem Planeten, der von der Hand eines Dämonen aus seiner Bahn gerissen und im Aberwitz ins Unbekannte geschleudet worden war.«

Im allgemeinen erfolgt der Aufbruch zum Niedergang mit Nationalbegeisterung und in Siegesgewißheit. Franzosen, Engländer und Russen marschieren gegen Deutsche und Österreicher, nicht ahnend, daß ihr Europa auf der Strecke bleiben wird. »Der Lärm gestürzter Reiter und der Schrei / Von unbekannten, todgeweihten Heeren dringt an mein Ohr«, träumte 1895 der Dichter William Butler Yeats. »In ganz Europa gehen die Lichter aus; wir werden es nicht mehr erleben, daß sie wieder angezündet werden«, bemerkt 1914 der englische Außenminister Edward Grey – vierzehn Jahre nach dem mit Festbeleuchtung gefeierten Beginn des 20. Jahrhunderts.

BIBLIOGRAPHIE

Allgemein

Freund, Michael: Abendglanz Europas. 1870–1914. Bilder und Texte. Stuttgart 1967. – Tuchman, Barbara W.: Der stolze Turm. Ein Porträt der Welt vor dem Ersten Weltkrieg. 1890–1914. München 1969. – Haas, Willy: Die Belle Epoque. München 1967. – Taylor, Edmond: Der Untergang der Dynastien. Habsburg – Hohenzollern – Osmanen – Romanow. München 1963. – Wiegler, Paul: Geschichte der fremdsprachigen Weltliteratur. München 6/1949. – Voss, Hans: Neunzehntes Jahrhundert (Epochen der Architektur). Frankfurt o.J. – Gay, Peter: Erziehung der Sinne. Sexualität im bürgerlichen Zeitalter. München 1986. – Dülffer, Jost: Regeln gegen den Krieg? Die Haager Friedenskonferenzen von 1899 und 1907 in der internationalen Politik. Frankfurt 1978. – Hamann, Brigitte: Bertha von Suttner. Ein Leben für den Frieden. München 1986. – Handbuch der europäischen Geschichte. Band 6: Europa im Zeitalter der Nationalstaaten und europäische Weltpolitik bis zum Ersten Weltkrieg. Hrsg. von Theodor Schieder. Stuttgart 1968.

Berlin

Masur, Gerhard: Das kaiserliche Berlin. München 1971. – Lange, Annemarie: Berlin zur Zeit Bebels und Bismarcks. Zwischen Reichsgründung und Jahrhundertwende. Berlin 1972. – Dies.: Das Wilhelminische Berlin. Zwischen Jahrhundertwende und Novemberrevolution. Berlin 1988. – Löschburg, Winfried: Unter den Linden. Gesichter und Geschichten einer berühmten Straße. Berlin 2/1973. – Zobeltitz, Fedor von: Chronik der Gesellschaft unter dem letzten Kaiserreich. Bd. 1: 1894–1901. Bd. 2: 1902–1914. Hamburg 2/1922. – Die gute alte Zeit im Bild. Alltag im Kaiserreich. 1871–1914. Hrsg. von Gert Richter. Berlin 1974. – Deutsche Sozialgeschichte. Dokumente und Skizzen. Band 2: 1870–1914. Hrsg. von Gerhard A. Ritter und Jürgen Kocka. München 1974. – Soergel, Albert: Dichtung und Dichter der Zeit. Eine Schilderung der deutschen Literatur der letzten Jahrzehnte. Leipzig 1911. – Ders.: Dichtung und Dichter der Zeit. Neue Folge: Im Banne des Expressionismus. Leipzig 1925. – Das Kaiserreich. Seine Geschichte in Texten, Bildern und Dokumenten. Hrsg. von Hans Dollinger. München 1966. – Herre, Franz: Kaiser Wilhelm II. Monarch zwischen den Zeiten. Köln 1993.

London

Tingsten, Herbert: Königin Viktoria und ihre Zeit. München 1965. – Wocker, Karl Heinz: Königin Victoria. Eine Biographie. Düsseldorf 1978. – Chastenet, Jacques: Victoria und ihr Zeitalter. Granz/Wien/Köln 1959. – Brook-Shepherd, Gordon: Der Pate Europas. Edward VII. von England. Stuttgart 1977. – Manchester, William: Winston Churchill. Der Traum vom Ruhm. 1874–1932. München 1989. – Wende, Peter: Geschichte Englands. Stuttgart 1985. – Höpfl, Heinz: Kleine Geschichte des Britischen Weltreiches. Frankfurt 1956. – Seeley, John Robert: Die Ausbreitung Englands. Bis zur Gegenwart fortgeführt von Michael Freund. Frankfurt 1954. – Hobson, John A.: Der Imperialismus. Köln 1968. - Mahatma Gandhis Autobiographie. Freiburg 1960. – Norton, Graham: Victorian London (Discovering London 8). London 1969. – Sil-Vara: Londoner Spaziergänge. München 2/1914. – Wells, H. G.: Die Zeitmaschine. Eine Erfindung. Zürich 1974.

Paris

Willms, Johannes: Paris. Hauptstadt Europas 1789–1914. München 1988. – Shattuck, Roger: Die Belle Epoque. Kultur und Gesellschaft in Frankreich 1885–1918. München 1958. – Epting, Karl: Frankreichs goldene Jahre. La Belle Epoque. Stuttgart 1962. – Waldegg, Richard: Paris. Sittengeschichte einer Weltstadt. Stuttgart 1962. – Loyrette, Henri: Gustave Eiffel. Ein Ingenieur und sein Werk. Stuttgart 1985. – Korn, Karl: Zola in seiner Zeit. Frankfurt 1980. – Hemmings, F. W.: Emile Zola. Chronist und Ankläger seiner Zeit. München 1979. – Thalheimer, Siegfried: Macht und Gerechtigkeit. Ein Beitrag zur Geschichte des Falles Dreyfus. München 1958. – Bloch, Charles: Die Dritte Französische Republik. Entwicklung und Kampf einer Parlamentarischen Demokratie. 1870–1940. Stuttgart 1972. – Herre, Franz und Erich Lessing: Die Geschichte Frankreichs. München 1989.

Wien

Herre, Franz: Kaiser Franz Joseph von Österreich. Sein Leben – seine Zeit. Köln 2/1992. – Unvergängliches Wien. Ein Gang durch die Geschichte von der Urzeit bis zur Gegenwart. Hrsg. von Karl Ziak. Wien 1964. – Schorske, Carl E.: Wien. Geist und Gesellschaft im Fin-de-Siècle. Frankfurt 1982. – Traum und Wirklichkeit. Wien 1870–1930. Katalog der 93. Sonderausstellung des Historischen Museums der Stadt Wien. Wien 1985. – Glaser, Hermann: Sigmund Freuds Zwanzigstes Jahrhundert. Seelenbilder eine Epoche. Materialien und Analysen. München 1976. – Hamann, Brigitte: Hitlers Wien. Lehrjahre eines Diktators. München 3/1996. – Der Farbenvolle Untergang. Österreichisches Lesebuch. Hrsg. von Harry Zohn. Englewood Cliffs 1971. – Zweig, Stefan: Die Welt von Gestern, Erinnerungen eines Europäers. Stockholm 1944. - Friedländer, Otto: Letzter Glanz der Märchenstadt. Das war Wien um 1900. Wien 1969. – Herre, Franz: Wien. Historische Spaziergänge. Köln 1992.

Sankt Petersburg

Crankshaw, Edward: Winterpalast. Rußland auf dem Weg zur Revolution. 1825–1917. München 1978. – Seton-Watson, Hugh: Der Verfall des Zarenreiches. 1855–1914. München 1954. – Radsinski, Edward: Nikolaus II. Der letzte Zar und seine Zeit. München 1992. – Tolstoy, Nikolai: Das Haus Tolstoi. Vierundzwanzig Generationen russischer Geschichte. Stuttgart 1985. – Sterzl, Anton: Das Tolstoi-Haus. München 1992. – Possony, Stefan T.: Lenin. Eine Biographie. Köln 1965. – Nagy, Laszlo: Sturm über Rußland. Lenin und die große Revolution. Luzern/Frankfurt 1967. – Hoppe, August: Diarium der Weltrevolution. Eine Datengeschichte des internationalen Kommunismus. 1818–1945. Pfaffenhofen/Ilm 1967. – Friede, Dieter: Das russische Perpetuum Mobile. Würzburg 1959. – Stökl, Günther: Russische Geschichte. Stuttgart 3/1973. – Lexikon der Geschichte Rußlands. Hrsg. von Hans-Joachim Torke. München 1985.

PERSONENREGISTER

M

N

O

P

Y

Z

BILDVERZEICHNIS

Über Land und Meer (Deutsche Verlags-Anstalt)
13, 15, 18, 20, 23, 24, 26, 33, 39, 40, 66, 70, 73, 103, 109, 136, 154, 164, 171, 176, 187, 214, 225, 226, 231

Illustrirte Welt (Deutsche Verlags-Anstalt) 129, 159

August Bagel Verlag, Düsseldorf, aus: Albert Soergel – Curt Hohoff: Dichtung und Dichter der Zeit 121

Historia Foto , Bad Sachsa 184, 246

Historisches Bildarchiv Lolo Handke / jetzt: Staatsbibliothek der Stiftung Preußischer Kulturbesitz, Bildarchiv Berlin
99, 127, 156, 170, 233, 244, 257

Punch 75

Radio Times Hulton 109